• 二十一世纪"双一流"建设系列精品教材

休闲与旅游管理概论

（第二版）

李文勇　　张毓峰　编　著

西南财经大学出版社

中国·成都

图书在版编目(CIP)数据

休闲与旅游管理概论/李文勇,张毓峰编著.—2版.—成都:西南财经大学出版社,2024.3(2025.1重印)

ISBN 978-7-5504-6084-3

Ⅰ.①休… Ⅱ.①李…②张… Ⅲ.①休闲旅游—旅游经济—经济管理—概论 Ⅳ.①F590.71

中国国家版本馆 CIP 数据核字(2024)第 034454 号

休闲与旅游管理概论(第二版)

XIUXIAN YU LÜYOU GUANLI GAILUN

李文勇 张毓峰 编著

策划编辑:杨婧颖
责任编辑:杨婧颖
责任校对:雷 静
封面设计:墨创文化 张姗姗
责任印制:朱曼丽

出版发行	西南财经大学出版社(四川省成都市光华村街55号)
网 址	http://cbs.swufe.edu.cn
电子邮件	bookcj@swufe.edu.cn
邮政编码	610074
电 话	028-87353785
照 排	四川胜翔数码印务设计有限公司
印 刷	郫县犀浦印刷厂
成品尺寸	185 mm×260 mm
印 张	12.875
字 数	294 千字
版 次	2024 年 3 月第 2 版
印 次	2025 年 1 月第 2 次印刷
书 号	ISBN 978-7-5504-6084-3
定 价	32.80 元

前言
Preface

　　休闲是人类的一种自由与幸福的存在状态，旅游是人类休闲的重要方式。旅游讲求以欣然之心，行适然之路，娱天然之乐，这与人类千百年来追求的雅致的休闲方式在本质上是相通的。马克思主义劳动价值观认为，劳动与休闲是相互联系、相互依存的一种经济文化现象，休闲是缓解工作压力、放松身心、促进社会健康持续发展的重要内容。尤其是从时间上予以定义，认为人类除工作以求生存等必要时间之外的时间均属于休闲时间。旅游是一种文化精神生活，是现代社会生活必不可少的组成部分。旅游的体验性、实践性和参与性，可以从精神层面上影响人的价值观，引导人们形成积极的生活态度、丰富的感情世界，有利于真、善、美的发扬。因此，休闲活动包含了旅游活动，而旅游活动追寻的体验又是休闲最重要的内在价值。旅游作为休闲的子集，具有远离惯常环境、短暂性逗留等特征。随着现代社会的发展，休闲与旅游活动日益普及并相互交融，大众旅游时代从"主客分异"向"主客共享"转变，也使得旅游管理中的休闲活动成为越来越普遍的现象。目前，业内鲜有关于休闲与旅游管理方面的教材。本教材尝试将两者融合，以便能在同一门课程中兼具休闲与旅游管理知识。

　　本教材内容分为十章，依次为导论、休闲与旅游主体、休闲与旅游需求、休闲与旅游产品、休闲与旅游市场、休闲与旅游项目、休闲与旅游资源、休闲与旅游产业、休闲与旅游影响、休闲与旅游新趋势。全教材内容尽可能涵盖休闲与旅游管理活动的全过程，以帮助读者进一步完善休闲与旅游管理知识体系，注重理论与实践相结合，力图通过深入浅出的论述，激发读者积极探索休闲与旅游管理现象的兴趣。

　　本教材主要有三个特点：

　　第一，内容的综合性。本教材涵盖了休闲与旅游管理的相关内容，尽可能从休闲与旅游的视角进行综合概述。根据各章的实际内容，或分别阐释休闲与旅游，如休闲者与旅游者等；或综合论述，如休闲与旅游动机等。在具体章节内容的展开中，突出了更具有显示度的旅游活动及相关现象，以便于读者理解和掌握。

第二，学与用的融汇性。一方面，本教材是"休闲与旅游管理概论"课程组近十年教学成果的归纳与汇聚；另一方面，本教材紧扣旅游市场发展实际，体现了休闲与旅游管理内容的理论性和实践性。每一章均有取材于现实的案例讨论或阅读思考，有利于读者了解休闲与旅游管理知识的具体运用，实现理论知识与实践运用的有效结合。

第三，知识的前沿性。本教材不仅广泛参考了国内外休闲学、旅游学等领域知名专家学者的研究成果，而且着重体现了近年来休闲与旅游管理的最新动态。比如，最后一章系统地介绍了全域旅游、智慧旅游、文化旅游等热点领域的发展状况。

此外，本教材十分重视落实立德树人根本任务，着力将习近平新时代中国特色社会主义思想融入相关章节，引导学生形成正确的世界观、人生观、价值观。本教材主要适合于高等院校旅游管理专业高年级本科生和研究生学习，对广大涉旅实务工作者提高休闲与旅游管理理论水平也具有较高的参考价值。

本教材是"休闲与旅游管理概论"课程组全体同仁智慧的结晶，具体编写分工如下：第一章，廖治学；第二章、第四章、第九章、第十章，李文勇；第三章，施思；第五章，吕兴洋；第六章、第八章，张毓峰；第七章，李文勇、徐晓炜。全书由李文勇、张毓峰负责统稿和定稿。

感谢为本教材的编写提供了指导和帮助的西南财经大学旅游管理研究所所长张梦教授、叶红副教授、艾进教授、林红霞副教授和温俊杰博士，以及参与了本教材资料收集和整理工作的研究生同学们；感谢西南财经大学出版社王艳主任、王利、杨婧颖等编辑老师的大力支持。

本教材汇聚了诸多国内外旅游学者的研究成果，在此也向他们表示诚挚的谢意！囿于笔者对休闲与旅游管理的认识，书中难免有疏漏或不足之处，敬请广大读者批评指正。

李文勇

2024 年 3 月

目录 CONTENTS

第一章
导论

▶学习目标

旅游活动古已有之，从早期以生存为主要目的的迁徙，发展到以休闲消遣为目的的旅行，旅游活动经历了古代、近代和现代三个历史阶段。为了探析复杂多样的休闲与旅游现象，掌握旅游市场的发展变化规律，旅游学应运而生。

本章学习目标：

★了解旅游活动的发展简史和发展脉络。

★了解休闲与旅游研究的对象。

★了解休闲与旅游研究的主要内容。

★掌握休闲与旅游研究的基本方法。

第一节 旅游活动发展简史

旅游业是当今世界参与人员规模最大的产业之一，从古代的"旅行"，发展到现代的"旅游"，经历了一个漫长的历史时期。纵观世界旅游史，人类的旅游活动可以划分为古代旅游、近代旅游和现代旅游三个阶段①。了解各个时期旅游活动的产生原因和发展形式，有助于揭示旅游活动的内在演变规律，为未来旅游的发展指明方向。

一、古代旅游活动

休闲与旅游活动是一种社会现象，具有悠久的历史。根据人类社会的变革发展进

---

① 随着旅游的深入发展，有的学者还提出了后现代旅游概念。

程，古代旅游活动可以划分为人类的迁徙活动和旅行活动，但这类活动并非出于休闲旅游的需要，而是社会生产和生活的重要组成部分，从严格意义上来说，它与现在所说的旅游活动具有本质的区别。

（一）人类早期迁徙活动

原始社会早期，人类制造和使用的生产工具主要是加工粗糙、形式简陋的石器，因而在这种环境下人类的生产力水平极度低下，缺乏劳动剩余物。与此同时，洪水、火灾、地震、火山等自然灾害频发，部落之间战争等人为灾难也时有发生，从而迫使人们离开原来的定居点，寻找新的定居点，且不会再返回原来的定居点。这使得人类的迁徙活动带有一定的被迫性、求生性和永久性，与近代逃荒避难的移民活动类似。根据旅游学理论分析，旅游活动应包含三个基本属性：移动目的的休闲性、移动时间的暂时性和移动空间的异地性，因此，人类早期迁徙活动并非真正的旅游活动，而是以生存为目的的空间移动行为，本质上是原始社会早期人类的一种生存方式。

（二）古代旅行活动

1. 古代旅行活动的产生

古代旅行活动最早出现在原始社会瓦解与奴隶社会形成之间，这一时期经历了人类历史的三次社会大分工，直接影响和产生了古代旅行活动。第一次社会大分工促进了畜牧业与原始农业的形成，提高了社会生产力，导致劳动剩余物出现。但该时期劳动剩余物还较少，商品交换还未普及。第二次社会大分工使手工业从畜牧业与原始农业中剥离出来，生产工具的进步再次提高了社会生产力，使得劳动剩余物的数量不断增加，人类社会的商品交换活动日益频繁，出现了以直接商品交换为目的的商品生产。商品交换的范围也不断扩大，不仅出现在部落与部落之间，而且还深入部落内部之间进行交换，交换活动成为一种非常普遍的社会现象。第三次社会大分工使得商业从畜牧业、原始农业和手工业中剥离出来，出现了专门从事商品交换活动的商人，使商品交换活动常态化、专业化，商品交换活动具有的远途性和异地性，间接刺激了交通工具和食宿设施的发展，产生了人类最初的以商品交换为目的，到异地短暂逗留并返回居住地的经商旅行活动。由此可见，人类早期的旅行并非一种消遣和娱乐活动，而是商品交换活动不断发展的产物，其在本质上是一种经济活动。比如，"丝绸之路""茶马古道""香料之路"等当代热门文化旅游线路，就是古代经济活动的遗迹。

2. 古代旅行活动的特点

古代旅行活动与当时的社会、经济和文化发展具有密切关系。最早的旅行活动可以追溯到公元前 20 世纪腓尼基人的航海、贸易和殖民旅行活动。此后，公元前 533 年到公元前 330 年的波斯帝国修建的"波斯御道"（Royal Road），标志着人类历史上第一个公路系统的出现，为当时的旅行活动提供了便利，促进了商务旅行的发展，而且在今天的伊朗境内还能找到当时御道驿站的遗迹。与此同时，以希腊为代表的宗教旅行迅速发展，提洛岛、特尔斐和奥林匹斯山等世界著名的宗教圣地闻名于世，尤其是在奥林匹亚，围绕宙斯神庙举行的"奥林匹亚庆典"，每逢宙斯大祭之日，就会吸引无数的参观者前来拜祭。公元前 2 世纪古希腊灭亡后进入古罗马时代，古罗马具有幅员辽阔的疆域、先进的生产技术、发达的道路网络和官商共建的驿站设施，为当时各类旅行活动提供了便利的客观条件，使得古罗马帝国时代成为世界古代旅行的鼎盛时期。

公元 476 年，西罗马帝国灭亡，欧洲进入中世纪时期。公元 7 世纪，阿拉伯帝国崛起，其极盛时疆域面积超过 1 000 万平方千米，是古代历史上东西方地理跨度最大的帝国之一。阿拉伯帝国修建了横跨亚、非、欧三大洲的四通八达的驿道和完善的驿站设施，而且随着伊斯兰教在帝国境内的扩张，宗教旅行活动也随之兴起。公元 13 世纪意大利旅行家马可·波罗将自己到中国的旅行经历写成《马可·波罗游记》，激发了欧洲人对富有而神秘的东方的向往。公元 14 世纪，欧洲文艺复兴极大地促进了经济与社会的发展，随着西方资本主义的萌芽，欧洲出现了哥伦布、达伽马、麦哲伦、卡布拉尔等一大批探险家和旅行家，他们带领船队远洋航行，探索新的土地和贸易线路，使得 15 世纪到 17 世纪被后人称为"地理大发现时期"（Age of Exploration）。新航路的开辟，使得东西方之间的贸易、文化交流迅速增加，促进了天文学、数学、医学、哲学、政治学、文学等自然和社会科学的全面发展，推动了 17 世纪到 18 世纪的反封建、反教会的启蒙运动，为欧洲资产阶级革命奠定了思想和文化基础。

在封建社会时期的中国，商业繁荣、农业与手工业生产技术先进、水陆交通发达，促进了古代旅游的快速发展，使得古代旅游的发展中心由西方转移到了中国。这一时期，旅行活动的形式和内容比奴隶社会时期更为丰富。譬如，以秦始皇、隋炀帝、康熙及乾隆为代表的帝王巡游，以孔子周游列国、张骞出使西域各国为代表的官宦之旅，以"丝绸之路"和"郑和七下西洋"为代表的商贸和平之旅，以玄奘、法显和鉴真为代表的宗教游学之旅，以及李白、司马迁、徐霞客为代表的文化地理之旅等，呈现出百花齐放、欣欣向荣之势。其中，唐代高僧玄奘在贞观三年（629 年）西出玉门关，万里跋涉，历经艰险到达天竺，游学 17 年，归国后不仅翻译出 70 余部佛学经典，还将旅行经历写成《大唐西域记》，后来家喻户晓的古典小说"四大名著"之一的吴承恩所著《西游记》就以此为原型。明永乐三年（1405 年），郑和奉明成祖之命，率领船队出使西洋。船队有 200 余艘各式海船及 2 万余名船员，是当时世界上最大的远洋船队。此后 28 年间，郑和一共七次下西洋，到访了太平洋和印度洋地区的 30 余个国家和地区，开辟了连接太平洋西部与印度洋等大洋的直通航线，成为世界航海旅行史上的一座丰碑。徐霞客出生于明万历十四年（1586 年），少年时便立志"大丈夫当朝游碧海而暮宿苍梧"，22 岁开始出游四方，足迹遍及中华大地，考察地理人文并撰写了闻名于世的《徐霞客游记》。其游记首篇《游天台山日记》写道："癸丑之三月晦（公元 1613 年 5 月 19 日），自宁海出西门，云散日朗，人意山光，俱有喜态。"为了纪念这位伟大的旅行家和地理学家，我国政府将 5 月 19 日定为"中国旅游日"。

从地域上看，该时期的旅行活动主要集中在世界最早进入文明时期的国家或地区，如古希腊、古罗马、古埃及、古巴比伦和中国等。从时间上看，该时期的旅行活动集中在 19 世纪中期以前，经历了原始社会末期、奴隶社会、封建社会和资本主义社会前期四个阶段。从形式上看，该时期的旅行活动，大都与商品贸易、宗教朝圣、帝王巡游等结合在一起。综上所述，古代旅游活动具有四个特点：

第一，休闲旅游活动初现端倪。这一时期出现了帝王巡游的享乐旅行，以及文人骚客周游名川大山的文化之旅等消遣娱乐性的旅行活动，但这类活动主要集中于帝王、官僚、封建贵族、地主等统治阶级及附庸阶层人士，广大劳动群众客观上根本没有参与休闲旅游的基础和条件。

第二，旅行活动的目的主要是商务贸易。除了人数极少的统治阶级以休闲娱乐为目的的旅行活动外，绝大部分旅行活动依然是为了满足生存发展需要的商务贸易等生产性活动。

第三，国家的政治经济状况直接影响旅行活动的发展。如果社会经济稳定繁荣，政治安定统一，旅行活动就会兴旺发达；反之，则会停滞不前甚至衰退。如郑和下西洋的明永乐时期，明成祖朱棣勤于政务，国家安定，社会发展，为郑和的航行提供了坚实的保障。

第四，旅游活动发展条件仍不成熟。与旅行活动相配套的交通、住宿、餐饮等行业尚未形成产业体系，并且缺乏医疗、安全等相关保障，不仅使旅行活动范围受限，而且外出旅行的风险高、难度大，阻碍了旅游活动的发展。

二、近代旅游活动

近代旅游是指从19世纪工业革命的发生到第二次世界大战（简称"二战"）爆发之前的旅游发展，该时期的旅游活动在世界旅游史上占有重要的地位。近代旅游活动已经初步具备了现代旅游的特点，从早期的旅行发展为旅游活动，逐渐形成以旅游活动为中心，包含饭店业、旅行社等服务机构的庞大产业体系。从18世纪中期到19世纪中期，工业革命在世界主要资本主义国家相继完成，它不仅极大地推动了经济与社会的发展，还改变了交通基础设施，提高了人民的收入水平，为旅游产业的发展创造了巨大的市场空间。

（一）工业革命的影响

工业革命的出现和完成给当时的社会带来了一系列的根本变化，其中对旅游产生的推动影响包括：

1. 创造了新型旅游交通工具

交通工具的改进是近代旅游发展的重要标志之一。蒸汽机的出现是工业革命的重要标志，它解决了交通运输的动力问题，促进了新型交通工具的产生。19世纪以后，以蒸汽为动力的轮船迅速进入人们的生产与生活，直接推动了旅游活动的发展。比如，美国纽约哈德逊河在1807年已经出现了定时开行的"克莱蒙特"号轮船。1838年，英国蒸汽轮船"西留斯"号首次成功横渡大西洋，极大地缩短了欧美之间的通行时间。与此同时，铁路的发展对旅游活动的影响更为巨大，火车等新型交通运输工具运输能力强、运行速度快、旅行费用低、受自然天气影响小，迅速取代马车成为主要的旅行交通工具，使大规模、远距离旅游成为可能。英国"铁路之父"乔治·史蒂文森于1825年建造了斯托克顿至达林顿的铁路并投入运营，此后英国各地兴起了铁路建设的热潮。1840年到1870年，在英格兰及威尔士，乘坐火车旅行的游客增加了20倍，绝大多数是前往海滨度假的。由于铁路的普及，英国人托马斯·库克才借助火车举办了世界上第一次有组织的旅行活动。

2. 产生了工业资产阶级和工人阶级

古代的大多数旅行是以商务贸易为目的的，而广大劳动人民由于受到统治阶级残酷的政治、经济压迫，几乎不可能参与旅游活动。工业革命促进了阶级的变革，造就了工业资产阶级并使其成为新的统治阶级。社会生产的财富分配不再局限于原有的封建贵族和大土地所有者，而是越来越多地流入工业资产阶级的腰包里，使得具备经济能力外出旅游消遣的人数得到了前所未有的增长。同时，工业革命造就了另一个新型阶级——产业工人阶级，虽然他们仍然受到剥削与压迫，但是相比于之前的奴隶社会和封建社会的底层劳动者，他们的生活具有了较大改变。随着社会发展和工人阶级自我意识的觉醒，工人阶级为争取自己的合法权益而不懈抗争，从而获得了更好的工资、休假机会等福利待遇，使得劳动人民也有机会成为旅游者。

3. 改变了人们的生产与生活方式

工业革命促进了大量新技术的出现和新机器的发明与使用，极大地提高了社会生产力，现代工厂取代手工工场，机器代替了手工劳动，彻底颠覆了传统的生产方式。1913年，福特汽车公司创造了世界上第一条流水生产线，使每辆T型汽车的组装时间由原来的12小时28分钟缩短至90分钟，生产效率提高了近8倍。机器大生产对生产速度和效率的提升，要求工人分工明确、严守规则。生产方式的变化也引起了人们生活方式的改变，产生了索尔斯坦·凡勃伦所谓的"有闲阶级"。

（二）近代旅游的产生与特点

1. 近代旅游的产生

1841年，托马斯·库克利用包租火车的方式组织了从莱斯特前往拉夫伯勒参加禁酒大会的活动，库克在活动组织中首次提出了类似现代团体旅游的管理方式，如每名参与者支付1先令的费用，包括往返交通费、乐队演奏赞歌、野外午餐费和午后茶点费等。1845年，库克旅行社的成立，标志着全世界第一家旅行社的诞生，近代旅游也由此开启，旅游业进入到一个全新的发展阶段。

2. 近代旅游的特点

近代旅游受工业革命的影响而出现，托马斯·库克组织的第一次包价旅游和创办旅行社是近代旅游发展的重要标志。近代旅游活动具有与古代旅行活动不同的特点：

第一，旅游人数明显增加。工业革命促进了劳动生产率的提高，社会财富急剧增加，使得更多的人具备了外出旅游的客观条件。以消遣娱乐为目的的旅游活动过去主要由少数地主和贵族阶级参加，现在新兴的资产阶级成为旅游活动的主力，工人阶级由于收入有了提高，也加入到旅游行列中来，旅游人数显著增多。

第二，旅游形式更为丰富。伴随着旅游人数的增加和旅游服务机构的出现，旅游活动形式也日益丰富。一方面体现为旅游空间范围的扩大，工业革命以后火车、蒸汽轮船、汽车的出现和使用，改变了人们的出行方式，扩大了出游的半径，缩短了从出发地到目的地的时间距离；另一方面旅游活动的种类也更加多样，出现了城市观光旅游、度假旅游、文学旅游等新的旅游类型。

第三，旅游业成为独立产业。旅游的主要产业逐步发展成熟，改变了以往基于商业贸易和政治往来而形成的住宿设施体系，拥有了专门为旅游者提供住宿和餐饮的饭店业和以旅游者为服务对象的旅行社，到 1900 年，大西洋沿岸城市已建成了 400 余家旅馆。这些服务于旅游者的机构以营利为目的，推动了旅游活动商品化的进程，使旅游活动发展成为社会经济活动的一个重要组成部分，旅游业日渐成为一个独立的产业。

第四，旅游胜地迅速发展。随着旅游活动的不断发展，旅游需求越来越大，出现了大量的旅游服务设施，例如娱乐场、运动场等。人文景观与自然景色的融合发展，改变了旅游目的地的原始面貌，旅游胜地的建设和运营日趋成熟。比如，美国新泽西州梅角（Cape May）的 54 个海滨城市成为海滨度假地的先驱，澳大利亚的昆士兰、维多利亚等旅游地也迅速发展起来。

三、现代旅游活动

现代旅游是指二战结束后，尤其是 20 世纪 60 年代以来，在世界各地快速发展起来的社会化旅游活动。二战结束后，各国积极发展科技和经济，修复战争创伤，不仅快速恢复到战前水平，而且生产力和社会文明程度都有了长足的进步。随着人们生活水平的普遍提高，大众化旅游活动日趋成熟，休闲旅游意识深入人心，现代旅游活动逐步形成了一个完整的旅游经济体系，并成为国民经济的重要组成部分。

（一）现代旅游产生的原因

1. 全球政治局势相对稳定

二战结束后，各国都致力于本国的经济建设和社会发展。虽然仍不时爆发局部冲突和战争，或者经济萧条（危机），但和平与发展始终是世界总体政治环境的主题。相对安定的和平环境，为世界经济增长和旅游活动发展提供了必要的前提和保障。

2. 世界人口增加扩大了旅游人口基数

二战结束后，世界人口迅速增加，特别是 20 世纪 60 年代以后，由 1960 年的 30 亿人增长到了 1990 年的 53 亿人，30 年之间世界人口增加了 0.77 倍，为大众旅游市场提供了庞大的人口基数。

3. 经济发展提高了旅游支付能力

二战结束后，几乎所有国家的经济增长速度都超过了二战前的增长速度，1960 年世界整体 GDP 为 1.353 万亿美元，1990 年增长到 22.656 万亿美元，30 年之间增长了约 15.75 倍。1960 年世界人均 GDP 为 445.776 美元，1990 年增长到 4 290.096 美元，增长了约 8.62 倍。自 1971 年到 1997 年，英国普通家庭的人均实际可支配收入年均增长率稳定保持在 2.6% 左右。世界经济的全面发展使人均收入稳步增加，提高了旅游购买能力，成为现代旅游快速发展的重要驱动力。

4. 城市化进程增加了休闲旅游需要

二战结束后，世界各国的工业化、城市化进程明显加快，农村人口明显下降。到 20 世纪 70 年代初，美国的农村人口已下降到全国人口的 1% 以下。越来越多的农村人口转移到城市，成为工业劳动力，在节奏紧张的城市生活和拥挤嘈杂的环境中，日复一日地从事枯燥的标准化工作，让人们备感厌倦和疲惫。为了缓解身心压力，人们迫切想要回归大自然，放松自我、调养身心，于是萌发出旅游的需要。

5. 交通工具的改进提高了旅行的便捷性

铁路、轮船仍是传统的旅行方式，但汽车和飞机的普及对交通运输的影响越来越大。在欧美发达国家，汽车具有的自由、快捷特点，成为人们中、短途外出旅游的主要工具。1939 年，英国公路上行驶的私家汽车有 200 万辆，同年，长途汽车运输的游客达到 3 700 万人次。20 世纪 50 年代，喷气式飞机开始被用于民航，从欧洲到北美的旅行时间由 24 小时缩短至 8 小时。随着性能和机型的改进，航空运输变得更安全、更舒适、更快速，长距离旅行的时间被大大缩短，使国际、洲际和环球旅游成为可能。

6. 劳动者带薪假期提供了闲暇时间

随着科学技术的进步，工业生产自动化程度不断提高，生产效率显著提升，工人劳动时间得以缩短。英国劳工运动首先提出每日 10 小时工作制，1886 年国际工人协会日内瓦会议提出了实现 8 小时工作制的要求①。1916 年，美国铁路兄弟会通过 8 小时工作法。1936 年，法国众议院通过法律，规定所有职工只要在一家企业连续工作满一年，便可享受每年 15 天带薪假期。带薪休假作为现代文明社会的职工休假制度，在欧美和亚洲各国成为现实，让更多的人拥有了闲暇活动的时间。

（二）现代旅游的特点

1. 旅游的普及性和大众性

现代旅游活动的普及性是指现代旅游活动主体的范围扩展到社会各阶层。现代旅游与历史各个时期的旅游活动相比较，最为重要的特征是普通劳动大众成为旅游活动的参与者。尤其是 20 世纪 60 年代以来，大部分国家普通劳动者的生活水平不断提高，大众旅游环境愈加成熟，使旅游成为各阶层人士都能参与的大众性休闲活动。

2. 旅游的地域广泛性和地理集中性

现代旅游的地域广泛性是指旅游活动及影响遍布全世界，旅游观光业成为大多数国家社会经济的重要组成部分。目前已有 150 多个国家或地区加入联合国世界旅游组织（World Tourism Organization，UNWTO）。旅游经济的地理格局以发达国家为主导，统计显示，90% 的国际旅游者来自发达国家；同时，发达国家也是主要的旅游接待国，接待了 80% 的国际旅游者。旅游发展的不平衡性较为突出，表现为现代旅游的地理集中性。

3. 旅游增长的持续性

旅游增长的持续性是现代旅游活动的一个重要特点。二战结束后，世界经济快速发展，旅游业呈现出持续发展的态势。20 世纪 90 年代初，旅游业的增加值就已超过石油、钢铁、汽车制造等传统的优势产业。据统计，全球旅游收入由 1960 年的 4 867.51 亿美元增长到 2023 年的 5 万亿美元，保持着快速稳定的增长态势。

4. 旅游活动的季节性

现代旅游的季节性是指游客流向、流量集中于一年中特定时间段的现象，反映出现代旅游时间分布的不平衡性，呈现出旅游旺季和淡季的差异性，影响了旅游供需之间的

---

① 1886 年 5 月 1 日，芝加哥 25 万工人举行罢工，要求实行"三八"制度，即 8 小时工作、8 小时睡眠、8 小时休息，被当局残酷镇压。1889 年 7 月，国际社会主义工人代表大会在巴黎召开，为纪念芝加哥工人大罢工，决定将 5 月 1 日定为国际劳动节（International Workers' Day）。

平衡关系。例如，我国"十一"黄金周和春节期间是每年最为突出的旅游旺季。对于具体的旅游目的地而言，由于资源属性及季节气候等因素的影响，也会产生旅游的淡季和旺季之分。

第二节　旅游研究概述

一、旅游研究的对象

旅游学界对于旅游研究的对象至今没有形成统一的认识，不同学者具有不同的认识。在旅游发展的早期，主要存在三种关于旅游研究对象的认识：

第一，旅游学是研究旅游者的科学。旅游活动是作为个体的人对自然、对社会的一种生活体验，一种追求美和欢愉的生活需求。在旅游业发展早期，这种观点具有积极意义。但随着人们对旅游活动认识的不断深入，研究对象不再仅停留于旅游者本身。

第二，旅游学是研究旅游业的科学。现代旅游业的不断发展，已经向人们展示，旅游业是一个相对独立的产业经济门类。因此，旅游研究需要以整个旅游产业为主要研究对象。

第三，旅游学是研究旅游活动对旅游目的地经济、社会及环境等影响的科学。近现代旅游的发展，使得旅游活动的参与要素越来越多，旅游对经济和社会发展所产生的影响也越来越大，旅游影响效应研究成为重要的关注对象。

随着旅游研究的深入，学者尝试从要素论的角度界定旅游研究的对象，最典型的有"六要素论"和"三要素论"[1]。具体而言，"六要素论"是从旅游活动的角度将"吃、住、行、游、购、娱"六要素作为旅游研究的基本对象。"三要素论"则从旅游综合体的角度，将旅游活动划分为更为一般化的"主体—客体—介体"三大要素，并将其作为旅游研究的对象。

此外，国内学者李天元认为，旅游是研究旅游者、旅游业以及双方活动对旅游接待地区社会文化、经济和环境影响的科学[2]。田里认为，旅游学是以世界范围为统一整体，以旅游的社会经济条件为特点，研究人类旅游的产生、发展及其活动规律的科学[3]。谢彦君以"要素论"为例，分析了当前各类对旅游研究对象的认识所存在的问题，即没有突出各要素之间的矛盾关系。他认为，旅游研究对象应是旅游活动的内在矛盾及其表现，旅游学的任务就是要通过研究来认识这种矛盾的性质及其发生的原因、形态结构、运动规律和它所产生的各种外部影响[4]。

---

① 王昆欣. 旅游学科"元研究"之思考 [J]. 旅游学刊, 2003, 18 (3)：76-79.
② 李天元. 旅游学概论 [M]. 7 版. 天津：南开大学出版社, 2015：7.
③ 田里. 现代旅游学导论 [M]. 昆明：云南大学出版社, 1996：2.
④ 谢彦君. 基础旅游学 [M]. 4 版. 北京：商务印书馆, 2015：11.

二、旅游研究的内容

旅游主要研究旅游现象的基本矛盾及其运动规律，并通过对旅游活动中的矛盾现象的研究，探讨现象背后的运行与变化规律，为旅游业健康发展提供理论和实践指导。旅游现象的基本矛盾表现为旅游供给与旅游需求的矛盾、旅游期望与旅游体验的矛盾、旅游资源开发与保护的矛盾、旅游投资与旅游消费的矛盾、旅游者与当地居民的矛盾、旅游发展与旅游影响的矛盾等。具体而言，旅游研究内容包括：旅游活动的发展历史、旅游的本质属性、旅游主体特征、旅游需要与动机、旅游产品开发及营销、旅游市场、旅游资源及其开发、旅游产业、旅游影响效应等方面。

三、旅游研究的方法

旅游现象具有综合性和复杂性的特点，其研究方法也具有跨学科的特征。作为一门综合性学科，旅游学科既有自身独特的研究方法，也要借鉴自然科学和社会科学的研究方法，采取定量、定性或定性与定量相结合的综合研究方法。在各种具体研究方法中，融合数学方法及系统论、控制论、信息论等横断科学方法。常见的旅游学科研究方法有田野工作与社区研究、统计分析、模式分析、科学实验等。

（一）田野工作与社区研究

田野工作（field work）与社区研究（community study）是文化人类学、社会学和环境科学中广泛使用的研究方法，也是一种实证性研究方法，强调直接的观察、访问、记录和测量等方法和手段。它在旅游研究中有着广泛的应用领域，对研究旅游发展与社会文化变迁、社会环境与结构变革、旅游社会影响等具有重要意义。如史密斯（Smith）的经典著作《东道主与游客：旅游人类学》就运用了此类方法对爱斯基摩人（因纽特人）、巴拿马库拉人等进行研究。

（二）统计分析

统计分析法是运用统计工具和数据资料研究旅游现象的常见量化方法。数据资料是对旅游活动的客观真实反映，对于揭示旅游活动的规律性具有重要作用。统计分析常用的工具有 Excel、Spss、SAS、Stata、Matlab、R、AMOS 等分析软件，用于对第一手数据资料和二手资料的分析处理，研究者通过建构研究假设、检验假设、理论分析等过程得出科学结论。研究者运用统计工具可以建立各种数量预测模型，通过历时性的时间数据系列分析，预测现象发展趋势，如对旅游收入和旅游接待人次数的预测。研究者还可以通过共时性分析研究现象的空间关系，描述现象分布模式与结构，比如分析地方旅游业的现状、产业结构、增长速度、旅游者的构成、旅游设施构成等。

（三）模式分析

模式分析是趋向于定式化思维的研究方法，研究者主要通过文字分析、图像描述、数学公式等形式重构、解释和预测复杂的现象。它是一种描述性分析工具，用于刻画研究现象的结构、形态、关系和流程，探索结构或过程的主要组成部分及相互间的关系，研究者通过图像形式进行简化描述，找出复杂问题的一般规律，发现问题的本质性特征。运用模式分析，能够有效把握旅游现象包含的复杂时间运动过程及空间关系。斯蒂芬·史密斯的《旅游决策与分析方法》介绍了丰富的旅游研究模式。

（四）科学实验

科学实验是自然科学中常用的方法，可以被用于旅游现象中具有因果或相关关系问题的研究。旅游现象的自然性或社会规定性，有时难以被直接观察到，这时就可以通过实验进行检验。实验过程要求在科学的设计和严格的控制条件下进行。实验者必须考虑三个变量：一是自变量，即实验者安排的刺激情景或实验情景；二是反应变量，即因变量，是实验者预定要观察、测量和记录的变量；三是控制变量，即实验变量之外的可能影响实验结果的变量，为了避免其对结果产生影响，实验者需设法予以控制。实验法主要被用在旅游者心理研究、旅游者旅游体验、旅游环境效应研究等领域。

（五）跨学科研究

旅游活动是一门跨学科的综合现象。旅游需求与供给是典型的社会经济现象，可以从经济学视角进行研究。旅游活动又是一种地理和人文现象，需要以地理学、社会学、民俗学的研究方法加以把握。旅游企业活动无疑是一种现代管理现象，研究旅游企业活动离不开管理学、心理学的理论与方法。法治社会要求旅游活动应遵循相应的法律规范，形成了旅游法体系，因而法学视角的研究也十分有必要。总之，由于旅游的范围包罗万象，需要运用跨学科的多种研究方法，才能全面揭示旅游活动的真面目。

●案例

托马斯·库克（Thomas Cook）出生于英格兰德比郡墨尔本镇，幼年时家境贫困，10岁时便被迫辍学，先是做了园艺经营者的学徒，后来又投奔了远方的姑父。姑父经营着一家小木器店，自从库克到来后，姑父就将木器店交给库克打理。可惜，好景不长，姑父最后因酗酒而死，木器店的经营也陷入困境。一次偶然的机会，库克听到基督教会宣传教义，其中关于戒酒的内容使他深受震撼，他便加入该会成为传教士。在传教期间，库克不仅锻炼了良好的口才，而且有机会体验各地不同的民情风俗。

1841年，库克担任南米德兰戒酒协会秘书，组织会员进行了一次由莱斯特到拉夫伯勒的远程旅行，以帮助大家在观光中忘记烦恼，调养身心。为了降低费用，他联系铁路公司提供打折车票，每人的往返车费只需1先令。这次活动共有570人参加，旅行取得了圆满成功，这也使库克名声大振。此后，他又通过专列安排了数次类似的远程旅行。

在这些旅行活动中，库克发现了旅游业蕴藏的无限商机，于是他成立了一个旅游服务处，代客人安排交通工具及旅行活动。当经营旅游代理业务稍具规模后，他便辞去了传教士的工作，一心一意经营旅游业务。1845年，他成立了库克旅行社，这是全世界第一家旅行社。该旅行社的诞生，标志着旅游业作为独立产业的开端，后来的学者们一般以此作为近代旅游业的开始。

1851年，伦敦举办第一届世界博览会，库克先后组织了16余万人到伦敦参观展览。1855年，库克已将营业范围扩展到欧洲大陆，为当年的巴黎第二届世界博览会组织了包价团队旅游。这次旅游活动从英国莱斯特前往法国巴黎，团期4天，收费36先令，成为世界首次有组织的商业出国包价旅游活动。1865 年，为进一步拓展旅行社业务，托马斯·库克与儿子成立托马斯父子公司（通济隆旅游公司），并在美洲、亚洲等世界各地设立分公司，业务范围拓展到全世界。1867 年，他首次采用饭店代金券。1872 年，63 岁的库克组织了为期 8 个月的环球旅游，旅客们乘坐蒸汽船、火车等各种交通工具成功地完成了令人惊叹的环球旅行，其间还到访了中国上海。

托马斯·库克的成功在于对组织活动的细致策划，并提供高效的管理模式，最大限度地解决各种难题。他同世界各地的饭店、铁路运输公司建立了广泛的联系，向旅客提供质量上乘、价格低廉的服务，精心设计并安排旅游线路、地陪、食宿，编写导游手册等，开创了旅行社业务的基本模式。托马斯·库克在组织旅游业务方面的开创精神和库克旅行社的经营模式对旅游业的发展产生了深远的影响。

资料来源：SMITH L, REES P, MURRAY N. Turning entrepreneurs into intrapreneurs：Thomas Cook, a case-study［J］. Tourism Management, 2016（56）：191-204.

◆案例讨论

1. 结合材料思考，哪些因素促使托马斯·库克成立世界第一家商业旅行社？

2. 非常遗憾的是，2019 年 9 月 23 日，拥有近 180 年历史的世界首家旅行社托马斯库克集团宣告进入破产清算，集团中的所有公司都已停止交易，门店也同时宣告关闭。请查询相关资料，分析导致这家百年老店倒闭的原因是什么。

3. 随着大众旅游时代的到来，休闲旅游成为人们日常生活中的常见活动。越来越多的人选择自助旅游，你认为旅行社还有存在的必要吗？如果有必要，旅行社未来的发展方向是什么？

思考题

1. 如何理解旅游的本质以及各个时期旅游活动的特点？

2. 产业革命对近代旅游的发展有何影响？

3. 导致现代旅游迅速发展的原因是什么？

4. 旅游研究的对象和内容是什么？

5. 你认为世界旅游发展的趋势是什么？

6. 你认为可以从哪些角度对旅游现象展开研究？请举例说明。

第二章
休闲与旅游主体

➤学习目标

休闲与旅游主体是旅游活动的核心要素之一，一系列旅游活动的开始与结束都围绕着主体的需求而展开。本章着重分析休闲与旅游主体的定义、分类及行为特征，以及消费行为产生的过程及影响因素。

本章学习目标：

★了解休闲与旅游活动的主体的定义。

★明确休闲者与旅游者之间的联系与区别。

★清楚休闲与旅游活动主体的类别及划分标准。

★了解不同类别活动主体的行为特征。

★熟悉旅游消费者行为过程。

第一节　休闲与旅游者概述

一、休闲与旅游者的定义

（一）休闲与休闲者

《说文解字》写道："休，息止也。""休"在古代有"休息""休憩"等含义。"闲"，门中有木，本义是指栅栏，而后衍生出"闲暇"的含义。如贾谊在《鹏鸟赋》中提道，"止于坐隅兮，貌甚闲暇"，李白《行路难》中有"闲来垂钓碧溪上，忽复乘舟梦日边"，王维《鸟鸣涧》中有"人闲桂花落，夜静春山空"，均描写人的闲适怡然的状态。古人认为倚木而休，不仅是身体的颐养，还包括修身养性以达到天人合一的境界，追寻真、善、美的真谛，赋予生命真正的意义。

休闲是人的基本生理需求，人们需要一定的时间和空间来放松身心，恢复体力。休闲是人类的一种智慧、一种生活状态、一种独特的生活方式。古往今来，休闲活动都是人们日常生活的重要组成部分。正是丰富多彩的休闲娱乐，才使得人类的世界变得更加生动活泼。休闲，它不同于"闲暇""空闲""消闲"等词汇，而是颇具哲学意味的象喻（以形象化的文字阐述深刻的道理），它在更深层次上展示了人类发展历史中劳动与生存的辩证关系，以及物质与精神的矛盾运动关系。

休闲是人们在闲暇时间里所从事的各种自由活动，被誉为现代社会的"精神食粮"。国外学者从三个方面界定休闲：一是指闲暇时间。早期从时间角度理解休闲，如梅（May）和佩特根（Petgen）认为休闲是在生存问题解决以后剩下来的时间。二是指休闲活动。如杜马兹迪埃（Dumazedier）所讲的一系列在尽到职业、家庭与社会职责之后，让自由意志得以尽情发挥的事情，它可以是休息，可以是自娱，可以是非功利性地增长知识、提高技能，也可以是对社团活动的主动参与。皮尔斯认为，休闲是自愿性而非强迫性的活动，休闲的目的不是维持生计，而是获得真正的娱乐。三是指在休闲活动中人的闲适的精神状态。例如，纽林格认为休闲即"心之自由感"（perceived freedom），是为了达到幸福与满足的、与个人内心世界密切相关的体验与心态。约翰·凯利认为，休闲是一种存在状态（state of becoming），不仅是现状的形式、情景和意义，还包括面向未来的发展因素。实际上，这三个方面常常是紧密联系在一起的。我国学者马惠娣认为，休闲是人成为人的过程，反映出人的一种存在状态、生存状态和精神状态。申葆嘉提出，休闲是人的意识活动和文化活动，是否具有自觉的文化意识是休闲与休息的根本区别。张广瑞认为，休闲是人们在自由支配的时间里，可以自由选择从事某些个人偏好性的活动，并从这些活动中享受从惯常生活事物中不能享受到的身心愉悦、精神满足和自我实现与发展①。综上所述，本书认为，休闲是人们为了获得身心闲适与发展而在自由时间内选择并开展的有意义的自由活动，及其所产生的一切现象的总和。休闲者可被定义为从事和体验休闲活动的主体，他们在闲暇时间内有意愿并且有能力参与休闲活动，能够在休闲活动中获得身心自由的体验，进而完善自我、实现自我，追求内心的平衡。

（二）旅游与旅游者

谈起旅游，人们的脑海里常会浮现出游览、观光、娱乐、消遣等情景。就字面意义而言，"旅"是旅行外出，即出于某种目的而在特定时间段内实现的空间位移过程，"游"是以巡游、游览、观光等为目的的旅行活动，二者合称为"旅游"。旅行偏重于"行"，而旅游不仅有"行"，而且行的目的是观光、娱乐、修养身心。南朝梁时的沈约所作《悲哉行》中就有"旅游媚年春，年春媚游人"的描述。大众旅游时代的到来，使休闲旅游活动成为人们追求"诗和远方"的现实路径。旅游的本质是人的诗意栖居。人生何尝不是一场旅行？通过旅游不断认识自我、认识世界，所以才有了"世界这么

---

① 章海荣，方起东. 休闲学概论 [M]. 昆明：云南大学出版社，2005：62.

大，我想去看看"的国民网红箴言。

旅游科学专家国际联合会（"艾斯特"，AIEST）将旅游定义为：旅游是非定居者的旅行和暂时逗留而引起的现象和关系的综合。这些人不会长期定居，并且不涉及任何营利性活动。英国旅游协会（BTS）提出，旅游是指人们离开其日常生活和工作的地点向目的地做暂时的移动以及在这些目的地做短期逗留时的任何活动。世界旅游组织认为，旅游是人们出自获取报酬以外的任何目的而在其日常生活环境以外的地方旅行并在该地停留不超过一年所发生的活动。

学者的研究视角更为丰富。哥尔德纳（Goeldner）和里奇（Ritchie）认为，旅游是旅游者、参与招徕并接待来访游客的旅游供应商、旅游目的地政府、旅游目的地居民以及旅游目的地环境这五者之间的关系和互动而引发的各种过程、活动和结果。库珀（Cooper）等认为，旅游是人们离开通常居住和工作的地方，暂时前往目的地旅行和在该地停留期间所从事的活动，以及旅游目的地为满足旅游者的需要而建立的各种设施。麦景托什（McIntosh）认为，旅游可定义为在吸引和接待旅游者和其他来访游客的过程中，由于旅游者、旅游企业、旅游目的地政府和旅游目的地社会的相互作用而引起的各种现象和关系的总和。李天元认为，旅游是人们出于移民和就业任职以外的其他原因离开自己的常住地前往异国他乡的旅行和逗留活动，以及由此所引起的现象和关系的总和。谢彦君提出旅游是个人利用其自由时间并以寻求愉悦为目的而在异地获得的一种短暂的休闲体验。旅游的根本目的在于寻求愉悦体验，这是旅游最本质的规定性，不仅仅是一种时间流程，更主要的是一种精神追求、价值实现和情感洗礼①。张凌云认为旅游就是人们在非惯常环境（unusual environment）的体验和在此环境下的一种短暂的生活方式②。

综上所述，本书将旅游定义为：旅游者利用闲暇时间离开常住地，为获得身心体验而在目的地短暂停留所产生的有意义的活动。旅游活动具有四个属性：一是消费属性。旅游活动是一种涉及旅游产品及服务供需双方的经济活动。二是社交属性。各类旅游主体依托旅游活动开展一系列不同区域间的主客交往，以及信息、情感、思想的交流。三是审美属性。旅游者在观赏游览及休闲度假活动中，能够获得对自然美、文化美、价值美的体验。四是文化属性。旅游与文化密不可分，文化为旅游活动注入了灵魂。

旅游者伴随着旅游活动而出现，但至今国内外学者都未对旅游者的定义达成一致意见。随着社会的不断发展，旅游活动的外在表现形式多种多样，各界专家从不同视角提出了旅游和旅游者的不同定义。科恩认为，旅游者是出于自愿而暂时离家外出的旅行者，他们之所以从事路程相对较长的、非经常重复的往返旅行，是由于他们盼望旅行中所能体验到的新奇和生活变化所带来的愉悦③。谢彦君提出，旅游者是利用其自由时间并以寻求愉悦为目的而在异地获得短暂的休闲体验的人。国际联盟统计委员会在1937年提出国际旅游者的技术定义：离开自己的居住国到另一个国家访问超过24小时以上

① 谢彦君. 基础旅游学［M］. 4版. 北京：商务印书馆，2015：56.
② 张凌云. 非惯常环境：旅游核心概念的再研究［J］. 旅游学刊，2009（7）：13-18.
③ 科恩. 旅游社会学纵论［M］. 巫宁，等译. 天津：南开大学出版社，2007：29.

的人。国内旅游者是在本国境内旅行超过 24 小时但短于 1 年的人，并且以放松身心为目的。1983 年，世界旅游组织将国内旅游者进一步界定为：不论国籍，一个国家的常住居民到国内另一个地方旅行，时间不超过一年，其主要目的不是从受访地获得工作报酬。其中包括过夜的国内旅游者及停留时间不足 24 小时的不过夜国内短途旅游者。在旅游统计或旅游管理等实践过程中，更多地从技术层面对旅游者进行定义，使用可量化的或是可加以区别的标准。

综上所述，本书将旅游者定义为短暂离开常住地而在非惯常环境下获得身心体验的个人或群体。旅游者是整个旅游活动的主体。准确把握旅游者的定义，需要注意三个关键维度：一是异地性，即旅游者必须要离开常住地，去往异地。二是短暂性，即旅游者不能长期停留在外地。三是非营利性，即旅游者活动的目的可以是消遣、度假、商务、公务、教育、疗养、会议、体育、宗教等，但不能以营利为主要目标。在现实中，要真正成为旅游者，需要具备三个主观条件，即闲暇时间、可自由支配的收入和旅游动机。首先，闲暇时间是出游的首要条件，时间的长短决定了出游范围的大小及活动内容的多少。尤其是对于上班族而言，集中的闲暇时间显得格外宝贵，这也正是明知国庆"黄金周"游客会爆棚，但人们依然选择出行的原因之一。近年来在大学生中流行的"特种兵式旅游"，其特点也是用最少的时间打卡尽可能多的景点。其次，旅游活动是一种消费现象。尽管出现了类似"穷游"这样的时尚旅游方式，但其本质上是一种经济型的自由行，并非不用花钱就能外出旅行。最后，除了具备时间和财力条件，个体还要具备主观出游意愿，才能成为现实的旅游者。除了主观条件外，交通设施、目的地可进入性等客观条件也会对旅游者产生影响。

（三）休闲与旅游的关系

休闲、旅游及其相关概念是休闲与旅游研究的前提，但目前国内学术界对于休闲、旅游及其相关概念尚没有形成统一的认识。著名经济学家于光远认为，某种活动是否属于休闲，要看这一活动内容能否使人身心愉快，"愉快"是休闲活动的真正追求。这与旅游学界谢彦君所主张的"旅游即是愉悦的体验"观点不谋而合。有学者提出，旅游是人类获得休闲的重要方式，休闲活动中包含了旅游活动①。旅游讲求以欣然之心、行适然之路、娱天然之乐，这同人类千百年来追求的雅致愉悦的休闲方式在本质上是相通的。可见，休闲与旅游之间存在着必然的联系。旅游与休闲的主要目的都是放松身心，缓解压力，通过特定活动来满足内心的基本需求。

马克思主义劳动价值观认为，劳动与休闲是相互联系、相互依存的一种经济文化现象，休闲是缓解工作压力、放松身心、促进社会健康持续发展的重要内容，尤其是从时间上予以定义，认为人类除工作以求生存等必要时间之外的时间均属于休闲时间。旅游是一种文化精神生活，是现代社会生活方式中必不可少的组成部分。旅游的体验性、实践性和参与性，可以从精神层面上影响人的价值观，引导人们形成积极的生活态度、丰富的感情世界，有利于真、善、美的张扬。因此，休闲活动包含了旅游活动，而旅游活动追寻的体验又是休闲最重要的内在价值。旅游作为休闲的子集，又具有远离惯常环境、短暂性逗留等独特性。随着现

---

① 马海鹰. 休闲时代的旅游业定位问题［J］. 旅游学刊, 2006, 21（11）: 9-10.

代社会的发展，休闲与旅游活动日益普及并相互交融，故本书在将休闲与旅游合并论述的同时，倾向于突出论述更具有显示度的旅游现象。

二、旅游消费者的类型

消费者具有异质性，如同"世界上不存在两片完全相同的树叶"的哲学命题一样。基于不同的分类标准、分类目的，可以将旅游消费者分为不同的类别。分类是为了让人们更好地认识旅游消费者的行为活动特点，识别其所特有的消费动机和消费需求，从而向旅游者提供更好的服务。常见的分类方式包括动机、角色类型、生活方式、地理区域、出游目的、消费层级、组织形式和计价方式等。

（一）基于动机的旅游者划分

加里（Gray）最早试图从动机视角对旅游消费者的类型进行划分，他将其分为追逐阳光型和漫游型两种类型。追逐阳光型是指以旅游度假区为目的地，以休息、放松和三S［阳光（sun）、大海（sea）、沙滩（sand）］为动机的消费者；漫游型是指以满足旅行观光的渴望和体验不同文化为目的的消费者。

一般而言，根据动机不同可将旅游消费者划分为猎奇型、学习型、享乐型、情感型以及其他类型。

猎奇型旅游者：愿意挑战不同的旅游目的地，倾向于选择人迹罕至的旅游目的地，选择与别人不一样的旅游方式，喜欢追求新奇、高刺激性的事物。

学习型旅游者：希望在旅游过程中学习当地的文化、生活方式、风俗习惯等，每到一个地方便会深入了解当地风俗民情，充分与当地居民互动接触，力求学习到更多的当地知识。

享乐型旅游者：希望通过旅游这种休闲方式来达到愉悦心理、放松身心、享受生活的目的。

情感型旅游者：希望通过旅游活动增进与同游者之间的情感联系，基于这种动机的消费者常以小群体的方式出游，如亲子游、闺蜜游、情侣游等。

其他类型旅游者：除上述动机类型以外的旅游消费者。

（二）基于角色类型的旅游者划分

科恩（Cohen）以角色理论为依据，将旅游者划分为四种类型：有组织的大众旅游者、独立的大众旅游者、探险者和漂泊者。根据旅游企业的涉入程度或组织化程度，科恩又将四种旅游者角色划分为制度化旅游者和非制度化旅游者两大类。其中，制度化旅游者包括有组织的大众旅游者、独立的大众旅游者；非制度化旅游者包括探险者和漂泊者。具体见表2-1。

表 2-1 科恩的旅游者角色分类

一、有组织的大众旅游者（organized mass tourist）
他们通常购买事先安排好的包价旅游产品，旅游活动完全依赖于旅游服务机构安排的服务，倾向于熟悉的环境氛围，避免与目的地文化和人群直接接触。通常表现为在传统旅行社购买全包价产品，乘坐旅行社安排的飞机或大巴车到达目的地，入住旅行社事先预订的酒店，按照旅行社规划好的成熟线路进行游览

表 2-1（续）

二、独立的大众旅游者（individual mass tourist）
与有组织的大众旅游者类似，独立的大众旅游者仍然借助旅游服务商的专业渠道安排和预定度假或旅行，但希望保留一定程度的个性化活动，能够自由选择和控制部分旅游行程。他们依赖于已经建立起来的旅游系统，但能够偶尔逃离其熟悉的环境氛围。他们会提前预订酒店和门票，但是在时间安排和线路选择上，比有组织的大众旅游者更加灵活、自由
三、探险者（explorer）
他们通常独立安排旅行，尽量远离常规路线，避开大众旅游者的行迹，力图与当地人和当地文化接触，学习新的语言，品尝当地餐馆的食物等。他们寻求适度的舒适和安全的目的地，在逃离熟悉环境氛围的同时，依旧保留着自己的价值观念和日常的生活习惯
四、漂泊者（drifter）
漂泊者是与有组织的大众旅游者相对的另一个极端，他们试图完全融入当地社区的社会生活，尽量使自己表现得与当地人一样，不再接触现实的旅游系统，旅游活动没有固定路线，沉浸在当地的文化与风俗之中，几乎完全脱离自己熟悉的本土文化环境，获得最大限度的新奇感

　　史密斯（Smith）将旅游者分为探险者、精英旅游者、不落俗套的旅游者、非常规旅游者、早期大众旅游者、大众旅游者、包机旅游者。具体见表 2-2。

表 2-2　史密斯的旅游者角色分类

旅游消费者角色	特征
探险者 （explorers）	他们类似于人类学家而不完全属于旅游者，竭力融入当地的生活方式和文化
精英旅游者 （elite tourists）	他们进行事先安排好的、费用高昂的旅行，参加一些非同寻常的活动，体验当地的生活方式
不落俗套的旅游者 （off-beat tourists）	等同于科恩分类中的探险者，他们试图避开其他旅游者，能适应当地的观念，使用当地住宿设施和服务
非常规旅游者 （unusual tourists）	他们有时会为了体验当地文化而逃离有组织的旅行，数量相对较少。他们能够适应当地的文化，但依旧会选择并回归自己熟悉的文化环境
早期大众旅游者 （incipient mass tourists）	他们以那些初步建立但还没有被旅游业完全主导的地区为目的地，喜欢现代风格的娱乐设施
大众旅游者 （mass tourists）	他们代表了一个连续的大规模的旅游流，流向某一个旅游目的地或度假地
包机旅游者 （charter tourists）	他们通过乘坐旅游专业机构预订的飞机到达，享受现代风格的食物和住宿设施。较为极端的情况是，对他们而言，只要度假愉快，目的地本身并不重要

　　严纳奇斯（Yiannakis）和若普森（Gibson）在科恩和史密斯分类的基础之上，又划分出了更细致的旅游消费者类型。具体见表 2-3。

表 2-3　Yiannakis 和 Gibson 的旅游者角色分类

旅游消费者角色	特征
逃避者	他们喜欢到安静闲适的地方，逃离现实生活，享受完全置身事外的放松
运动旅游者	他们强调在度假过程中参与喜爱的体育运动

表2-3(续)

旅游消费者角色	特征
教育旅游者	他们参与有计划的以教育为导向的旅行,目的是获得新知识
阳光爱好者	他们喜欢在充满阳光、沙滩和大海的温暖地区进行日光浴和放松
社交活动爱好者	他们热衷于参加聚会、夜间俱乐部和约会异性,寻求浪漫体验
人类学者	他们乐于参与当地人的生活,尝试当地食物和学习当地语言,了解当地文化
考古学者	他们对考古遗址和遗迹感兴趣,喜爱研究古代文明历史
有组织的大众旅游者	他们对有组织的度假、包价旅行感兴趣,喜欢拍照、购买旅游纪念品
激情追寻者	他们寻求刺激的体验,对冒险型、猎奇型活动感兴趣
探险者	他们偏好冒险性旅行,并享受旅游中所遇到的挑战
精英旅游者	他们选择社会精英阶层常去的旅游地度假,在高档俱乐部参与社交活动
探索者	他们追求精神的或自我的认知,以更好地理解自我和寻求生活的意义
独立的大众旅游者	他们光顾常规的旅游吸引物,但自由安排旅行计划
上层旅游者	他们到最好的地方旅行,入住最好的酒店,在最好的餐馆就餐
流浪者	他们从一个地方流浪到另一个地方,过着一种类似嬉皮士的生活

(三)基于生活方式的旅游者划分

达伦(Dalen)根据生活方式提出两种维度,即现代—传统维度和物质主义—理想主义维度,将旅游消费者划分为传统理想主义者、传统物质主义者、现代物质主义者、现代理想主义者四种类型。具体见图2-1。

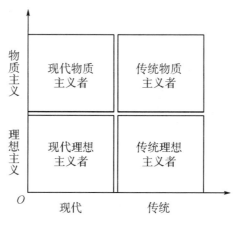

图2-1 达伦生活方式二维度

(四)基于地理区域的旅游者划分

以旅游者所到达的地域范围为标准,可将旅游者划分为国际旅游者和国内旅游者。国际旅游者又分为出境旅游者和入境旅游者。世界旅游组织把国际旅游者分为欧洲旅游者、美洲旅游者、非洲旅游者、中东旅游者、南亚旅游者、东亚及太平洋地区旅游者等。随着马斯克太空探索技术公司(SpaceX)等航空科技企业的快速发展,普通人的太空探险活动将不再只是梦想,未来将会出现太空旅游者。

（五）基于出游目的的旅游者划分

根据旅游者的出游目的，可将旅游者划分为消遣型、因公差旅型和因私事务型三种旅游者。

消遣型旅游者通常具有四个特点：一是数量大。消遣型旅游者人数最多，在国内旅游、入境旅游和出境旅游中所占比重最大。二是季节性。游客随季节变化会表现出明显的淡旺季出行差异。三是自由性。消遣型旅游者对出游方式、目的地及出游时间选择上的自由度更大。四是经济性。旅游者对休闲旅游产品的价格较为敏感，看重产品或服务的性价比。

因公差旅型旅游者以公务为主要目的，附带进行旅游活动，或者是从事与旅游相关的公务活动，如地理、环境考察的科技工作者，从事民风民俗调查的文化从业者等。其特点有：第一，频繁性。该类消费者虽在全部旅游者中占比较小，但出游次数较多，活动频繁。第二，规定性。该类消费者在出行方式、停留时间、目的地等方面的选择权较小，主要根据公务活动确定相关的旅游行程安排。第三，商务性。该类消费者对相关产品的价格敏感度不高，注重服务的可靠性、舒适程度和方便性。

因私事务型旅游者受自身因素、环境变化等多方面的影响，在办理个人事务的同时，有选择地进行休闲旅游活动，如探亲访友、修学旅行等，可以自主选择出行方式、时间及行程安排等，对价格的敏感性视个人具体情况而定。

（六）基于消费层级的旅游者划分

根据旅游者的消费观念和能力，可将旅游者划分为经济型、商务型、豪奢型。经济型旅游者对旅游产品的价格十分敏感，倾向于选择相对物美价廉的产品和服务，尽可能降低旅行成本。商务型旅游者具有一定的消费能力，除了满足基本服务外，再根据自身的商务需要选择个性化的服务。豪奢型旅游者消费水平较高，愿意并且有能力支付高档酒店、餐饮以及定制化的豪华旅游，对产品和服务的价格不敏感。携程旗下以高端奢游作为主打品牌的"鸿鹄逸游"，就专门针对高净值人士提供境外游、国内游和私人订制服务，其提供的法国 Belmond 河轮巡航·珍酿品酩 7 天 6 晚产品，价格高达 19.5 万元/人（报价是按照按两人入住 1 间客房计算价格，如客人要求改住单间，需加收差价，且报价不含国际往返航段的大交通费用），平均每天的团费超过 2.78 万元。

（七）基于组织形式的旅游者划分

按照旅游者出游的组织形式，可将旅游者分为团体旅游者、散客组队旅游者和个体自助旅游者。团体旅游主要由旅行社或旅游专业机构组织，旅游者付费参团，跟随团队活动，遵守团队的纪律和章程，类似于科恩提出的有组织的大众旅游者。散客组队一般是指由兴趣爱好相似的旅游者自发组成的小群体，人数不多，通过协商自行安排行程、自行入住酒店，采用零星现付方式开展休闲与旅游活动。个体自助旅游者，根据个人喜好和能力规划设计旅游路线，自行安排旅行途中的一切事务。比如背包客，他们崇尚自由和惬意，愿意来一场说走就走的旅行，欣然投入大自然的怀抱，享受旅游的快乐。"80"后、"90"后乃至"00"后，都是个体自助旅游的重要力量。

（八）基于计价方式的旅游者划分

按照计价方式，可将旅游者分为包价旅游者和非包价旅游者。包价旅游是指由旅行社进行统一组织，合理安排旅游过程中的食、住、行、游、购、娱等活动。旅游者将全部或是部分活动的费用支付给旅行社，并签订包价合同。包价旅游又分为全包价、半包价和零包价。前两者的区别在于包价产品和服务的数量是否涵盖旅行活动中的所有事项，全包价包括旅游活动的所有费用，半包价则会扣除餐费或部分景点、项目等的费用，以降低产品的售价，吸引更多的消费者购买。零包价的旅游者虽然不参与旅行社组织的任何活动，但必须在固定的时间随团往返，在目的地期间可自由安排活动。其优点在于，旅游者购买机票、住宿等服务时可享受团体优惠，旅行社还可代办签证和保险等。非包价旅游产品主要指单项服务，或者委托代办业务，即旅游者通过旅行社代办订票、订餐、约车、签证等非综合性的有偿服务。

除上述分类之外，还可根据诸如旅游者偏好、年龄、家庭生命周期等进行旅游消费者分类，以便更加准确地认识和把握旅游消费者的心理动机和行为偏好。

第二节　休闲与旅游者行为

了解旅游消费者通过哪些途径获取信息并购买产品、购买决策受什么因素影响、购买行为偏好等消费者行为特征，是旅游目的地营销组织（tourism destination marketing organization）及其他涉旅企业为旅游消费者提供针对性的产品和服务的前提。

一、旅游消费者行为模式

旅游学科是交叉性较强的一门学科，深受营销学、管理学、心理学、社会学、地理学、景观学、美学、历史学、人类学等多学科影响。在研究综合性、复杂性的休闲与旅游活动时，不同学科的研究者往往以多种理论作为研究消费行为的支撑。譬如，心理学的框架效应、晕轮效应、羊群效应、行为理论、认知理论等可被用于解释旅游者的消费行为。管理学研究外部环境的变化如何影响旅游者的消费决策，通过哪些外部条件刺激旅游者的需求并影响其感知，涉及需要层次理论、资源交换理论、人际关系理论等。社会学研究旅游者个体、组织以及他们的社会关系问题，涉及后现代主义、结构功能主义、社会变迁、社会动力等理论。市场营销学研究旅游者在各种营销策略的影响下如何做出决策，涉及服务营销、营销组合、网络营销以及口碑营销理论等。经济学中直接涉及消费者行为的是微观经济学，可通过边际效用理论、乘数理论、成本理论、增长极理论等对旅游者消费行为进行深入分析。人类学探索民间习俗、传说、神话、宗教对旅游者认知行为的影响。多学科的视角，为洞察休闲与旅游消费行为提供了更多的可能性，有助于我们更好地解释有关消费行为背后的深层原因，掌握消费者行为规律。

从研究范式上看，主要包括信息处理范式、经验主义范式和行为主义范式。信息处理研究范式以心理学和经济学理论为依托，将旅游消费者看成信息处理的决策者，其消费行为过程亦是购买决策的过程。经验主义研究范式从哲学、社会学、文化学视角切入，聚焦旅游者的情感需求，认为旅游产品并非普通产品，而是具有满足旅游者的情感体验和需要的独特属性，因此，旅游者购买行为具有强烈的主观性和象征性。行为主义研究范式认为旅游者的购买决策是自我认知与外部环境因素共同作用的结果，通过实证研究可以解释相关影响因素的作用机制。

消费者的购买决策行为是指消费者确立购买目的、选择手段和动机取舍的过程。20世纪60年代以来，不同领域的学者都对消费者行为模式展开了研究，认为不同的行为模式适合于不同的情景。消费者购买行为主要基于以下三种模式：第一，认知模式，即购买是解决问题、满足需求的行为结果。在此模式中，消费者被认为是完全理性的。第二，习惯模式，指消费者出于对品牌的忠诚和惯性购买行为，很少考虑其他选择。第三，强化模式，即基于过去行为的购买。这些模式的共同点在于它们都认为购买行为具有连贯性，而决策过程则是从认识需求开始的。

以华生和斯金纳为代表的早期行为主义者主张研究可被观察和直接测量的行为，并建立了"S-R"（刺激—反应）理论模型，认为行为的产生是外界刺激的结果。新行为主义者认为早期行为主义者忽视了个体行为的内部过程，并在"S-R"模型基础上建立了"S-O-R"（刺激—机体—反应）理论模型。具体见图2-2。对于旅游消费者而言，个体消费行为亦受到外界信息的刺激，如旅游活动信息、旅游产品价格、参照群体意见、以往旅游经验以及对旅游目的地品牌的认知等，都会对旅游者的需要动机和决策行为产生刺激。在受到外部刺激后，个体便会进行信息解码和加工处理，做出相应的决策行为。对于具体的旅游者而言，除了自身动机的影响和个人人格特质、喜爱偏好等差异外，还受到外部环境信息如产品促销、口碑、公共关系、社会政策等因素的影响。

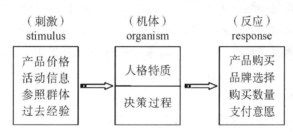

图2-2 旅游消费者行为"S-O-R"模式

二、旅游消费者行为过程

萨拉卡亚（Sirakaya）和伍德赛德（Woodside）将购买行为分为八个阶段[1]，包括：①需求刺激：接受外部刺激的同时，通过信息收集认识到自我的需要，并做出决定。这一阶段需认识到，消费者的"实际"状态和"理想"状态存在差距。②需求认知：对需求有了更加清晰的认识，形成了购买目标。③对旅游的介入程度：分为持久性介入与情景式介入。持久性介入消费者对旅游具有长期的兴趣与热情，拥有更多的购买选择，也对相关旅游信息更敏感。情景式介入消费者只在特定情景下产生旅游需求，对购买选择的认知较为有限。④列出备选：通过对购买选择的分析比较，列出备选产品列表。

① SIRAKAYA E, WOODSIDE A G. Building and testing theories of decision making by travellers [J]. Tourism Management, 2005, 26（6）：815-832.

⑤评估备选：通过多种信息来源，搜寻备选产品的属性信息。有研究表明，个人关系网或大众网络口碑提供的信息对消费者最有影响力。⑥制定决策：依据符合自我需求的决策规则，在备选项中做出最后的选择。⑦购买产品：将购买决策付诸实际行动，即购买旅游产品。⑧购后行为的影响：购买旅游产品后用户的自我反馈，消费者在购后可能存在与购前不一致的认知，即感觉别的选择可能更好。通过购后反馈，消费者可以积累经验，为下一次购买提供帮助。理想状态下，消费者的决策过程会经历所有阶段，但实际上也会出现越过部分阶段或将一些阶段合并的情况。

为了更加直观地掌握休闲与旅游消费者的购买过程，本书将其简化为六个步骤：消费者需求确认、信息搜索、方案评估、购买决策、游览体验、购后行为（见图 2-3）。

图 2-3　休闲与旅游消费者行为过程

（一）需求确认

需要是个体感到某种缺乏或是失衡而试图获得满足、恢复平衡的心理倾向，休闲放松是人们日常生活的基本需要。当消费者由于内外部原因产生了旅游需要，进而催发出旅游动机。动机是激发和维持个体行为，并引导行为朝向特定目标的心理倾向或内在驱动力。作为一种内在驱动力，旅游动机激发了消费者的购买意向和行为。需求得到确认是产生购买行为的前提条件。一旦确认需求，消费者就开始关注能满足需求的特定产品、评估支付能力，并进入相关信息的搜寻阶段。

（二）信息搜索

信息搜索对旅游决策至关重要。根据信号理论（Signaling Theory），买卖双方的信息是不共享且不对称的，买方必须尽可能地收集外部信息，以降低交易成本。休闲与旅游消费多属于无形服务产品，具有生产和消费的同时性，只有实际消费后才能感知到其质量的优劣。为了减少失败的风险，旅游者更需重视信息搜索。

信息搜索包括线上和线下两种渠道。一是线上信息搜索渠道。线上信息搜索渠道是指基于互联网的搜索信息途径。在互联网经济时代，网络的方便性与快捷性使其成为消费者搜寻信息的重要来源。有旅游需求的人利用谷歌（Google）和百度等搜索引擎，"携程""去哪儿""淘宝旅游""百度旅游"和"途牛旅游"等在线旅行商（OTA），"驴妈妈""磨房""马蜂窝"等旅游社交网站，都可以搜索到大量的旅游活动信息。线上渠道的优点是方便快捷，但缺点是信息爆炸，各式各样的信息鱼龙混杂，让人难辨真假。二是线下信息搜集渠道。它是线上搜索渠道的有力补充。有旅游需求的人可以咨询亲朋好友，借鉴相关群体以往的购买经验，或是咨询当地的专业机构、参考相关的产品宣传信息等。现实中，旅游消费者往往采用 O2O 即线上线下相结合的方式，最大限度地获取有效的旅游信息，为购买决策提供有效的参考信息。

（三）方案评估

消费者会将与自身期望相匹配的方案作为备选方案，分析比较若干备选方案，衡量方案的利弊得失，综合对比后从中挑选出自认为最为合适的出游方案。当然，备选方案并非越多越好，以免选择过载，影响评估的有效性。在方案评估之前，消费者需要根据自身实际确定评估的标准，不同消费者具有不同偏好，其评价标准也有差异。譬如，对于酒店的选择标准，有人偏爱典雅繁复的内饰，有人偏爱静谧简单的风格，有人对酒店的品牌和价格都敏感，因此，评估标准具有个性化的特征。一般而言，出行时间、产品价格、食宿条件、购物活动、安全保障、服务选择、目的地品牌等是方案评估的重要标准，根据消费者的个体差异、教育背景、消费能力等，赋予指标不同的权重，进而开展评估。

（四）购买决策

在决策阶段，消费者会就其品牌的选择、产品类型的选择、产品数量、购买时间、最高支付意愿和购买方式等做出适当的组合，确定最优方案，并做出最后的购买决策。

（五）游览体验

游览体验的过程可以分为起始阶段、游览阶段和结束阶段。旅游者在不同的体验阶段会表现出不同的消费行为。在游览起始阶段，旅游者对整个休闲与旅游活动充满了期待，刚到达目的地的兴奋感和愉悦感使得他们的感性认知较强，产生随机消费或是冲动性购买行为的概率较大。进入游览阶段，主客充分互动，旅游者与当地居民或旅游服务者进行情感交流、信息沟通，渴望获得舒适优质的服务，满足自身的休闲需求。在结束阶段，旅游者身心较为疲惫，期待着旅途完美结束。

（六）购后行为

旅游消费者在旅程结束后，会对旅游产品或服务的期望水平与实际水平进行主观比较，由此产生此次购买行为的满意度评价。如果实际水平高于预期水平，则感到满意，反之则不满，进而决定以后是否重复购买或者不再购买。

旅游者体验贯穿整个消费行为的全过程。一般而言，决定游客体验的因素包括六个方面，即需求因素、环境因素、个人因素、外部因素、旅游吸引物因素和供给因素。需求因素指旅游的欲望和个人偏好，环境因素包括季节天气、旅行的距离远近以及目的地的环境等，个人因素包括健康状况、心理状况、旅行同伴等，外部因素如旅游目的地的公共基础设施、道路交通状况等，吸引物因素包括景区景点质量、服务的有效性、文化氛围等，供给因素包括地理区位、成本和价格、营销活动等。

三、旅游消费者购买行为类别

为了深入研究旅游消费者行为，可以依据购买决策的单位、购买涉入程度等进行划分。

按购买决策单位的类别可分为个体购买行为与组织购买行为。前者是满足旅游者个人需要而产生的购买行为，根据人数多少又可以分为个人购买和群体购买两类行为。后者是由组织机构为满足组织内成员消费或组织盈利需求而产生的购买行为，包括企事业单位和政府机构等，根据购买目的又可分为内部消费和代理销售两类行为。

按照消费者购买决策涉入程度可划分为低、中、高三种涉入程度购买行为。"一日游"的购买行为，决策过程相对简单，旅游者属于低涉入购买。短程旅游需要较多的信息支持，旅游者属于中等涉入购买。远程旅游无论是时间、金钱还是精力都耗费巨大，对旅游者提出了很高的要求，其决策过程最为复杂，因此属于高涉入购买。

根据旅游者购买目标的确定程度与决策行为可分为全确定型、半确定型和不确定型购买行为。全确定型是指旅游者在购买行为发生之前，完全确定购买目的及其标准，包括旅游产品或服务的类型、品牌、价格、数量，旅游者依靠经验进行决策，较少受到外部信息的干扰。半确定型是指旅游者对旅游产品或服务仅有初步的购买意向，但没有明确的指向性目标，需通过信息收集、方案比较、风险评估等过程才能做出购买决策。不确定型是指旅游者一开始就没有明确的购买目标，购买行为处于不确定状态，如同"薛定谔的猫"，只有最后做出决定时才知道结果。旅游营销机构和人员需要对不同类型的旅游者购买行为进行研究，了解旅游者心理特征和行为偏好，才能更好地为旅游者提供服务。

四、旅游消费者行为影响因素

旅游消费者的行为受到多种因素的影响，主要包括文化因素、经济因素、社会因素、个人因素、参照群体因素五个方面。

（一）文化因素

泰勒在《原始文化》中将文化定义为：文化或文明，就其广泛的民族学意义来讲，是一个复合整体，包括知识、信仰、艺术、道德、法律、习俗以及作为一个社会成员的人所习得的其他一切能力和习惯[①]。文化最为核心的部分是价值观，价值观反映了主体对客体的认知程度，反映了主体最基本的态度与信念，是主体对客体的评价标准。简单地说，价值观是指在社会环境中，人们对自我、他人以及周围环境的总的观点。文化因素直接影响了人们对自身行为的认识，任何消费者都处于特定的文化环境中，并受到文化的塑造与制约，文化直接影响着人们的价值观、个人信仰、生活方式以及消费行为。

文明具有多样性，就如同自然界物种的多样性一样，一同构成我们这个星球的生命本源。当今世界有200多个国家和地区、2 500多个民族，不同的历史和国情、不同的民族和习俗，孕育了丰富多彩的世界。文明因多样而交流，因交流而互鉴，因互鉴而发展。旅游活动本质上就是一种跨文化消费行为，有利于促进不同文明之间的交流互鉴。

1. 文化差异性影响旅游动机

同一文化背景下的旅游者存在相似的行为倾向或是动机选择，而不同文化背景下的人会对某一具体事物的认知产生分歧，理解途径也不尽相同。西方国家崇尚个人英雄主义，好莱坞拍摄的《指环王》《蜘蛛侠》《钢铁侠》等电影，均以彰显个人英雄主义为主题，注重个人成就和自我表现，喜欢探险猎奇。西方旅游者的旅游动机也倾向于探险，以寻求刺激为主，愿意去探求未知的世界。而东方旅游者历来受儒家文化以及集体主义的熏陶，视集体高于个人，在社会交往中会表现出对社会、对他人的顺应或妥协。

---

① 泰勒. 原始文化［M］. 连树声，译. 桂林：广西师范大学出版社，2005：1.

因此，东方游客的性格更加内敛稳重，倾向于观光、游览等低风险、确定性旅游活动。

2. 跨文化消费行为引发文化冲击

跨文化冲击是近年来旅游学关注的热点问题，旅游者将其原有的生活方式、言行举止、思想观念带入异文化氛围中，必然会产生文化差异和冲击。美国人类学家奥博格（K. Ober）最早提出文化冲突的概念，指人们对异质文化的心理和生理上的反应过程。狭义的文化冲突是指个体到达与自己先前所在文化氛围完全不同的另一文化情景中，所产生的生理或心理上的不适感。广义的文化冲击是指不同性质文化之间的矛盾与对抗。对于旅游者而言，他们大多渴望体验异地文化的差异，感受不同文化氛围下的刺激感与兴奋感。在一定程度上，正是由于文化冲击带给旅游者动力，吸引着他们前往旅游目的地。

（二）经济因素

经济因素主要包括经济发展状况、经济结构、居民收入、消费结构等方面。经济发展状况良好，居民收入显著增加，生活水平普遍提高，消费者可支配的收入越多，就越能激发休闲与旅游消费行为。消费者的收入一般由工资、奖金、补贴和红利等构成。旅游者的消费支出与收入状况相匹配，一般可分为三类，如表2-4所示。

表2-4　旅游者消费水平分类表

休闲与旅游消费水平	低收入、低消费	中收入、中消费	高收入、高消费
出游率	较低	中等	较高
出游时间	或长或短	时间安排较为灵活	时间跨度较长
出行距离	近距离，周边地区	中远距离，辐射较大	较远距离，洲际或全球范围
典型的旅游形式	经济型	中等自助游或跟团游	豪华定制游
纪念产品购买能力	较低	中等	较高
旅游偏好程度	较弱	中等	较强
住宿选择	经济型酒店	普通星级酒店	豪华高星级酒店
餐饮选择	大众饮食店	中档餐厅	高级餐厅

（三）社会因素

旅游消费者所处的社会阶层及其社会角色不同，所表现出的行为方式也各不相同。从社会阶层的视角看，同一阶层的消费者在价值观念、生活习惯和消费行为等方面表现出相似性，会参照同类阶层的消费行为，选择同类的产品或品牌。不同阶层的消费者由于价值观念、消费能力和习惯等不同，会表现出差异化的消费行为。中高层消费阶层易于接受新鲜事物，对旅游活动的品质有较高要求；而处于社会底层的群体，消费观念往往较为封闭，对旅游消费活动的需求较弱，其开支主要用于日常用品、耐用消耗品。从家庭的视角看，消费者作为家庭成员，其个人行为既受父辈生活方式的影响，同时自身也会影响下一代人，使家庭成员的消费行为趋同。尤其是以家庭为单位的旅游活动，如亲子游等对家庭成员的影响最为突出。从社会角色的视角看，个体消费行为也会受到其在社会中所扮演的不同角色的影响。

（四）个体因素

个体因素对消费者行为的影响十分广泛，主要包括了人格特质、教育背景与职业类别、年龄因素、个人需要四个方面。

首先是人格特质。具有不同特质的个体，其行为表现形式亦不相同。研究表明，消费者人格特质对行为产生多方面的影响，如消费者的多样化寻觅特质以及内在控制特质会对消费者的行为产生不同影响[①]。多样化寻觅特质是指消费者寻求或接受新刺激的倾向，可以反映出消费者个人寻求不同事物的欲望。高多样化寻觅特质的人喜欢追寻新事物，会主动寻求更大的刺激，消费行为忠诚度较低；反之，低多样化寻觅特质的人喜欢较为固定的消费行为模式，不会轻易尝试新事物，对某一品牌的忠诚度较高。而内在控制特质是指个人拥有执行目标行为所需的内在资源和内在技能，如必备的技巧、自信心或执行能力。高内在控制特质的人拥有高度的自信与执行行为所需的技巧，相信自己拥有处理事情的高超能力。

其次是教育背景与职业类别。不同的受教育程度、教育背景、职业类别会引起不同的个人消费行为。一般来说，受教育程度高、职务较高的消费群体对休闲与旅游产品的档次及品牌要求较高。职业类别不同，也会导致消费者的行为不同，如教师可以利用暑假和寒假出游，商务人员可以利用出差的间隙出游。

再次是年龄因素。不同的人处于不同的年龄阶段，也会表现出与其年龄相匹配的消费行为。例如，青年人有足够的时间和精力，喜欢冒险，自由安排出游计划，但消费行为受到经济条件的限制。中老年人更愿意跟团出游，选择全包价旅游产品，依靠旅行社的安排享受"一站式"旅游服务。

最后是个人需要。不同的人有着不同的需要，即使同一个人在不同阶段也会产生差异化的需要。心理学家马斯洛提出需要层次理论（hierarchy of need），将人的需要划分成生理的需要、安全的需要、社会的需要、受尊重的需要和自我实现的需要五个层次（见图2-4），并且需要是阶梯式排列的，具有层层递进的关系：当一个人的最低层次的需要得到了满足后，就会向更高层次的需要前进。

此外，还有性别因素、宗教信仰、个人闲暇时间和情绪状态等，也属于个人因素的范畴。

---

① 林少龙，骆少康，纪婉萍. 延伸相似度对于品牌延伸的成功重要吗：消费者多样化寻觅与内在控制的调节角色 [J]. 南开管理评论，2014（6）：141-150.

图 2-4 马斯洛需要层次理论

（五）参照群体因素

参照群体是社会群体的一个类别，是指在个体形成某一具体行为时，用于参照比较的对象。参照群体不仅包括与个体直接接触互动的群体，还包括与个体无直接接触但对个体的某种具体行为会产生影响的群体。美国社会学家海曼最先使用"参照群体"这一概念。帕克（Park）和莱辛（Lessig）认为参照群体是对个体的信念、态度以及决策产生关键影响的，个体在确定决策标准时所参照的实际或想象中的个人或群体。埃斯卡拉（Escalas）和贝特曼（Bettman）认为参照群体是对消费者来说很重要的社会群体，消费者会将自己的行为与该群体进行比较。

参照群体的影响方式有三类：信息性影响、功利性影响以及价值表达性影响[①]。一是信息性影响。消费者在决定购买时对所购旅游产品缺乏了解，难以做出判断，倾向于将参照群体提供的信息作为判断标准。比如，在网络购物时，消费者只能看见商品的照片和部分信息，无法看到实物，因此，他们会将其他消费者的购买评价信息作为决策判断标准，以规避购买风险，降低决策的不确定性，这也促使商家想方设法提高好评率以正向引导购买者决策。二是功利性影响。消费者处于一定的社会环境之中，会感受到来自周围群体的压力，在进行消费选择或决策时会遵从某些规范。三是价值表达性影响。中国古代就有"近朱者赤，近墨者黑"的说法。大多数个体有着自我提升或认同自我概念的动机，会向自己认同的群体积极靠近，选择与他们较为相似的行为，这就是价值表达所带来的影响。

五、旅游消费者购后行为分析

（一）购后行为

消费者在购买后会将自己的感知期望与实际感知价值进行对比，产生以下三种结果：第一，当实际感知价值大于感知期望时，消费者会给出满意的评价。第二，当实际感知价值低于感知期望时，消费者会认为这是一次失败的购买行为，并给出不满意的评价。第三，如果实际感知价值与期望价值几乎相符，消费者的态度就会较为中肯，既不

---

① 王艳. 参照群体对消费决策影响的差异研究 ［J］. 经济师，2014，310（12）：18-19.

是满意，也不会失望。与满意度相关联的是投诉维权、口碑营销等活动。

1. 投诉维权

当实际感知价值低于感知期望时，消费者便认为这是一次失败的购买行为，自己的权益受到了损害，因此倾向于投诉以维护权益。消费者常会采取两种行为，一是公开行为，即对旅游企业进行直接投诉和维权，或者采取法律手段要求经营方予以赔偿；二是非公开行为，不仅自己不会再选择该品牌以及与该企业相关的产品或服务，还会向其他消费者分享失败的消费过程。根据菲利普·科特勒（Philip Kotler）和加里·阿姆斯特朗（Gary Armstrom）的研究，1 个不满意的消费者平均要对 11 个人倾诉自己对整体产品、企业以及服务人员的不满，可谓"好事不出门，坏事传千里"。

2. 口碑营销

口碑营销被科特勒定义为：由生产者以外的个人通过明示或暗示的方法，不经过第三方处理、加工，传递关于某一特定或某一种类的产品、品牌、厂商、销售者，以及能够使人联想到上述对象的任何组织或个人信息，从而导致受众获得信息、改变态度，甚至影响其购买行为的一种双向互动传播行为。口碑营销具有可信度较高、传播成功率高、转化率高的优点，已成为企业经营者热衷的营销方式。当消费者购买感受为满意时，便会积极评价此次活动内容、活动目的地和活动组织企业，并倾向于将该项产品推荐给亲朋好友。随着互联网络的完善和社交媒体的发达，推荐分享行为成为举手间就能完成的小事件，分享扩散的范围越来越广，尤其是部分网红自媒体"病毒式"的传播，可以在短时间内产生巨大的曝光量。

口碑营销具有 5T 原则：①谈论者（talkers），这是口碑营销的起点，思考谁会主动谈论企业的产品，包括旅游者、媒体、员工、供应商、经销商等。②话题（topics），给人们一个谈论的理由，包括产品、活动、服务、事件等，使其成为关注的流量话题。③工具（tools），即如何实现信息更快、更广地传播，通过传播中介把信息转换为巨大的流量。④参与（taking part），鼓励现实的和潜在的旅游者主动参与热点话题的讨论，获取品牌信息。⑤跟踪（tracking），即事后的跟踪监测，了解营销活动的反馈信息。

3. 无意识消退

根据赫茨伯格的双因素理论，相较于满意和不满意的状态，还存在没有不满意的一般状态。在实际生活中，有的旅游消费者对某类型的活动产品敏感度不高，购后感知一般，没有什么不满意，也不存在满意，随着时间的消逝就会渐渐淡忘此次事件，进入无意识消退状态。

（二）如何应对购后行为

消费者的购后行为会对旅游企业的经营产生促进或阻碍作用，只有采取正确的应对行为，才能"锦上添花"或是"亡羊补牢"。一是持续强化消费者的满意感知。经营企业需要加强客户关系管理，持续强化旅游消费者的满意感知，比如节庆假日或消费者生日的电话短信慰问，或者采取系列激励措施奖励口碑传播行为，邀请消费者免费体验产品或服务等。二是正确处理消费者的投诉事件。旅游者抱怨行为比其口碑传播行为更容易被触发，当其十分不满意时，便会寻求途径去减轻内心的不平衡状态，投诉与抱怨是释放压力以获取平衡的有效途径。因此，企业要正确地处理服务失败导致的投诉事件，采取必要的弥补措施将消费者的不满意感受降至最低。

案例

安徽旅客海南遭遇旅游陷阱及投诉全过程

2012年3月10日至12日，安徽游客李建川与其他几个省份的散客组成了一个旅行团。按照他与组团社安徽淮南阳光假日旅行社签订的合同，海南旅游行程中自费景点很少，且完全由游客自愿参与。但在后来的实际行程中，多数是自费景点。导游在旅游车上一直催促游客补缴700~900元的自费门票费。李建川说，在海南旅游的过程中，每天都要看两个"自费景点"，每个景点平均收费150元以上，大部分时间都花在自费景点上。3月11日上午看蚩尤部落自费点，整整用去了3个小时。其中还增加了合同上没有且正在建设中的景点———三亚祈福湾，还要按每人180元额外收费。"花了两千多元去海南岛，连亚龙湾是什么样都不知道。"李建川说，自己一直坚持不交自理费用，导游就用不好听的语言来刺激自己。

回到安徽后，李建川写了一封投诉信给海南省政府，引起了政府的高度关注。海南省省长批示，对这种败坏海南旅游市场形象的恶劣行为要坚决整治。首先，欺骗游客。调查发现，行程中的祈福湾景点没有经物价部门定价，导游乱收客人180元/人，欺骗游客消费。其次，随意增减服务项目。合同中约定的东山岭、文笔峰及分界洲，导游不带团去游览，却增加没有报批也未正式营业的祈福湾景点，严重损害游客利益。其行为不仅造成恶劣社会影响，还严重损害了海南良好的旅游形象。最后，服务意识不强。导游作为海南旅游的窗口，代表国际旅游岛形象，其言行举止都应体现良好的素质，自觉维护海南良好的旅游形象。此事件最后以吊销导游的导游证和对委托其接待旅游团队的海南航空国际旅行社处以罚款10万元的行政处罚结束。

资料来源：祝勇. 安徽老人海南旅游遭遇陷阱［EB/OL］.（2012-7-2）［2020-01-02］.中国新闻网,http://www.chinanews.com/df/2012/07-02/3999654.shtml.

◆案例讨论

1. 如果你是李建川，遭遇这样的旅游陷阱，你会怎样维护自身权益？

2. 结合本章所学内容，你认为案例中的海南航空国际旅行社应采取哪些措施应对顾客的投诉？

3. 请查阅《中华人民共和国旅游法（2018年修正）》，分析旅行社应如何处理购物或另行付费旅游项目。

思考题

1. 如何定义休闲者与旅游者？请举例说明。
2. 按照不同的分类标准，可以将旅游消费者分为哪些类别？
3. 旅游者的消费行为过程包括几个阶段？
4. 旅游者消费行为受到哪些因素的影响？
5. 旅游企业应如何应对消费者投诉？

第三章
休闲与旅游需求

➤学习目标

需求是休闲与旅游活动的起点，是旅游消费行为产生的根本原因。本章着重讲解休闲与旅游需求、动机的概念以及影响因素，需求预测的指标及方法，揭示旅游者行为背后的认知发生及发展规律。

本章学习目标：

★理解休闲与旅游需求的概念。

★熟悉休闲与旅游需求的影响因素。

★理解休闲与旅游动机的概念及类别。

★认识休闲与旅游动机相关理论。

★了解休闲与旅游需求的测量及预测方法。

第一节 休闲与旅游需求概述

一、休闲与旅游需求的定义

不同学者对休闲与旅游需求的解释不尽相同，各学科、各学派不同角度的阐释可以帮助我们更加全面地理解休闲与旅游需求。经济学家认为，需求是消费者在一定时期的某个特定价格水平上，愿意并且有能力购买的商品数量。需求表明了某种商品随价格变化而其他因素不变情况下，个体在每段时间内愿意且能够购买的商品数量。此定义引入了弹性概念，解释了需求与价格或其他变量之间的关系。心理学家从动机和行为的角度看待需求，认为需求是个体在生理或心理上感到某种缺失或不平衡而力求获得满足的一种内心状态，它是个体进行各种活动的基本动力。心理学对需求的定义侧重于揭示游客的内心以解释性格、环境和需求之间的关系。地理学家的定义除了价格之外，还包含时空等其他影响因素。

　　休闲与旅游需求是指个人的休闲旅游动机与开展实际行动的能力之间的相互关系，可以被分为三种基本类型：一是有效或实际需求。这种需求是那些真正参与休闲与旅游的人或者正在参与准备过程中的人的实际数量，大部分旅游数据中的需求是指实际有效需求。二是抑制需求。这种需求是指人们有休闲与旅游需求，但是受某些因素影响而暂时无法满足休闲与旅游需求。这种需求在日常生活中非常普遍。抑制需求又分为潜在需求与延期需求。潜在需求是指如果某些因素发生改变，如闲暇时间增多，则会在未来某一时间参与旅游的需求。延期需求是指因为供给环境中的某些因素影响导致需求延期。比如，景区接待人数达到上限，天气原因或自然灾害（飓风、地震、洪灾等），突发公共事件等。延期需求是可能在未来某一时间发生转变的有效需求。三是没有需求。不想或不能进行旅游的人构成了没有需求。但没有需求并不是绝对的，在一定条件下可以转化与改变。例如，个体工作十分繁忙，长时期内都没有旅游需求，但假如条件改变，如工作变轻松、收入增加等，没有需求就可能变为有效需求。

　　从上述需求类型可以看出，需求状态并非绝对的，可以相互转化甚至替代，这就引出了新的概念：需求替代，指一项活动的需求被另一项活动替代。例如，参团游的需求被自由行替代。需求重新定位指需求的地理位置被改变。比如，"黄金周"出游人数井喷，不少游客将目的地由热门的九寨沟改为较冷门的毕棚沟。此外，新的旅游设施供给开放，也会从同质化的设施处吸引需求，从而导致需求重新定位或产生新需求。

　　谢彦君将旅游需求定义划分为旅游需求与旅游者需求两方面。前者是指在一定时期内，核心旅游产品的各种可能的价格与在这些价格水平上潜在游客愿意并能够购买的数量之间的关系。后者是指在一定时期内，组合旅游产品的各种可能的价格与在这些价格水平上潜在游客愿意并能够购买的数量之间的关系。具体而言，旅游者对某一目的地的需求是由该旅游者的出游偏好和客源地与目的地间的阻力共同决定的[①]。偏好可以看成一个人的出游倾向，一定程度上反映出旅游者的个人喜好。例如，喜欢何种旅游体验类型以及何种旅游目的地等。个人偏好由旅游者人格心理特质、社会经济状况及旅游动机等决定。阻力与该目的地的吸引力因素有关，它是由一系列因素共同决定的，包括经济距离、文化距离、目的地旅游服务成本、目的地服务质量、广告和促销效应以及季节性因素等。综上所述，旅游者对某一目的地的需求可以用函数表达为：$D = f(P, R)$，其中 D 为旅游需求（demand），P 为旅游者偏好（preference），R 为需求阻力（resistance）。

二、需求的影响因素

　　影响需求的因素是多种多样的，既有内部与外部因素之分，也有客观与主观因素之

　　① 查尔斯·R. 格德纳，布伦特·里奇. 旅游学 [M]. 12 版. 李天元，等译. 北京：中国人民大学出版社，2014：328.

分。同时，消费者的决策过程包含了一系列的思维活动与心理评估过程。因此，影响旅游消费者决策的每一环节的因素都能成为影响最终休闲与旅游需求的因素。常见的影响因素有心理因素、经济因素、社会因素和其他因素。

（一）心理因素

影响旅游需求的心理因素包括多个方面，当心理达到某种状态或有了某种期望时，旅游需求就可能会增强。以下列举一些影响旅游需求的心理因素[①]：

1. 逃离世俗的心理需求

这是逃离所谓世俗世界的一种愿望，休闲旅游能带给人心灵上的放松，从而达到短暂逃避现实世界的目的。

2. 强化家庭联系的心理需求

假期常常可以让家庭成员之间重建彼此的亲密关系。枯燥烦闷的日常生活会让人产生疲倦感，给家庭关系带来一定的负面影响，而外出度假则为家人提供了一起放松玩乐的机会，可以增强彼此间的情感联系。

3. 社会交往的心理需求

对个体而言，休闲度假有时是一种重要的社交平台，可以跳出惯常环境下的角色扮演，在不知道彼此背景的情况下，通过短暂的共处来分享体验，从而增强社交联系。有旅行社专门推出了针对不同兴趣爱好的专项旅游产品，如摄影、网球、葡萄酒、户外运动等，吸引志趣相投且愿意彼此分享经验的旅游者。

4. 自我实现的心理需求

旅行不仅让人们有机会体验自然景观、地域文化及民俗风情，还能发现自我价值。有时，寻求自我是旅行的直接目的，或者自我发现的过程伴随着旅途的进行而悄然发生。当旅行结束后，个体的人生观或对事物的看法可能会与之前有所不同，可能变得更加豁达、开朗、乐观。

5. 实现愿望的心理需求

实现个人梦想的心理需求可用来解释人们对主题公园的偏爱，主题公园为人们提供了自我圆梦的可能。比如，5D影院可以让人体验太空旅行，虚拟现实（VR）/增强现实（AR）可以让游客成为绝地武士，而对于拥有王子和公主梦的游客而言，迪士尼主题乐园是一个不错的选择。

6. 购物的心理需求

尽管购物的理由看起来平淡无奇，但事实上它有时甚至是影响旅游需求的主要原因。购物在我国出境旅游支出结构中占比最高，尤其是到日本和韩国的游客购物支出在全部旅游花费中稳居第一。

心理因素影响着人们旅游需求的产生，也影响着人们对旅游类型的选择。实际上，这种选择也反映了个体的自我认同，或决定的优先序列，最终产生的旅游需求可能是个体某项需求的直接反映，也可能是多种心理因素综合影响下的最优选择。当前，我国社会主要矛盾是人民日益增长的美好生活需要和不平衡不充分的发展之间的矛盾。从心理

① 瑞恩. 游憩旅游学：旅游需求与影响 [M]. 马晓龙，黎筱筱，译. 天津：南开大学出版社，2010：63-65.

因素的视角，人们对美好生活的追求也是产生旅游需求的重要因素。通过供给高质量的休闲旅游产品和服务，有助于增强人们的幸福感和获得感。

（二）经济因素

1. 经济水平

经济影响着诸多相互关联的因素，社会经济发展水平是影响旅游需求的关键性因素。不同的经济环境导致了地区差异，有的地区成为主要的客源地或目的地，有的地区则处于旅游发展的初级阶段。经济条件的差别也导致了个体旅游需求的差异。纵观旅游发展历史，旅游的兴衰与经济发展紧密相关。罗斯托（Rostow）将国家经济发展划分为五个阶段，并分析了其对旅游的影响（见表3-1）。

表3-1　经济状况与旅游发展[①]

经济阶段	部分特点	对旅游的影响
传统社会	世袭贵族掌握土地所有权，保持传统的风俗习惯，绝大部分人从事农业劳动，人均产值非常低，人民健康状况较差，贫困程度高，如非洲和南非部分地区	经济和社会状况不允许绝大多数形式旅游的发展，可能存在探亲访友为目的的国内游
经济起飞前的准备阶段	受外部创新思想影响，领导者具有变革欲望，如南美洲和中美洲的部分地区、中东、亚洲和非洲的部分地区	少量的旅游形式表现为探亲访友为目的的国内游
经济起飞阶段	支持变革的领导者当权，改变生产方式和经济结构，制造业和服务业逐步发展，如巴西和墨西哥	经济和社会的发展使得探亲访友为主的国内旅游数量增加
经济走向成熟阶段	工业化在所有的经济部门继续发展，重点从重工业转到产品的精细化和多样化，如亚洲和南美洲的部分地区	可能有国际旅游的活动，鼓励发展入境游以赚取外汇
大规模高消费阶段	经济潜力得到充分发挥，生产大量的消费品和服务产品，新的重心在于满足文化需求，如北美、西欧、日本、澳大利亚和新西兰等	国际和国内旅游的主要客源地

从表3-1可以看出，经济发展水平越高，旅游需求越大。在经济富裕的环境下，人们更加注重身心健康并有更多时间进行消遣和旅游活动。旅游目的地的外汇汇率也会对客源地的旅游需求产生影响。交通运输业的发展使人口移动能力相应提高，外出旅游更加便捷。截至2023年年底，中国高铁营业总里程达到4.5万千米，居世界第一，"八纵八横"主通道将全国各地紧密贯通，物流、人流、资金流、信息流变得更加畅通，让旅游出行说走就走。

2. 收入与就业

旅游首先需要资金支持，只有具备一定的收入才能参与。收入与就业联系紧密，是影响休闲与旅游需求水平的重要因素之一。总收入通常不足以反映可用于旅游的花费，因此常用可支配收入（减去个人所得税、基本生活支出等后所剩收入）作为衡量可用于旅游活动的花费指标。收入增长不仅意味着国民的富裕化，还间接影响着国民文化素

---

① 库伯. 旅游学精要［M］. 石芳芳，译. 大连：东北财经大学出版社，2014：52.

质提升、期望寿命延长、消费观念进步等一系列重要指标。研究表明，当家庭收入处于较低水平，收入主要被用于购买基本生活必需品时，家庭成员外出旅游的可能性极小。当家庭收入水平超过某个临界点，在满足基本生活需求后剩余较多，该家庭用于旅游的支出就会快速增长。世界旅游组织（UNWTO）研究表明，人均国内总产值（人均GDP）与旅游需求表现为强烈的正相关关系，人均GDP达到2 000美元时，旅游将获得快速发展；人均GDP达到3 000美元时，旅游需求出现爆发性增长；人均GDP达到5 000美元时，则进入成熟度假旅游经济和大众旅游时代。2019年我国GDP达到14万亿美元，人均GDP近1万美元，国内旅游人数达到60.1亿人次，人均一年出游4次，标志着旅游已经成为人民幸福生活的必需品。

旅游和收入之间的关系较为复杂，收入极高人群或收入极低人群对旅游需求的影响都非常明显，但中间收入水平人群的细微差异对旅游需求的影响却并不明显。就业者和失业者在旅游需求方面存在明显差异，失业对旅游需求数量的负面影响非常显著，但就业的不确定性也会改变需求的特征。在经济萧条时期，一个国家的失业率往往往能反映出这个国家的旅游业状况。

3. 产品价格

价格是商品价值的货币表现，是影响消费者购买决策的重要因素。对潜在消费者而言，价格是一个指示器，意味着商品的潜在效用并诠释顾客的购买能力。在其他因素不变的情况下，消费者在某一特定的时期内愿意并且有能力购买某种商品的数量会随着该商品价格的变化而变化。按照一般经济学理论，普通商品的需求量与其价格之间存在着反向变动的关系。旅游商品亦适用该规律。首先，旅游商品与其他商品之间有着某种替代关系。其次，人们收入的增长总是有限的，从而使价格的提高成为制约旅游消费的因素。但旅游商品是一种特殊的服务型商品，当其在一定历史时期尚没有成为人们生活必需品时，旅游需求与产品价格之间的关系，就不会表现为如此单一的线性规律。在商品流通领域，总会存在一些用于表示人们社会身份的炫耀性消费，还有一些靠价格暗示其社会价值的商品，加上人们在理解商品质量与价格的关系时存在定式化倾向，就会使上述一般规律出现悖反的情况。

如果将旅游商品进一步细分为提供不同利益的旅游产品，则会出现旅游需求分异性的表现：一部分属于旅游过程中购买的追加利益，如交通、食宿等；另一部分属于满足旅游者核心旅游需求的项目，如对观赏对象的需求。提供追加利益的商品与旅游需求的关系可能与上述一般需求规律相吻合。而满足旅游者核心旅游需求的产品，其需求规律在一定的情况下可能会出现悖反。例如，在某些情况下，旅游产品价格上升或下降都会导致需求量的减少。出现这种情况的原因可能是：一方面，核心旅游产品提供的利益客观性较差，对利益的判断常常因人而异；另一方面，核心旅游产品垄断性较强，缺乏可替代的竞争品，其刚需特点逐步培育了人们对此种产品的刚性认识，并习惯于把价格作为衡量其价值的主要信号。因此，当产品价格过低时，人们会怀疑其价值，担心"便宜无好货"；反之，如果价格过高，又会超出大部分人的支付能力。只有价格适中，符合市场供求状况，才能使需求最大化。讨论旅游产品价格对需求的影响时，并不是指单一旅游产品的定价，而通常是指综合的旅行成本，包括交通、食宿以及游客在目的地开展各种活动的成本，部分活动项目价格的变化也会影响需求的变化。个体对综合成本内各项花费的认识也会不同，如果游客对交通成本较为敏感，则出行交通的价格将直接显著地影响其旅游需求。

（三）社会因素

1. 政策因素

政策在很多方面影响着旅游需求。例如，政府对旅游设施兴建与规划具有较高参与度，从而直接影响了旅游吸引物的建设，从源头影响旅游需求的产生。政府针对旅游的政策宽松程度也会影响一个地区旅游市场的活力。例如，某些地区政府为了大力促进旅游，为民众安排更多的公众假期，同时设立节假期间高速公路免费通行等政策，从而促进了旅游需求的产生。政府可以通过各种政策措施调控旅游需求。例如，通过控制签证、护照或旅游税收等，就能促进或限制旅游需求。

2. 人口因素

影响旅游需求的另一个社会因素是人口，包括人口数量和人口构成。比如，人口年龄结构对旅游业会产生长期的影响。首先，随着人口老龄化问题的日益严重，参加旅游的老年人口会越来越多，而对于旅游行业来说，潜在的劳动力数量将会减少。因此，企业需要支付更高的工资以便争夺有限的劳动力，经营成本将会增加。其次，如果市场主要由收入较为固定的老年人组成，那么这种结构将影响其对度假产品的支付能力以及产品的发展趋势。此外，个人受教育程度、家庭生命周期、职业等也是重要的影响因素。

（四）其他因素

1. 闲暇时间

闲暇时间又称为自由时间，表现为个人可随意支配的时间，也就是个人全部时间减去法定就业工作时间、必需的附加工作时间、满足生理需要的生活时间、必需的社交活动时间之后所剩余的时间。然而，并非所有闲暇时间都可被用于外出休闲旅游，还需考虑闲暇时间的集中度。平日里的一些闲暇时间通常量小且零散，不可能被用于外出旅游度假，只适合休息或在惯常居住地范围内开展日常休闲活动。只有相对集中的假期如周末闲暇、公共假日以及带薪假日等才有可能让人们进行远途旅游。

2. 目的地形象

目的地形象对需求的影响实际是通过旅游产品的营销而对消费者产生的影响。科特勒等人认为需求的产生过程是消费者对价格、宣传渠道、产品营销刺激等做出的反应[1]。影响产品评估的最主要因素是目的地本身以及潜在消费者对于目的地所形成的形象感知。加特纳（Gartner）将目的地形象地定义为因某个特定目的地的认知形象而对其形成的态度、感觉、观点和想法[2]。形象实际上是现实在消费者头脑中的映射，是个体对外部刺激产生的分析和处理结果。旅游目的地形象不仅影响个人感知，也影响态度的形成和购买决策。有两个关键的因素使目的地形象对需求的形成产生作用：第一，旅

① KOTLER P，BOWEN J，MAKENS J. Marketing for Hospitality and Tourism［M］. 3rd edn. NJ：Prentice Hall, Englewood Cliffs，2003：56.

② GARTNER W C. Image formation process［J］. Journal of Travel and Tourism Marketing，1993，2（3）：191-215.

游的无形性意味着在旅游者亲身体验旅游目的地之前，目的地的形象是旅游者对目的地的唯一感知与唯一评价依据。第二，旅游业生产和消费不可分离的特性意味着一旦旅游者到达目的地，先前的形象感知会立刻因为他们的亲身体验而发生修正或改变。

为了准确认识目的地形象对需求的影响机理，我们需要了解目的地形象的特征与形成机理。按照形象形成的过程，目的地形象被划分为原生形象、引致形象与复合形象三类。在没有明确具体休闲旅游需求时，游客头脑中会产生一系列的旅游目的地作为可选方案，并在心目中形成由过往经历或教育影响产生的旅游目的地形象，即原生形象。休闲旅游动机形成后，旅游者决定发起旅游行为时，会有意识地搜寻可选目的地的相关信息，并对各类信息进行加工、比较、分析和选择，进而形成引致形象。旅游者通过对可选目的地的旅行成本与收益及形象进行综合比较，选择适合自身实际的目的地，做出购买决策并实施旅游活动，行程结束后将自身体验与以往知识相结合，形成对目的地的复合形象。目的地形象的形成过程与旅游者被动接受外部信息及主动获取信息的过程密切相关。加特纳（Gartner）认为目的地形象的形成是基于旅游者的三个信息来源，包括诱导因子、原生因子和自主因子[①]。诱导因子受外部因素控制，比如营销刺激信息。原生因子是个人经验、以往的消费体验或者依赖的信息来源。自主因子主要来源于媒体或者流行文化，如大众流行趋势与网络口碑。自主因子具有较强的说服力，它们可以迅速改变旅游者对目的地的形象感知。因此，目的地形象对需求的影响可以被看成一个由浅入深的作用过程。游客在决策过程中对目的地形象感知所产生的一系列变化都会最终影响需求的形成。

3. 流行趋势

一些非主流社会趋势的变化也会对旅游需求产生一定影响。例如，流行时尚对旅游的影响，最典型的就是影视取景地或故事发生地，很可能会随着影视作品的热映而吸引大批游客。以电影《勇敢的心》为例，这部电影上映并取得票房成功后，苏格兰的旅游业也随之火爆起来，尽管很多镜头其实是在爱尔兰拍摄的。旅游研究报告显示，这部电影推出一年后，从英国其他地方到苏格兰旅游的人数增加了14%，而此前一年的游客增长率仅为6%。热门电视剧的播出同样会促成一些新的旅游产品和旅游需求。在很多方面，流行文化和旅游业之间都有着千丝万缕的联系。旅游推广机构对电影的重视从新西兰旅游部所做的努力中可见一斑。电影《魔戒》大获成功后，新西兰旅游部以此为素材，做了一系列推广（例如 100% Pure New Zealand），不仅把《魔戒》中的取景放到了其官方网站上，还推出了与电影相关的系列旅游产品，如在新西兰北岛怀卡托附近的玛塔玛塔等地开辟了哈比人农场等。《疯狂的石头》《少年的你》《失孤》《火锅英雄》《从你的全世界路过》等一系列电影助推了重庆成为网红旅游城市。热门电视剧《狂飙》，带火了拍摄取景地广东江门市。除了电影、电视剧，流行综艺节目、纪录片和真人秀也能推动某些地区的旅游发展，如《舌尖上的中国》《爸爸去哪儿》《奔跑吧兄弟》（第五季起改名为"奔跑吧"）等节目播出后，与节目有关的黄土高原、新疆吐鲁番、云南建水古城等地就吸引了不少游客。

---

① GARTNER W C. Image formation process [J]. Journal of Travel and Tourism Marketing, 1993, 2 (3)：191-215.

第二节　休闲与旅游动机

研究休闲与旅游动机是研究休闲与旅游者行为心理的基本出发点，即研究人们为什么要旅游。有学者提出，这并不是研究动机的一个好问题，因为回答这个问题并不能系统地解释消费者千差万别的休闲与旅游行为。所以，真正的问题应该是：为什么特定的群体会选择特定类型的休闲旅游体验？这个问题使研究者的注意力集中于不同群体及其寻求的不同体验类型的共性与差异性上。

一、休闲与旅游动机的定义

旅游动机的内涵可以从三个方面理解，一是有关旅游者和旅游活动的文献记载，二是心理学领域关于动机的研究与探索，三是市场研究领域针对旅游者动机所做的实证研究及相关研究结果。

从历史文献与文学作品的描述中，我们可以窥探旅游动机的演变轨迹。在远古社会，旅游是上层富裕阶级的活动。上层阶级开展旅游活动受到展示生活的富足、社交及猎奇等心理驱动。例如，雅典和古罗马社会的富有阶层通常都在城郊拥有自己的避暑地，每当城里酷暑难耐时，便会前往避暑和玩乐，显现出上层阶级养尊处优的生活方式。在较为安定的社会时期，旅游成为拥有一定支付能力的普通民众乐于参与的活动。例如，在古埃及，游览名山并收集各地纪念品曾是当时的人们普遍向往的、可以显示社会地位的活动。古代旅游者还有一类较为严肃的动机是出于宗教信仰，寻求神的庇佑或恩赐，长途跋涉去拜访宗教圣地。这些朝觐活动不仅带给旅游者见识上的增长，还有精神上的慰藉。

18世纪末期，大游学的盛行让许多渴求知识的年轻人向往在旅行途中增长知识与阅历。19世纪中叶，随着工业化、城市化的发展以及交通运输方式的改善，外出旅游度假成为中产阶级闲暇时间主要的选择。如今，旅游早已不再是某个阶层的专利，社会已进入全民旅游时代。虽然每个时代的文化背景、社会结构不尽相同，但回顾旅游动机的发展历史可见，主要的动机如逃避压力、文化猎奇、精神追求、教育求知、显示社会地位等在任何时代都普遍存在。

心理学对动机的研究历史悠久，且覆盖广阔的范围，涉及人类生理和神经系统学、社会学、人类学等广博的知识领域。对动机的讨论旨在探索人性，理解个体的态度与行为，以及导致个体行为差异的因素。表3-2梳理了部分涉及动机问题的心理学理论。

表 3-2　有关动机与需要的心理学理论①

理论家/研究者	理论方法	强调的动机/需要
西格蒙德·弗洛伊德	精神分析理论	对性的需要，对进取的需要。强调无意识的需要
卡尔·荣格	精神分析方法	对唤起的需要，对创造和自我实现的需要
阿尔弗雷德·阿德勒	改良精神分析	对胜任能力的需要，对克服不胜任的控制能力的需要
斯塔克·沙利文	改良精神分析	对认可和爱的需要
卡伦·霍妮	改良精神分析	控制焦虑的需要，对爱和安全的需要
克拉克·赫尔	学习理论	缓解压力的需要
戈登·奥尔波特	人格特质理论	重复内在的令人满意的行为的需要
阿尔贝特·班杜拉	社会学习理论	对自我效能或个人掌握的需要
戴维·麦克莱兰 约翰·阿特金森	社会方法	对成就的需要
卡尔·罗杰斯	人本主义	对自我发展的需要
亚伯拉罕·马斯洛	人本主义	生理的需要、安全的需要、社会的需要、尊重的需要以及自我实现的需要组成的需要层次
伯莱因	认知方法	满足好奇、寻求精神刺激的需要
罗姆·哈里	社会哲学	赢得他人尊重、避免他人歧视的需要
斯坦利·科恩 劳里·泰勒	社会学理论	逃避的需要，对兴奋和意义的需要
乔治·凯丽	个人建构理论	预测和解释世界的需要
米哈伊·奇克森特米哈伊	人本主义	对巅峰体验的需要

　　心理学对动机的研究是对历史文献记载中人类动机的补充与延伸。除了文献中已知的动机类别外，心理学又提出了个人控制、爱、成就、得到认可、个人发展、求知、自我实现等更深层次的动机类别，为动机研究增添了新的解释力量。

　　此外，还有一种有效的方法是通过市场调研考察旅游者对各类动机的感知，如通过成熟的量表对旅游动机类型进行划分，借助问卷或访谈形式要求参与者评价不同类的旅游动机对自身旅游活动的重要程度。还可以针对"旅游的益处"或"旅游的收获"等向旅游者提问，将所有旅游者的回答进行提炼与归类，进行统计聚类分析，得到最终结果。一些学者在研究动机类型的同时也强调旅游者背景与动机的关联，认为只有在一定的背景下去分析旅游动机才有意义。当人们描述他们为什么去寻求某些旅游度假体验时，其动机与背景有很大的关联性。市场研究的结果对旅游动机类型做了进一步的补充，这些动机包括：结识未曾见过的和不同的人、体验不同的生活方式、品尝新食物、增加谈资、给繁忙的工作带来变化等。

---

　　① 查尔斯·R. 格德纳，布伦特·里奇. 旅游学 ［M］. 12 版. 李天元，等译. 北京：中国人民大学出版社，2014：233-237.

综上所述，休闲与旅游动机是指激发和维持休闲旅游行为，并使行为导向满足某种目标的心理倾向或内在驱动力。常见的休闲与旅游动机包括：①健康动机，重点是休闲和恢复身心，通过身体活动、精神娱乐等方式来达到修身养性、调理身心平衡的目的。②文化动机，主要产生于旅游者的好奇心与文化修养的需求，如拜访新地点、深入理解目的地居民、探索民俗文化、寻找传统饮食等。③人际关系动机，中心是人，无论是结交新朋友、拜访老朋友、朋友间联络感情，还是逃离每天接触的人，都是围绕人际关系而产生的。④地位和声望动机，通过休闲或旅游活动得到人群认可，如通过向周围人展示休闲或旅游见闻与心得获得认同。有时也可通过休闲和旅游获取一定专业知识，从而提升专业声望，如烹饪教育旅行等①。

二、旅游动机模型

（一）旅游需要模型

皮尔斯（Pearce）提出的旅游需要模型主要针对旅游者及其动机②。该模型认为，人们的旅游行为具有内在发展规律，反映出旅游动机的层次性变化。类似于人的职业生涯生命周期，开始起步于不同的层次，但随着生命周期阶段的变化，层次也会随之而改变。并且，旅游者的支付能力、闲暇时间、健康状态、环境因素等都会对旅游动机产生影响。通过扩展和延伸每一阶层上所涉及的具体需要的范围，皮尔斯得出囊括一系列不同心理需要和动机的综合性图表——旅游需要阶梯模型（图 3-1）。

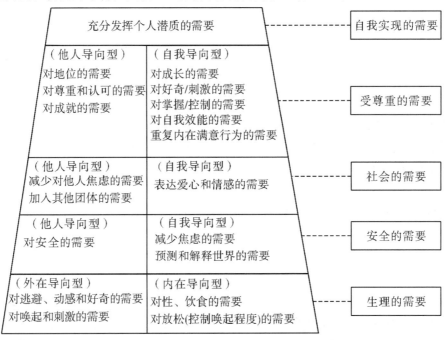

图 3-1　旅游需要阶梯模型

①　库伯. 旅游学精要 ［M］. 石芳芳，译. 大连：东北财经大学出版社，2014：256-257.

②　PEARCE P L. Fundamentals of Tourist Motivation ［M］//Pearce D G，Butler R W （eds.）. Fundamentals of Tourist Motivation. London：Routledge，1992：113-114.

图 3-1 的旅游需要模型中的每一阶梯都与马斯洛的需要层次论相吻合，旅游需要阶梯的最早版本保留了马斯洛的观点，即个体在转到某一较高阶梯之前，较低阶梯的需要已得到满足。按照这一逻辑，在旅游过程中，被社会需要驱动的旅游者也会有安全的需要和生理的需要，但可能不会特别关注其受尊重的需要和自我实现的需要。近年来，学者们对该理论的应用和修订已不再强调对需要层次的严格划分，而更多地强调动机的变化格局。旅游者在寻求旅游体验时并非仅受单一动机驱动，也可能同一行为同时会被多种动机驱动。例如，某一旅客可能在探索自然神奇奥秘、享受家庭度假经历以及增长海洋文化知识等多重动机的驱动下，与家人一同前往巴厘岛旅行。旅游者不仅会受多重动机驱动，他们的动机还会随时间和情景的变化而改变。

在旅游需要模型中，旅游目的地被认为是可满足不同旅行体验与需求的背景或场所，旅游者的动机则会影响他们对旅游目的地的期望。旅游者很少会选择项目毫无特色、低端重复的旅游目的地，而是青睐那些提供综合度假体验并可以从多种活动中进行自由选择的目的地，从而更好地满足自身多重旅游需要和动机要求。在对旅游者动机进行阐释时，还应根据特定环境进行具体分析。

（二）旅游动力结构模型

兰德伯格有感于人们对旅游动机研究的缺乏而提出了"人们为什么旅游"，要回答这个问题并非易事，因为问题的答案受两个重要因素的制约：第一，个体独特的文化背景使其对问题的理解会产生不同视角；第二，旅游者外显的旅游动机或许是自身深层次需要的外在反映，但旅游者可能并没有意识到这种处于潜意识状态的深层需要，也从没想过如何才能清楚明白地表述出来。旅游动力既包括外部情景，也涉及更深层次的认知。由于研究中存在具体情景差异和认识论、方法论差异，学者们并没有就旅游动机的解释达成一致意见。为了更清晰地说明旅游内驱力、旅游需要、旅游动机和旅游行为之间的关系，谢彦君尝试将一些影响比较大的旅游动机理论相结合，并以图 3-2 的形式呈现出来[①]。

在图 3-2 的模型中，旅游内驱力是旅游的根本动力来源，因此将其置于顶端，表示对旅游需要、旅游动机和旅游行为各个层面等范畴的统领制约作用。旅游内驱力是旅游者的行为动力，在旅游者意识层面上表现为旅游需要。旅游需要是指当人处于缺乏旅游状态时出现的个体对愉悦性休闲体验行为的自动平衡倾向和抉择倾向，是心理内驱力在潜在旅游者头脑中的意识反映。与旅游需要相比，旅游动机是更直接地影响旅游行为的范畴，它是由旅游需要所催发、受社会观念和规范准则所影响、直接规定具体旅游行为的内在心理动力源泉。旅游者愉悦体验的获得，从心理动力机制的角度看，要靠更具动力性质和动力强度的旅游动机来落实，所以旅游动机是旅游需求在内容上（比如自然、文化、健康、关系或声望等）的实践性分解。从实现途径上看，在旅游体验过程所产生的愉悦感，需要具体化地借助回归、认同、闲适和发现等方式来实现，旅游行为则可被概括为观赏、交往、模仿和游戏等形式。

———————————

① 谢彦君. 基础旅游学 [M]. 4 版. 北京：商务印书馆，2015：151.

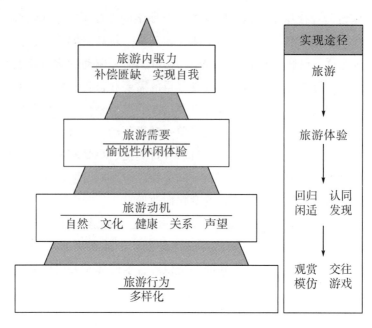

图 3-2 旅游动机相关范畴间的关系：旅游动力结构模型

三、旅游动机理论

（一）A/B 行为形态理论

弗莱德曼和罗斯曼提出了 A 类行为和 B 类行为理论（见表 3-3）。A 行为形态者的特征是极具竞争性和攻击性，有只争朝夕的精神和不安定的心理。B 行为形态者的特征则完全相反，他们往往性格温和、不具有攻击性和竞争性，少有急迫感和不安定感。两者相比，后者通常具有较强的休闲与旅游动机，能充分享受闲暇时间。

表 3-3　A/B 行为形态比较①

A 行为形态	B 行为形态
放松自己会有罪恶感	花时间去欣赏休闲及美的事情，重视生活品质
具有野心，工作努力	野心不大
同一时间会尝试从事许多事情	一段时间只专心做一件事情
没有耐心及坐立不安	有耐心
吃饭、走路及说话非常快	有效地放慢自己的脚步
目标不明确，常会导致工作不能完成、错误及挫折	非常专心，较少挫折

有研究报告指出，虽然 A 行为形态者工作较为努力，B 行为形态者较倾向于休闲旅游，但两者在生产力上并没有明显差别。原因可能是 B 行为形态者具有整体目标，且能充分利用休闲时间给自己充电，以保证工作时充分的精力。两者在健康上有显著差异，

---

① 李仲广. 休闲学［M］. 北京：中国旅游出版社，2011：134.

A 行为形态者较 B 行为形态者有更高的心脏病风险。这是由于 A 行为形态者受到较多的负向压力，具有较快的心跳速度、血压较高、肌肉紧张和心理焦虑，弱化了自身的消化系统功能。要降低 A 类行为习惯的负向影响，可以采取学习放松、主动控制环境、放松步调等方式。实践表明，休闲旅游活动不仅有助于放松心情、提高生产效率，而且有益于个人身心健康。

（二）补偿/溢出理论

补偿理论认为人们追求放松、愉悦的行为是为了释放日常生活工作中承受的压力与负担。工作生活中繁琐的事务以及令人窒息的节奏，会驱使人们寻求强烈的、有价值的补偿，将休闲旅游作为工作的一种代替或补偿，寻找工作中无法得到的快乐。在较长时间持续忙碌的工作后，人们常常选择休闲旅游以放松自我、补偿/犒劳忙碌的自己。溢出理论又称普遍性理论，指将生活中其他领域的快乐与体验带到休闲旅游世界中。如果人们在工作中获得了难忘的体验，那么闲暇时也愿意继续从事这种活动，或选择继续令人保持兴奋、快乐和愉悦的旅游方式。那些在工作中无法感受到趣味的人，也可能会将这种惯性带到休闲旅游活动中，让工作与生活都表现为一种无意义的状态。

第三节 休闲与旅游需求预测

认识影响需求的各方面因素是为了让人们更有效地预测未来的旅游需求，这不仅对旅游从业者和行业管理者至关重要，而且一套行之有效的需求预测方法也能为政府制定相关决策提供数据支持。旅游需求预测的重要性体现在六个方面[①]：第一，旅游产品具有不可储存的特点，如酒店床位不可储藏。第二，旅游行业缺乏稳定性，在变幻莫测的时代尤其需要可靠和准确的预测，以帮助政府和行业制订计划和做出决策。第三，旅游的生产和消费是不可分离的，意味着企业必须提前了解产品的需求水平，才能有效减少生产力和人员配置的浪费。第四，旅游产品的供给包括一系列相互配合的供应商，准确的预测可以提醒人们提前准备，确保需要时各方供应商都能充分供给。第五，旅游产品需要对固定资产进行大规模投资，这意味着准确的需求预测至关重要。第六，成功的旅游需求预测可以使收益最大化，且通过充分的前期准备工作最大限度地提升游客满意度。而失败的旅游预测则可能会导致供需不平衡而产生灾难性的后果。例如，2014 年国庆"黄金周"期间，九寨沟景区由于对来访游客数量预测不准确，导致在景区没有充分接待能力的情况下涌入大量游客，造成人流拥堵等负面事件。突发事件也会导致预测工作出现较大失误。例如，2020 年初突然暴发的新型冠状病毒感染疫情，不仅危及了人们的身心健康，还对旅游业造成了严重影响，使得 2020 年春节假期的旅游市场预测完全无效。随着疫情的结束，市场预测逐步恢复正常，2024 年春节假期全国国内旅

---

① FREECHTLING D. Forecasting Tourism Demand：Methods and Strategies ［M］. Oxford：Butterworth Heinemann，2001：5-6.

游出游 4.74 亿人次，同比增长 34.3%，按可比口径较 2019 年同期增长 19.0%；国内游客出游总花费 6 326.87 亿元，同比增长 47.3%，按可比口径较 2019 年同期增长 7.7%；入出境旅游约 683 万人次，其中出境游约 360 万人次，入境游约 323 万人次，旅游市场需求再度呈现强劲的增长趋势。

需求预测的方法多种多样，在选择需求预测方法时应充分考虑个案的特性以及想要达到的预测精度等因素。选择需求预测方法时应考虑五个主要因素，包括预测目的、预测时间段、要求的准确度、可用的信息、预测成本和可支配的预算等[①]。

一、需求预测指标

一般而言，测量实际旅游需求指标有如下几类：

（一）来访游客人次

来访游客人次是指在一定的时期内到访某地参与休闲旅游活动的人数。通过大数据和云计算，能够较为准确地获取游客人数统计数据。例如，百度公司提供的大数据服务可通过用户在线搜索数据以及移动定位数据对某景点的到访人次做出较为精准的预测。随着智慧旅游的发展，越来越多的旅游目的地意识到信息化的重要性，纷纷采取更加有效的信息技术管理游客数据，并积极开发和利用数据的深度价值。

（二）游客人天（夜）数

该指标的计算是用游客平均停留天（夜）数乘以游客人数，这是旅游从业者十分关注的指标。许多观赏型或游览型景区的规划者感兴趣的是游客人天数，而饭店和其他住宿接待设施的管理者则更关心游客人夜数。通过这些数据，就能算出平均每位游客每天或每夜将要发生的消费数额，从而测算出单个游客单次到访的总消费额。游客人天（夜）数也是目的地供电系统、停车场、娱乐区等公共基础设施管理的重要参考指标。

（三）消费额

游客消费额是直观地评估目的地经济价值的指标，也是需求预测工作中最难精确评估的指标，这类数据具有较大的隐蔽性和随机性，受大量不确定因素干扰。即便是在游客完成旅游体验后进行统计，也会面临游客遗忘或故意伪饰等问题。计算游客消费额的常用方法是用人均每天（或每夜）消费额乘以游客人天数（或人夜数）。另一种方法是通过税收测算旅游消费额。不少目的地都对消费品征收销售税和使用税，因此，只要确定某旅游产品的征税比例以及该产品的开支在人均消费额中所占的比例，就能估算出其消费额及人均总消费额。

二、需求预测方法

在需求预测方面可采取统计方法和经济分析法等方法，大部分预测方法都要求操作人员具有一定的统计或数据知识基础，熟悉特定的计算机应用软件，并对这些预测方法的目的性和局限性有清楚的认识。

---

① ARCHER B H. Demand forecasting and estimation ［M］//RITCHEIE J R B, GOELDNER C R (eds.). Handbook of Travel, Tourism and Hospitality Research. New York: Wiley, 1994: 86-92.

（一）趋势分析法

趋势分析法又称为时间序列预测分析法，即在历史需求数据基础上通过数字模型预测未来发展。如果能获得某地区以年份为基础的游客人次数记录，模型就可以测算出未来年份的需求。第一步是在坐标图上标出已获取的数据：时间（年）对应旅游人次。然后即可建立线性趋势，从而清楚地显示出历史需求量的变化。利用历史数据对未来时间的旅游需求进行预测时，通过延伸趋势线至相关年份，就可以在坐标图上找到对应的需求值。图3-3展示了这一程序，图中各点所代表的是六年期间的需求量。

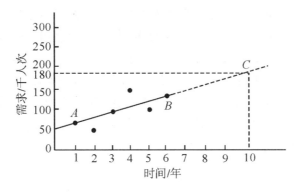

图 3-3　趋势分析

使用趋势分析法操作简便，需要的基本数据容易获得，即旅游人次或过去若干年中以年或季为单位的某些其他需求指标。该方法不涉及复杂的数据假设与统计运算，对于操作人员的数学背景知识要求较少。但缺点是模型的简单化在很大程度上会降低预测结果的准确度与有用性。原因在于：首先，趋势分析法没有运用任何方法去"解释"需求，弱化了外界因素变化对需求的影响。其次，将趋势线以线性的方式向外延伸（从趋势线 AB 延伸到 BC），即假设今后的需求将继续以过去的趋势增长而没有变化。该假设过于理想化，因为即使是对较近的未来进行预测，由于各种影响需求的因素可能变化，也会使得基于一个固定增长率的预测结果的准确性降低。因此，趋势预测法较适合于多年数据都显示需求增长率稳定的旅游目的地使用，而不适合于需求变化率较不稳定的区域。

（二）多元回归：最小二乘法

现实中的需求会受到决定个人偏好和阻力的诸多因素影响，在一个时期内对所有因素都进行分析并不现实。但将决定需求的某些特别相关的因素分离出来进行处理，在某种程度上是可行的。多元回归就是这样一种方法，通过数学公式可以在需求与所选定的变量（影响因素）之间建立起函数关系。例如，除游客收入数据外，还有目的地旅游服务质量数据，就能利用这两个变量（自变量）与需求的数据（因变量）进行回归分析，获得自变量与因变量的回归公式。预测未来需求，只需将相应年份的预计收入和预计服务质量值代入公式，就能计算出该年份预计的需求。该预测方法可以综合考虑多种重要因素对需求的影响，得到的结果比只考虑某单项因素更为准确。

当然，回归分析并不局限于两个变量。理论上任何数量型的变量都能被用来预测和解释需求水平，但在实际操作中存在一定难度。随着因素的增多，统计工作量与难度会呈几何倍数增长。此外，还要考虑收集附加数据和解决计算技术所需成本问题。所以实际操作中会充分权衡投入资源的数量与预期结果的精确度，然后选择最行之有效且符合经济效益要求的预测方式。

（三）专家分析法（德尔菲法）

在某些情景下，旅游管理者的经验集合对需求预测也很有价值。专家分析法是对有相关管理经验的专家开展系统调查，向其询问一系列问题，然后根据专家的意见进行综合分析并得出结论。专家分析法的优点是能精确解读一些无法在定量模型中明确体现出来的变量。例如，多元回归中往往考虑的是一些较为成熟的变量，即被谈论最多且拥有较精准历史数据库的变量，包括旅游者收入和目的地旅游成本等。而在专家分析法中，许多受不确定因素影响的指标会被纳入考虑范围，包括政治形势、能源状况、兴趣变化、闲暇时间以及促销宣传的效力等。此外，还有一些往年没有出现但现在新出现的指标也会被加以综合考虑。专家分析法能在最大范围内综合考虑各个影响因素，但相比于各种数学统计方法，专家分析法的缺陷是通常不能给出较为精准的数据，只能预测增长或下降趋势和范围。如果将数学统计方法和专家分析法综合使用，就能实现优势互补，更能有效提高预测的准确性。

案例

在线旅游社群与旅游购买决策

旅游指南手册曾经是旅游者做购买决策时的信息参考。然而，随着互联网的发展，用户不再将一成不变的旅游指南手册作为信息参考源，而是倾向于到在线旅游社群网站搜寻信息。互联网彻底改变了人们对旅游信息进行搜寻的方式和决策的过程。它使得每个人的观念、想法以及经验可以迅速地被其他互联网用户获得，这也促使以用户生成内容为主的在线旅游社群（如马蜂窝、TripAdvisor 等）在全世界范围内受到广泛关注。在这些网站中，网站运营者不需要主动提供有关旅游信息，他们只需要将用户生成的信息进行有机分类，再将其呈现给感兴趣的用户，便能形成一个活跃的、频繁互动的、以旅游内容为中心的在线社群。这些在线社群中用户生成的内容和评论影响着其他潜在旅游者的信息搜集、信息处理以及决策制定。使用者普遍认为，这些网站中的旅游信息比官方发布的信息具有更高的可信度、客观度、及时性以及趣味性。

TripAdvisor. com 是最成功的在线旅游社群网站之一，它代表了最大的旅游消费者在线网络。TripAdvisor 的使命是帮助全世界的人计划并经历完美的旅行。网站现由在线旅游供应商 Expedia 所有。经过几年时间的发展，TripAdvisor 从一个服务于少数旅游者需求的小规模网站发展成了利用"白色营销"（口碑营销）的综合评论网站商业帝国。TripAdvisor 的成功与发展为旅游者决策和营销带来了机遇和挑战。

网站的用户是富有的、受过良好教育和频繁出游的旅游者，正好是旅游公司的理想目标人群。因此，随着网站内容的丰富性增加，TripAdvisor 变成了一个重要的广告媒介，同时这些内容的及时性和准确性更高，手机移动科技使得"即时贴"成为可能，这进一步促进了网站信息的快速更新。

TripAdvisor 的另一个商业应用是把推荐和评论延伸到预订和推介网站。TripAdvisor

提供与 Expedia、Orbitz 和 Travelocity 等在线旅游代理商的便利链接。另外，旅游经营商把 TripAdvisor 的评论放入它们的网站，这种公开性有利于培养品牌信任度。旅游局也认识到 TripAdvisor 的强大力量，因此也与之相链接，并主动利用该网站提供的评论信息。这个网站也允许其他方利用相关信息，例如美国的 Raveable 网站，从 TripAdvisor 网站中提取评论，并将其作为进行美国酒店积分评级的依据。

因为 TripAdvisor 允许任何人发表内容和评论，所以可能出现故意拔高某公司声誉或损害竞争者声誉的假评论。但是网站明确声明它们有员工专门负责管理所有评论，并使用算法监测滥用者。另外，根据欧盟法律，酒店在评论网站假扮消费者发表言论是违法行为。这也在一定程度上杜绝了该行为的普遍发生。

TripAdvisor 创始人兼 CEO（首席行政官）Stephen Kaufer 曾表示："用户不仅能够利用我们网站上丰富的内容、全球旅游社区以及比价工具来计划行程，更可以直接预订酒店、景区和餐饮这三大领域的产品，这让 TripAdvisor 成了旅游业最全面的一站式服务平台。我们计划进行大力扩张，推广这种更为完整的服务模式。"TripAdvisor 的战略路径几乎涵盖了内容点评（酒店、餐厅）、工具应用（行程规划、移动应用、航班信息查询、日记记录）和丰富的预订品类（游轮、房屋租赁、度假活动），打造了完整的内容类旅游 O2O 生态系统。

资料来源：刘照慧. TripAdvisor：打造旅游 O2O 生态系统［EB/OL］.执惠旅游，(2014-12-03)［2020-03-20］.http://m.tripvivid.com/articles149.

◆ 案例讨论

1. 访问 TripAdvisor 网站，查看一个你想去旅游的景区的介绍和评论，再查看该景区的官方网站介绍，对比两个信息源的信息有何差异。

2. 结合本章所介绍的旅游者决策模型，你认为在线旅游社群网站的内容是如何影响旅游决策过程的？该内容对旅游决策的影响如此显著的原因有哪些？

3. 如果你是某景区的营销运营者，你会如何利用 TripAdvisor 的平台对景区做推广？

4. 如果你是 TripAdvisor 的运营者，为了推动与网站合作的在线旅游代理商的旅游产品销售，你会如何刺激网站用户的旅游需求与旅游购买？

思考题

1. 休闲与旅游需求的影响因素有哪些？

2. 为什么休闲与旅游需求数据如此重要？请举例说明，谁是需求数据的使用者。

3. 文化差异对旅游需要的形成会起什么作用？请举例说明。

4. 旅游者在出行之后为什么会对核心旅游产品的需求变得缺乏弹性呢？

5. 人口结构如何影响旅游需求？

6. 对比几个主要的旅游需求预测方法的优势和劣势。

7. 互联网及大数据的发展对旅游需求预测会产生什么影响？

第四章
休闲与旅游产品

➤学习目标

产品是满足消费者需要的载体，包括有形的物品或者无形的服务。本章着重讲解休闲与旅游产品的概念，以及旅游产品的特点、类型、产品生命周期、开发管理以及营销组合策略等。

本章学习目标：

★理解休闲与旅游产品的概念。

★掌握旅游产品的不同分类。

★熟悉旅游产品的生命周期。

★了解旅游产品的开发原则及步骤。

★掌握STP理论及各种营销组合策略。

第一节 休闲与旅游产品概述

一、休闲与旅游产品的定义与构成

（一）休闲与旅游产品的定义

旅游产品是休闲与旅游管理的重要内容，史密斯从生产者角度提出概念模型，认为旅游产品是一个整体概念，具有层次性。旅游产品以实体环境（physical plant）为核心，依次向外分为服务（service）、接待业（hospitality）、游客的自由度（freedom of choice）和游客参与（involvement）。实体环境指旅游目的地的位置、自然资源、野生动物、度假区、陆地、水体和基础设施等。服务指旅游目的地为满足游客需要而提供的各种接待设施和相关服务。接待业包括旅游目的地民众对待外来游客的态度或情感。自由度指旅游目的地为实现游客满意而允许其在该地感觉自由轻松的程度。游客参与包括游客参与服务的过程以及在旅游目的地进行主客双方互动的情况。旅游产品不只是上述五要素简单集合的整体，还是要素间相互作用的结果。

维克多·密德尔敦认为旅游产品是一种旅游经历，就旅游者而言，旅游产品就是他从离家到回家这段时间的完整经历。旅游产品不是某个航班上的一个座位、某家饭店的一张客床或是在某个阳光海滩的放松休息，而是多种要素的混合物或是各种要素的组合[1]。景点、目的地设施、可进入性是旅游产品的三要素。

国内学者对旅游产品也进行了研究和定义，部分学者的观点如表4-1所示。

表4-1　旅游产品的不同定义

学者	定义	角度
王大悟、魏小安[2]	旅游产品是旅游经营者为了满足旅游者的物质和精神的各种需要，向旅游市场提供的一种特殊产品。它是由多种要素构成的。一般来说，一个完整的旅游产品应包括旅游交通、旅游住宿、餐饮供应、游览观光、娱乐项目、旅游购物六个方面的要素	旅游供给
肖潜辉[3]	旅游产品是旅游经营者所生产的，准备销售给旅游者消费的物质产品和服务产品的总和。旅游产品可以分解为旅游吸引物、交通、接待三部分	旅游供给
刘敦荣[4]	旅游产品是能满足旅游者在旅游活动过程中的各种欲望和需要的物质实体和非物质形式的劳务的总和	旅游供给
罗明义[5]	从旅游市场的角度看，旅游产品是指旅游者和旅游经营者在市场上交换的，主要用于旅游活动中消费的各种物质产品和服务的总和。从旅游者的角度看，旅游产品是指旅游者花费一定的时间、精力和费用所获得的一段旅游经历和感受。从旅游经营者的角度看，旅游产品是指旅游经营者凭借一定的旅游资源、旅游设施和其他媒介，向旅游者提供的可以满足旅游者需求的各式各样的物质产品和劳务的总和	旅游需求和旅游供给
谢彦君[6]	旅游产品是指为满足旅游者的愉悦性休闲体验需要，而在一定地域上被生产或开发出来以供销售的物质产品与劳务的总和	旅游供给
吴必虎[7]	旅游产品是一个复合的概念，理论上是指旅游者出游一次的整个经历。广义的旅游产品由景观（吸引物）、设施和服务三要素组成。中义的旅游产品是指景观（吸引物）和设施构成的几何体，它带有较强烈的物质产品特点。狭义的旅游产品仅仅指旅游景观（吸引物），有时可以粗略地等同于通俗意义上的旅游景区（点）以及一部分非具象的人文景观	旅游需求

① 维克多·密德尔敦. 旅游营销学 [M]. 向萍，等译. 北京：中国旅游出版社，2001：75.
② 王大悟，魏小安. 新编旅游经济学 [M]. 上海：上海人民出版社，1998：122.
③ 肖潜辉. 我国旅游业的产品反思及其战略 [J]. 旅游学刊，1991，7（2）：7-13.
④ 刘敦荣. 旅游市场营销学 [M]. 桂林：漓江出版社，1992：161.
⑤ 罗明义. 现代旅游经济学 [M]. 4版. 昆明：云南大学出版社，2008：40-42.
⑥ 谢彦君. 基础旅游学 [M]. 4版. 北京：商务印书馆，2015：102.
⑦ 吴必虎. 区域旅游规划原理 [M]. 北京：中国旅游出版社，2001：236.

从表 4-1 可以看出，可从不同视角对旅游产品进行差别化的定义。需求角度的定义偏重于将旅游产品视为旅游者的经历，即将旅游者在旅游中的消费过程视为一种产品。供给角度的定义偏重于将旅游产品视为满足游客需求的物质、服务产品或者多种要素的结合。需求视角的定义认为，旅游产品可以是旅游者在旅游过程中的任何事物，这些事物也包括非旅游经营者提供的，如旅游者游览后对景区或旅游目的地等产生的主观评价、思想情感、体验感知等。这使得产品的边界难以区分，甚至将旅游者也视为旅游产品的生产者、创造者以及提供者。谢彦君认为，这类视角的定义意味着旅游产品并不是一个企业的产物，而是一个行业的产物，此种定义有失偏颇。他从七个方面详细界定了旅游产品的内涵：

（1）旅游产品是专为旅游者生产或开发的商品。基于这一角度，旅游产品与旅游商品同义。

（2）旅游产品的生产有资源依托型和资源脱离型两种方式。

（3）旅游产品主要供旅游者购买，在功能上具有可观赏性、可体验性，在空间上具有地域性。

（4）旅游产品既可以有物质实体，也可以是某种现象。

（5）旅游产品或多或少都会含有人类专门的为旅游目的而投入的劳动，但绝对不能没有人类的劳动投入，否则，就不能称其为旅游产品。

（6）各种媒介要素（例如饭店、交通设施等）不是独立的旅游产品，但当它们被组合到以景区为核心的旅游产品从而构成组合旅游产品时，就构成了旅游产品利益的追加组成部分。

（7）旅游产品不包括旅游购物品。

以上界定，说明了旅游产品专门为旅游者开发的特性，也点明了旅游产品的组成要素，以及旅游产品满足旅游者需求的根本属性。综上所述，本书认为：休闲与旅游产品是指为满足个体的休闲、度假、娱乐、康养、求知等多样化体验需要，在一定时空范围内开发并被游客消费的物质或服务产品等多种要素的组合。

（二）旅游产品的构成

1. 旅游产品的一般构成

旅游产品和一般产品相似，由产品的核心部分、形式内容以及延伸部分构成[①]。旅游产品的核心部分是指与旅游资源、旅游设施相结合的旅游服务。旅游者购买旅游产品主要是为了获得旅游产品的核心利益。不同类型的旅游企业为旅游者提供的产品核心利益有所不同。旅游产品的形式内容即产品的外在表现形式，包括旅游产品的质量、声誉、特色、风格、品牌等，如酒店的建筑风格、酒店氛围、知名度、星级等都是酒店的形式内容。旅游产品的延伸部分是旅游企业为旅游者所提供的额外利益与附加服务，包括提供给旅游者的优惠折扣、付款条件及旅游产品的推销方式等，如酒店为旅游者提供的预订服务、含早餐服务、免费接送、限时折扣等。旅游产品的延伸服务能额外提升顾

---

① 林南枝，李天元. 旅游市场学 ［M］. 天津：南开大学出版社，1995：125.

客的满意度，获得旅游者对企业或旅游产品的忠诚度。

2. 旅游产品的利益构成

旅游产品的利益构成包括核心利益、展现利益以及附加利益。旅游产品的核心利益是满足消费者的愉悦性体验需求，展现利益体现在价格、声誉、区位、质量等方面，附加利益体现在交通、住宿、餐饮、购物等方面。旅游产品不仅包含旅游产品的核心利益，还包括由不同企业为旅游者提供的其他附加利益。根据利益构成的不同，可以将旅游产品分为核心旅游产品和组合旅游产品。核心旅游产品是指具有能满足旅游者愉悦性休闲体验需要的效用和价值的产品原初形态，例如景观、娱乐设施等。组合旅游产品是指涉旅企业围绕旅游产品的核心价值而进行的多种价值追加，是旅游产品的扩展形态。例如，旅行社为旅游者提供的包价旅行产品，不仅要满足旅游者愉悦性休闲体验需要，还要满足旅游者购物、住宿、交通等多种需要。

二、旅游产品的特点与分类

（一）旅游产品的特点

旅游产品具有可体验性、空间上的不可移动性、生产与消费的同时性、时间上的不可存储性以及所有权的不可转让性[①]等特点。

一是可体验性。人们购买旅游产品是因为想要获得该产品的使用价值，并且获得满足某种休闲体验需要的效用。二是空间上的不可移动性。旅游产品在空间上依附于一定的空间环境，也正是这种依附于空间环境的特点使得旅游产品不能像其他消费产品一样通过运输的方式到达不同地域，而只能是由消费者自行前往目的地进行消费。三是生产与消费的同时性。旅游产品的生产和消费在时间上不可分离，生产出的产品必须处于同一时空背景下被消费，体现为在生产旅游产品时消费也即刻启动，而消费结束时生产也不再进行。例如，在旅游过程中，导游提供的讲解服务只有在带团的过程中才能实现其价值，因为在导游讲解的同时游客也在进行消费。四是时间上的不可存储性。一般产品例如家用电器、包装食品、机械设备等都可以进行存储供日后销售，而旅游产品则不行。旅游产品的交换价值体现为时间的累积函数，即随着时间的流逝，旅游产品如果没有实现对应时间上的交换价值，那么在该时间段上花费的有关人、财、物资源就是一种浪费。例如，2020 年 1 月 20 日的景区门票具有时效性，如果当天未售卖出去，则该门票就不再具有任何效用。所以，旅游经营者必须合理进行资源的有效配置。五是所有权的不可转让性。经营者出售的旅游产品仅是产品在一定时间上的使用权，而不会转移所有权。旅游者支付一定费用购买旅游产品时，只能获得由该旅游产品带来的经历或者感受，而无法带走某个实体产品。例如，游客去博物馆，购买的门票只能带给游客短暂的游览权利，通过游览博物馆获得相应的体验或知识，而不能带走属于博物馆的任何东西。

（二）旅游产品的分类

旅游产品的内容丰富，对产品进行科学合理的分类有利于细分市场的开发、生产以

---

① 谢彦君. 基础旅游学［M］. 4 版. 北京：商务印书馆，2015：107-108.

及促销。下面介绍几种常见的分类方法。需要说明的是，各种产品类型并不能被截然分开、非此即彼，有的分类会有一定的功能交叉，这也反映出旅游者需求的综合性特点。

1. 按产品的功能划分

根据产品功能可以划分为观光旅游产品、度假旅游产品、康体休闲旅游产品、商务旅游产品、文化类旅游产品、专项类旅游产品以及特种旅游产品。

（1）观光旅游产品。为满足游客游览、观赏自然景观和人文景观的需求而进行组织活动、线路安排、接待服务的产品组合。它包括自然观光产品、人文观光产品等。

（2）度假旅游产品。为满足游客的休闲、游憩等需求而开发的综合性旅游产品。该类型旅游产品中观光景点少但是对精美化的要求更高，游客在度假区停留的时间较其他产品类型要长，更为注重环境、服务等条件。它包括温泉度假产品、亲水度假产品、康养度假产品、乡村度假产品等。

（3）康体休闲旅游产品。产品主要功能是满足旅游者对健康、健身、娱乐的需求，其较为突出的特点是需要特定的场所和一定的硬件设备器材。它包括体育旅游产品（高山滑雪、漂流、冲浪、潜水等）、保健旅游产品（温泉疗养、森林浴、沙疗等）、生态旅游产品等。

（4）商务旅游产品。它是指以商务活动为主要目的，以旅行为基本手段，以游览观光、休闲度假为辅助活动的，能够满足人们出差、会议会展、商务活动或交流信息等的旅游产品。它包括会议旅游产品、奖励旅游产品、大型商务活动等。

（5）文化类旅游产品。它是指以各类文化资源为依托，促使旅游者通过对历史、文化或自然科学的考察与交流、学习等活动，以实现增加文化知识、了解文化意义为目的的旅游产品。它包括红色旅游产品、修学旅游产品、民俗旅游产品、艺术旅游产品等。

（6）专项类旅游产品。它是指通过开发、利用专项旅游资源提供给旅游者的旅游吸引物与服务的产品组合。它包括登山、考古、潜水、探险等。

（7）特种旅游产品。它主要是指为满足旅游者某一方面的特殊需要而开展的个性化、自主性、专题性旅游项目，如非赛事旅游、工业旅游等。

2. 按产品的时间特征分类

旅游产品是一个开放系统，随着产品竞争以及外部市场变化，会出现各种形式的产品来满足市场需求。以时间序列建立旅游产品谱系，可以划分为传统旅游产品、新兴旅游产品、非主流旅游产品三大类①。

（1）传统旅游产品

①观光旅游：包括自然风光、城市风光、名胜古迹观光游憩等。

②升级的观光旅游：包括缩微景观、"外国村"或"外国城"、"仿古村"或"时代村"、主题公园、野生动物园、海洋观光和水族馆、城市旅游和都市旅游等。

③文化旅游：包括一般文化旅游、遗产旅游、博物馆及美术馆旅游、艺术欣赏旅游、民俗旅游与民族风情旅游、怀旧旅游与历史人物遗迹旅游、祭祖旅游、宗教旅游、文学旅游等。

---

① 吴必虎. 区域旅游规划原理［M］. 北京：中国旅游出版社，2001：244-305.

④商务旅游：包括一般商务旅游、政务旅游、会议旅游、奖励旅游、大型活动与节事旅游、购物旅游等。

⑤度假旅游：包括海滨旅游度假、山地度假和温泉度假、乡村旅游、度假村和旅游度假区、环城游憩带度假旅游（周末一夜游度假）、休闲旅游、水库旅游和水利旅游、野营旅游等。

⑥社会旅游：它是由政府、非政府组织（NGO）、企业或其他社会团体资助，让低收入群体或弱势群体享有旅游度假的福利活动等。

（2）新兴旅游产品

①康体旅游产品：包括一般体育旅游、高尔夫运动和高尔夫旅游、滑雪旅游、漂流、汽车旅游、军事旅游、医疗保健旅游、疗养保健旅游等。

②业务旅游产品：包括修学旅游、观光农业、科学考察旅游、地质旅游等。

③刺激旅游产品：包括特种旅游、登山旅游、探险旅游、太空旅游、海底旅游、沙漠旅游、狩猎旅游等。

④替代性旅游产品：包括生态旅游、国家公园与自然旅游、自然保护区、森林公园与森林旅游、摄影旅游、社区旅游等。

（3）非主流旅游产品，如旅游博彩业等。

3. 按旅游者参与程度划分

根据旅游者的参与程度，可将旅游产品划分为观光型旅游产品、主题型旅游产品、参与型旅游产品、体验型旅游产品等。

（1）观光型旅游产品。它主要是以参观方式为主的旅游活动，游客缺乏个性化需求，在旅游活动中，自主参与旅游活动的内容较少。该类旅游产品以知名度较高的自然或文化景观为主。

（2）主题型旅游产品。它具有独特的主题或知识产权（IP）故事（具有独特的商业价值），不仅要满足游客的好奇心，还要通过对上下游系列产品的延伸开发，形成完整的产品价值链，以增加用户黏性。

（3）参与型旅游产品。游客的角色由被动接受转为主动参与，企业积极引导和鼓励游客参与产品的设计和价值共创，在旅游产品的生产和消费中，旅游者与旅游经营者和当地居民保持互动关系。

（4）体验型旅游产品。旅游者对于该类旅游产品的选择拥有很强的自主性，较少受到外界干扰，在旅游活动过程中会全身心投入，以获取旅游体验的最大化效果。

4. 按产品与资源之间的关系分类

按产品与资源之间的关系分类，可以分为资源依托型旅游产品和资源脱离型旅游产品。资源依托型旅游产品是指依托于自然资源开发而产生的产品，包括黄山、泰山、九寨沟、故宫等。资源脱离型旅游产品则是借助于对可以获得的人、财、物等资源的重新组合加工而生产创造出来的产品，如好莱坞环球影城、哈利·波特主题公园、迪士尼乐园等，这类旅游产品是后天创造的产物。

此外，根据文化和旅游部的划分标准，旅游产品可分为观光旅游产品、度假旅游产品、专项旅游产品以及生态旅游产品四个类型。观光旅游产品包括自然风光、名胜古迹、城市风光等，度假旅游产品包括森林度假、海滨度假、温泉度假、乡村度假等，专项旅游产品包括商务旅游、体育旅游、探险旅游、漂流旅游以及狩猎旅游等，生态旅游产品包括森林旅游、农业旅游、乡村旅游、民俗旅游以及环保科普旅游等。

三、旅游产品的生命周期

产品生命周期是指旅游产品从投入市场到被市场淘汰所经历的全部时间过程，一般分为引入期、成长期、成熟期和衰退期四个阶段。对于不同的旅游产品而言，其生命周期的长短存在差异；对某一产品生命周期内的不同阶段而言，其阶段特点也有所不同。具体见图4-1。

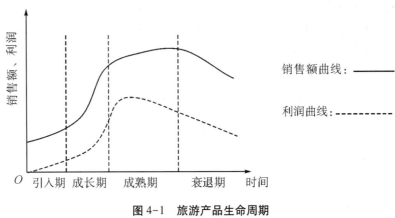

图4-1　旅游产品生命周期

（一）引入期

在引入期内，旅游产品表现为新的旅游景点的开发、旅游饭店和旅游娱乐设施的建成、旅游线路的开拓、旅游项目或旅游服务的推出等。此时，旅游产品刚刚正式投入市场，还未被市场广泛了解、接受，旅游产品的销售量较小，且增长缓慢无规律。此时，为了增进市场对产品的认识和了解，需要旅游经营者投放大量的广告以及促销活动以提升产品知名度，吸引新的旅游者，故而营销费用较大，单位成本高。此时，虽然企业利润偏少甚至有亏损，但市场同行竞争者较少。旅游企业需要尽快寻找市场突破口，可采取如下营销策略：

1. 快速掠取策略

此法即高价格、高促销方法，快速扩大销售量，快速提高市场占有率。此法适合于潜在市场对旅游产品还不熟悉且旅游者对于价格不敏感，并且暂时没出现潜在竞争者的情况。实行高价格是为了获得较高的利润，实行高促销策略是为了快速提高市场占有率。

2. 缓慢掠取策略

此法即以高价格、低促销的方式推出新产品。此法适合于目标市场潜力或者规模有限，且没有强大的潜在竞争对手，同时旅游者了解该旅游产品的情况。新产品的独特性突出，新颖性强，对旅游者有足够的吸引力，使旅游者愿意花高价购买。实行高价格是为了获得高额的利润，实行低促销策略是为了减少促销成本，提高净利润。

3. 快速渗透策略

此法即采用低价格、高促销的方式推出新产品。此法适用条件是目标市场规模较大，且旅游者不了解该旅游产品，市场需求价格弹性大，有较强大的竞争对手的威胁。采用该种策略可使新推出的旅游产品以最快速度进入市场，获得较大的市场占有率，产品成本会随着生产规模的扩大和生产经验的积累而降低。

4. 缓慢渗透策略

此法即采用低价格、低促销的方式推出新旅游产品。此法适用条件是目标市场规模大，旅游者十分了解该旅游产品，且市场需求价格弹性大，潜在竞争对手较多。采用低价格的目的在于刺激游客购买，使其尽快接受新产品，而低促销则可以降低产品推出成本。

（二）成长期

引入期的旅游产品在市场上经过一定的时间已被更多消费者熟知，销售量进入增长阶段。随着需求量的增加，产品被竞争者争相模仿，导致竞争激烈。广告投入与引入期相比减少，成本费用降低，开始逐步盈利。企业需注意：①提高旅游产品的质量，增加旅游产品的功能，优化产品形象。②寻求新的细分市场。由于该阶段竞争者增加，企业应积极寻求新的细分市场，以获取广泛的利润来源。③改变广告宣传的重点，由引入期的介绍产品转变为塑造产品形象，树立特色品牌，吸引新的旅游者。④适当降低产品价格，吸引价格敏感的旅游者，在巩固已有市场份额的基础上加大产品促销和分销的力度。

（三）成熟期

旅游产品的市场需求量基本达到饱和状态，销售量由快速增长转向平缓增长甚至下降，产品销售利润在前期达到峰值，但后期由于对产品的延续性需要，利润有下降趋势。市场同类旅游产品和仿制品大量出现，竞争更加激烈。该阶段，旅游经营者应注重维持现有市场和开拓新市场，同时加大产品功能改进的力度，丰富产品服务内容，提高产品的附加值，实施差异化竞争。

（四）衰退期

随着外部环境变化及新产品的迭代，产品逐渐被替代，产品销售量下降，产品价格被迫下跌，利润减少，产品趋向于被淘汰。旅游企业一方面要利用价格策略吸引旅游者，利用现有的资源设施继续获得收益；另一方面要注重开发新的旅游产品，以完成产品更替。旅游企业可采取以下策略：

（1）继续策略。旅游企业在目标市场采用相同的市场营销组合，直至产品完全无法销售。

（2）集中策略。旅游企业放弃无利可图的细分市场和销售渠道，集中人、财、物资源于利润较高的细分市场和销售渠道，缩短产品退出市场的时间，使企业能够产生更高的利润。

（3）榨取策略。旅游企业大幅减少促销费用，精简销售队伍，最大化降低营销成本，依赖旅游者的品牌忠诚度吸引其购买以保持一定的销售量。

（4）放弃策略。旅游企业直接从现有旅游产品组合中剔除衰退较快的单项旅游产品，包括完全放弃和逐步放弃两种形式。

第二节　休闲与旅游产品开发管理

一、产品开发定义与原则

(一)旅游产品开发的定义

旅游产品开发是指在一定的旅游经济发展战略指导下，根据旅游市场需求和旅游资源的特点，结合旅游发展的环境和条件，实施对目标区内旅游资源的规划和设计、建设基础设施、完善旅游服务、落实旅游发展战略的一系列经济技术活动。一般来说，旅游产品开发包括：一是对旅游目的地的规划和开发。例如，海南国际旅游岛的建设规划，要把海南岛建设成为国际一流的旅游目的地。二是对旅游线路的设计和优化组合。例如，对"成都—阿姆斯特丹—罗马—梵蒂冈—佛罗伦萨—圣吉米亚诺—威尼斯"线路的优化重整。三是对相关旅游设施进行配套和完善。四是积极营造和谐、舒适的旅游服务氛围。五是设计开发具有代表性的、当地独有的旅游纪念品。

(二)旅游产品开发的原则

旅游经营者对旅游产品的开发是实现经济目标的重要环节，也是旅游企业保持竞争优势的方式。开发中需要遵循以市场为导向、以特色为根本、以效益为目标、以创新为依托的原则。

1. 市场导向原则

旅游经营者在进行旅游产品开发的过程中，要充分了解目标市场的需求，遵循市场规律设计、开发满足旅游者消费需求的产品。随着市场外部宏观条件的变化，旅游者动机、需求会发生变化，存量的旅游产品可能会面临过时的风险，丧失对旅游者的吸引力。旅游经营者要注重对市场的调查和预测，不断调整开发的重点方向，尤其是在体验经济时代，要注重旅游产品的体验性、趣味性、多元化、个性化特征，满足旅游者个体的心理诉求。

2. 特色原则

旅游产品开发要突出有别于其他产品的核心竞争特点，树立属于该产品的独特形象，突出产品卖点，展示其不可替代性。特色是形成产品吸引力的关键因素，别出心裁、与众不同的产品容易使旅游者产生强烈的购买欲望。

3. 效益原则

旅游产品开发不仅仅要注重经济效益，还要注重环境效益、社会文化效益。进行开发时，旅游经营者要考虑开发过程中是否会造成资源的浪费、环境的破坏，贯彻实施生态文明建设要求，把保护环境放在首位。绿水青山就是金山银山，既要绿水青山，也要金山银山，做到经济效益与环境效益协同发展。此外，由于旅游产品具有文化属性，开发时还应考虑其产生的社会文化影响，为产品注入积极健康、充满正能量的价值意义，促进旅游产品开发可持续发展。

4. 创新原则

产品过度同质化会造成消费者审美疲劳，旅游产品开发需要打破常规。一是旅游产品类型创新。要设法从产品主题和内涵等方面创造新产品。如张家界七星山以"天空之城"奇境为特征，集休闲、度假、观光、康养、科普、娱乐等多功能于一体，利用喀斯特孤峰台型地貌特征，通过现代科技为游客呈现"天空旅游"体验，打造具有独特魅力的原生态旅游度假区。二是旅游产品要素创新。要对已有要素进行分析，实现要素的改进、升级与完善。三是旅游产品文化创新。要提炼产品的文化因素，赋予其更加丰富、更具吸引力的文化内涵。四是旅游产品营销创新。要全产业链合作，打造目的地联合营销模式，通过影视营销、内容营销构筑游客情感记忆。五是旅游产品技术创新。要设法使用虚拟现实（VR）、增强现实（AR）等现代信息技术为游客提供全新体验产品。如阿里巴巴人工智能实验室与"飞猪"宣布在杭州西溪天堂打造"人工智能酒店"，酒店全面采用人工智能系统，包括"智能语音服务"、VR选房预订、人脸识别入住。"香蕉出行"基于"互联网+"，打造"移动互联网+旅游景区+智能硬件"的旅游生态闭环，通过共享导游平台，提升游客服务质量，优化景区管理。六是旅游产品业态创新。要加大供给侧结构性改革力度，通过产业融合发展，形成"旅游+演艺"、观光农业、工业旅游等新业态。

二、产品开发内容与步骤

（一）旅游产品的开发内容

旅游产品开发内容主要分为旅游景区（点）开发、旅游设施建设、旅游线路开发、旅游目的地开发四类①。

1. 旅游景区（点）开发

旅游景区（点）是旅游产品的重要载体，是旅游者获得审美愉悦体验的主要来源。由于不同旅游景区（点）所依托的资源类型不同，旅游产品开发需根据资源类型确定重点和内容。具体而言，可分为6种类型的景区（点）开发。

一是自然景区（点）开发。它是指以自然景观资源为基础而开发的景区（点），以保持自然景观的原始风貌为首要任务，以绿化、美化生态环境及自然景观为前提，严格控制旅游公共基础设施的数量和密度，并使人工设施与环境保持一致。例如，武陵源风景名胜区、黄石国家公园、萨普神山等。

二是人文景区（点）开发。它是指以人文景观资源为基础而开发的旅游景区（点），依托目的地丰富的历史文化、古迹遗址、现代建筑成就等，开展维护、修缮、复原建设工作，同时配套一定的旅游设施，要注重保护景区（点）原有的文化价值。例如，故宫、秦始皇陵、杜甫草堂、都江堰等。

三是人造景区（点）开发。它是指围绕特定的主题，综合运用各种现代技术手段，人为创造出的旅游吸引物和旅游设施。旅游企业以市场调研为前提，分析旅游市场的需求与供给，对目标市场进行预测，再进行构思与设计规划，建设相应的主题吸引物与配

---

① 罗明义，杜靖川，杨萍，等. 旅游管理学［M］. 天津：南开大学出版社，2007：329-330.

套设施等。例如，宋城旅游景区、迪士尼乐园、极地海洋世界等。

四是民俗景区（点）开发。它是指以民族文化旅游资源为基础，围绕民族传统文化、风情习俗进行挖掘、整理、加工而成的旅游景区（点）。民俗文化是此类景区（点）的核心卖点，既要凸显其文化特色，将文化特质转化为可供游客体验的产品，又要注意文化的适度开发，避免过度商业化而失去原真性。例如，云南民族村、桃坪羌寨、达姆古颃墙景区等。

五是特种旅游景区（点）开发。它是指依托各种特殊的自然环境、人文资源及工农业生产为基础，按照旅游市场需求而开发的旅游景区（点）。旅游企业从实际出发，因地制宜地利用特色资源、环境及产业基础，形成独具特色的景区（点）。例如，成都东郊记忆（原成都东区音乐公园），将工业遗产保护与文化创意相结合，利用原成都国营红光电子管厂旧址进行改造，将音乐、美术、戏剧、摄影等多种文化形态与工业遗址有机融合，成为集艺术文化展演、文艺创作交流和休闲娱乐于一体的文化创意主题旅游地。

2. 旅游设施建设

旅游设施包括旅游基础设施（例如交通设施、城镇建设、生态环境等）、接待设施（例如住宿、餐饮、娱乐设施等）、配套设施（例如旅游购物、货币兑换等）三大类。

（1）旅游交通设施建设。它是指围绕旅游集散地和旅游景区建设、配置公路、铁路、水路、航空、索道等适当的旅游交通运输方式，以实现旅游者的空间位移。

（2）旅游住宿设施建设。它是指根据旅游者需要和旅游市场发展状况，在旅游集散地或旅游景区建设不同消费层次的宾馆、宿营地、度假村等以满足旅游者住宿需求。

（3）旅游餐饮设施建设。它包括旅游饭店内的餐饮设施，也包括旅游饭店之外的独立餐饮设施。既要考虑建筑样式、餐饮装饰、经营区位、菜肴、服务、价格等因素，同时也要突出地方特色、自身特点、文化内涵等，增强旅游者的就餐体验。

（4）旅游娱乐设施建设。丰富多样的娱乐设施和活动是增强旅游目的地吸引力的重要手段。建设该类设施时，要先深入调查消费者需求，积极开发和建设表演型、游戏游艺型、康体健身型、知识娱乐型等具有较强互动体验的娱乐设施。

（5）旅游购物设施建设。具体形式有百货商场、超市的旅游用品专柜、定点旅游商店、游客中心专柜、旅游饭店以及旅游景区内的各种购物点等。

3. 旅游线路开发

旅游线路又称为组合旅游产品，是旅游企业根据旅游者的消费水平，将食、住、行、游、购、娱等旅游要素组合形成的旅游产品。旅行社等相关旅游企业在线路开发设计中，要遵循旅游景点组合原则、旅游设施配套原则、旅游服务整合原则，优化整合旅游各要素，以最大化满足游客需求。

4. 旅游目的地开发

旅游目的地开发是旅游企业在目的地整体旅游发展规划指导下，根据市场需求和资源状况，有计划地开发区域内旅游资源，建造各种类型的旅游景区，建设相应的基础设施和旅游接待设施，开发不同的旅游线路产品，使旅游目的地成为旅游者集散、停留和开展活动的主要地区。旅游目的地开发主要有以下几种形式：

（1）综合型旅游目的地开发。它是指旅游资源富集的地区，根据旅游者需求变化趋势和旅游市场发展情况，依托当地旅游资源的比较优势而进行的开发和建设。该类目的地旅游产品内容丰富，旅游设施配套完善，旅游线路产品多样，能满足不同层次、不同类型的旅游消费者需要。

（2）创新型旅游目的地开发。它是指根据人们生活质量提高和旅游者需求特点，应用现代科技所取得的一系列成就，通过精心构思、科学规划和设计，以新颖、奇幻为特点，融观光、娱乐、游艺、刺激为一体，创造性地开发出具有特色的旅游产品，开拓和丰富了旅游者活动的内容与形式。例如，舟山实行文旅融合发展，将海岛休闲与佛教文化有机衔接，把舟山打造成为国际海岛休闲旅游目的地和佛教文化胜地。

（3）品牌型旅游目的地开发。它是指主要按照消费者满意战略的特点与要求，对旅游目的地实施品牌化的主题性开发。例如，以博彩娱乐、休闲度假为主题的美国拉斯维加斯、中国澳门等地。

（二）旅游产品的开发步骤

一般而言，旅游产品的开发分为前期调研、创意构思、方案筛选、产品概念化、商业分析、产品开发、市场试销以及正式上市八个阶段[①]。

1. 前期调研

前期调研是旅游产品开发的首要步骤，包括对旅游资源及旅游产品目标市场的调查。旅游资源是旅游产品开发的硬件条件，开发者要了解旅游资源的规模、等级、位置、特点、环境等，掌握旅游资源的基本状况，为旅游产品开发提供创意、决策等。对目标市场的调查主要是确定细分市场、了解潜在目标市场的规模、目标市场对旅游产品的基本要求及个性化需求等。

2. 创意构思

开发者根据前期调研，分析资源特色，对旅游产品的类型、内容进行创意构思，提出旅游产品的开发策略，确定开发重点。在创意构思阶段，开发者尽可能提出各种可能性，既可以来自组织内部（例如管理层、普通职员等），也可以来自组织外部（例如顾客、竞争对手等）。采用旅游者调查、德尔菲法等方式集思广益，或者通过竞争对手的广告及其他相关信息，分析竞争对手产品的优势与不足，为旅游产品开发提供创意、思路等。

3. 方案筛选

开发者对各种创意与想法进行筛选，剔除可行性差、不符合企业发展战略的方案。方案筛选遵循如下思路：第一，方案是否与组织的战略目标相一致；第二，方案是否与组织的资金、设备、人才等内部条件相适应；第三，方案是否与市场需求、市场竞争、环境等外部条件相适应。

4. 产品概念化

新产品构思确定后，需要进行概念化，形成产品自有概念，并对其进行评估。产品概念化是指通过语言、图像、文字等系统描述产品构思，形成产品印象，为产品设计树

---

① 傅云新，蔡晓梅. 旅游学［M］. 广州：中山大学出版社，2007：178-179.

立代表性的符号，便于传播推广。

5. 商业分析

商业分析即对旅游产品进行经济利益分析，评估产品开发的可行性与收益率，包括考察新产品的销售额、新产品的成本与利润，根据评估讨论其是否有助于实现组织目标，并对可能出现的风险因素进行归类，制定应对策略。

6. 产品开发

产品开发是旅游产品进入实际开发阶段，将产品概念转化为实体产品的过程，包括项目投资或引资、招聘、培训、购买设施、建设活动等，这是产品由概念转化为实际产品的关键环节。

7. 市场试销

产品开发完成后，在正式进入市场之前，需要先在小范围内试销，根据市场反馈优化完善产品。例如，旅游线路产品的踩线，可邀请业内人士或志愿者提前体验产品线路，提出意见，为正式上市做好充分准备。

8. 正式上市

新开发的旅游产品正式面向市场销售。对于刚投放市场的产品，消费者处于适应了解阶段，产品销售量较小。新产品投放的时机、组合营销手段等都是开发者必须慎重考虑的问题，尤其是在注意力经济时代，要善于通过自媒体等网络手段营造产品热点。

第三节　休闲与旅游产品营销管理

一、休闲与旅游市场营销

(一) 休闲与旅游市场营销概念

休闲与旅游市场营销是指经营者通过对休闲旅游产品和服务的构思、定价、促销和分销等计划和实施过程满足游客需求的经营活动。

我们可以从三个方面理解休闲与旅游市场营销的内涵。第一，休闲与旅游市场营销是经营者以市场交换为中心，以游客需求为导向，在经营过程中协调各种活动，通过为游客提供有形产品或无形服务的方式最大限度实现顾客满意，达到企业的经济目标、社会目标等。第二，休闲与旅游市场营销是一个动态的变化过程。在市场分析、计划、执行、反馈和控制等过程中，经营者要对组织内的人、财、物等资源进行优化配置，因时因势调动各种营销资源以应对外部环境和内部环境的变化，实现组织目标。第三，休闲与旅游市场营销的对象及内容具有多样性。营销的对象不仅包括外部市场的旅游者，还包括旅游组织内部，如旅游企业的内部员工。营销的内容既有针对有形实物、无形服务的营销，也有实物与服务组合的营销。

（二）休闲与旅游市场营销环境分析

1. 宏观市场环境

休闲与旅游产品从研发到投入市场直至最终消亡，都与宏观市场环境密切相关。宏观市场环境因素有人文因素、经济因素、自然因素、科学技术因素、政治法律因素、社会文化因素等，如表4-2所示。

表4-2　休闲与旅游市场营销宏观市场环境因素

宏观市场环境因素	具体内容	举例
人文因素	人口因素：人口总量、人口结构、人口城市化比率、人口流动、人口地理分布等 社会因素：家庭、阶层、亲友、民族等	社会阶层高的群体会选择高档酒店作为出游的住宿场所
经济因素	国内生产总值、人均国内生产总值、个人收入、个人可支配收入、外贸收支状况、消费者支出模式及消费结构、经济增长率等	当国家的外贸收支出现大幅度顺差时，本国货币升值，出国旅游价格相对降低，消费者出国意愿增强
自然因素	自然资源、地形地貌、气候条件、环境状况等	喜来登集团在印度海洋馆实行在得到游客允许后在客人账单上多收费1美元以用于环保项目
科学技术因素	高新科技、技术创新、技术应用、新技术革命等	酒店实行实时的网络连接，了解连锁分店客房的状况，以根据市场需求进行房间价格的调整
政治法律因素	政治因素包括人口政策、能源政策、物价政策、财政政策、货币政策等 法律因素指相关的法律法规等	政府对旅游出国签证的控制，如持有申根签证的游客可以在规定时间内出入任意申根成员国，而无须另外申请签证
社会文化因素	教育状况、宗教信仰、消费习俗、文化等	在伊朗要避免蓝色的宣传标语，因为蓝色在伊朗代表不祥

2. 微观市场环境

微观市场环境包括旅游供应商、购买者、中间商、竞争者、公众以及企业自身等，如表4-3所示。

表4-3　休闲与旅游市场营销微观市场环境因素

旅游微观环境	内容	对营销活动的影响
旅游供应商	它是向旅游企业提供满足经营活动所需要的各种资源的企业，包括原材料、设备、劳务、资金等	影响商品的品质、质量 影响商品的价格 影响商品的及时性
旅游中间商	它是处在旅游生产者与旅游者之间的帮助企业寻求顾客与促成顾客购买的企业或个人，包括经销商、代理商、批发商、零售商等	介入旅游产品营销活动，促进产品销售 向旅游者提供不同的产品组合以满足不同旅游者的需求 加强旅游产品供给者与旅游者之间的沟通，加强双方的信息交流

表4-3(续)

旅游微观环境	内容	对营销活动的影响
旅游购买者	它包括个体购买者与组织购买者	个体购买者基数大、需求差异明显、小型购买者偏多。组织购买者数量少但购买规模大、价格需求弹性较小，营销者对两类购买者采取不同的营销策略
竞争者	可分为四个层次的竞争者：品牌竞争者、行业竞争者、形式竞争者、一般竞争者	竞争者的数量及规模 旅游者的需求与竞争者供给之间的关系
公众环境	它包括金融公众、市民公众、政府公众、社区公众、媒体公众、企业内部公众等	公众环境对企业营销活动的影响具有正面（积极）和负面（消极）两类，企业应处理好与公众环境的关系
企业自身	它包括企业内部人员、管理水平、规章制度、资金状况、基础设施、企业文化以及组织结构等	管理水平、规章制度影响营销的工作效率，资金状况及基础设施等决定营销活动的规模大小，企业文化能调动员工积极性、创造力及凝聚力，组织结构则影响企业各个部门的协调沟通水平

二、STP 营销战略

市场细分最早由温德尔·史密斯提出，后来由菲利浦·科特勒发展成为成熟的 STP 理论。STP 是市场细分（segmenting）、目标市场（targeting）、市场定位（positioning）的总称。企业通过细分市场并结合自身实际明确合适的目标市场，把产品或服务定位在目标市场中的确定位置。菲利浦·科特勒将战略营销分为六个步骤：第一，识别市场细分的基础；第二，开发市场细分的市场概况；第三，开发细分市场吸引力的衡量尺度；第四，选择目标市场；第五，为目标市场开发定位；第六，为每一细分市场开发出营销组合[①]。

（一）市场细分（S）

1. 定义

市场细分在市场营销中占有重要地位。市场细分是指生产者收集、整理有关现有顾客群与潜在顾客群的信息资料，以产品是否能最大化地满足顾客需求为参考依据，选择部分顾客群作为特别关注焦点的过程。我们在进行旅游市场细分时，要从分析旅游者群体需求入手，对旅游者需求进行归类，针对归类后的市场采取相应的营销措施。有效的市场细分一方面要有利于旅游企业寻找市场机会，扩大市场占有率；另一方面也要有利于旅游企业确定服务方向、产品策略等，从而制定出有效的营销策略和竞争策略，提高企业的竞争力。

---

① 菲利浦·科特勒，加里·阿姆斯特朗. 市场营销学原理 [M]. 10 版. 赵平，等译. 北京：清华大学出版社，2005：188.

2. 市场细分类型

根据市场属性，可分为静态属性细分和动态属性细分①。

静态属性细分包括地理和人口统计两方面因素的细分。在旅游中，地理因素指旅游市场中旅游者的生存、生活环境。地理因素包括旅游者所处的地理位置、地形与气候、空间位置、人口密度、城市规模等。人口统计因素包括年龄、性别、职业、受教育程度、婚姻状况、收入、种族、国别、家庭规模等。人口统计因素常常成为市场细分的依据，因为它与消费群体的偏好、习惯等息息相关，且相较于其他类型的变量更容易衡量与辨认。例如，不同年龄阶段人群所组成的市场呈现不同的特点，青少年市场更加年轻、活泼，喜欢刺激、求新，但消费水平较低；中年市场更加理性化、人口基数大，消费水平相对较高；老年市场则怀旧色彩浓厚，收入稳定且时间充足。

动态属性细分根据变动的属性进行，反映了消费者的个体人格特征，包括心理因素和行为因素两方面的细分。心理因素指消费者的生活方式、性格特征、态度、兴趣、心理、动机等心理特征。由于旅游者实现旅游活动的外部条件以及个人旅游动机的差异等，即使旅游者消费抉择在同一地理维度和人口统计维度上，也会出现不一样。例如，根据性格划分，可将消费群体划分为内向型、外向型两种，按生活方式划分，可以分为传统型、新潮型、简朴型、奢侈型等。行为因素指按照消费者的不同购买动机、购买行为特征、购买时间、偏好程度、使用频率、消费特征等进行市场细分。例如，根据购买动机划分，可以将旅游市场划分为观光型、商务型、会议型、度假型等。

根据因素组合划分，可以分为完全细分、单因素变量细分、多因素变量细分市场。完全细分是将旅游市场上的每一个顾客都当成一个细分市场单元。单因素变量细分，即只依据某个指标进行细分，如按照性别将市场划分为男、女两个细分市场，按人口密度将市场划分为城市、农村。多因素变量细分，即选择两个或者两个以上的因素变量进行市场细分。例如，按照生活方式、职业、年龄、性别的不同，可以将旅游市场细分出女性青年白领轻奢型旅游市场。

（二）目标市场（T）

1. 目标市场定义与评估

目标市场是指企业按照一定标准将市场细分后决定进入的市场，该市场的需求将成为企业重点经营对象。市场细分为旅游企业提供了各种可能性，企业需要对各细分市场进行评估后再做选择。企业所选择的细分市场需要具有可分离、对企业有明显的经济利益，同时保持与企业的形象一致的特点。

评估细分市场需要考虑细分市场的规模和增长率、细分市场的结构性吸引力以及企业的目标与资源三个因素。一是细分市场的规模和增长率。一般来说，大企业偏好大市场，中小型企业则为了避免与大企业发生激烈竞争，通常选择更小的市场。比如，初创旅行社将目标指向某一特定区域的家庭定制游市场。二是细分市场的结构性吸引力。旅游企业以营利为目的，某一细分市场的潜力越大，其长期获利的期望值就越大，市场结构性吸引力也越强。波特五力模型指出，影响市场长期盈利的因素有行业竞争、潜在进

---

① 马爱萍. 21 世纪旅游产品营销战略与策略［M］. 北京：中国水利水电出版社，2007：28-30.

入者、替代者、购买者以及供应者五个方面，企业均需充分考虑。三是企业的目标与资源。旅游企业在经营中要明确长期发展目标，选择符合企业长期发展目标的细分市场，并合理配置资源。

2. 目标市场策略

旅游企业在选择目标市场范围时可以采用无差异化营销、差异化营销、集中营销三种策略。一是无差异化营销。它是指旅游企业不考虑市场内旅游者的潜在差异，将整个市场看成同质化的并且为整个市场只提供单一的产品供给，聚焦于旅游者的共性。二是差异化营销。它是指旅游企业不只开发一个细分市场，而是同时以几个细分市场为目标，分别提供对应的产品和服务，满足不同市场的需要。例如，希尔顿酒店针对商务旅游市场、度假旅游市场和家庭旅游市场等制定了不同的营销组合策略。采用差异化营销有利于满足不同旅游者的需求，扩大市场占有率以及有利于分散经营风险，但同时也会增加营销成本和经营费用。差异化营销适用于规模较大的、营销能力较强的、技术水平与开发能力较强的旅游企业。三是集中营销。它是指旅游企业将自身的资源和营销集中于某一特定的或者少数的细分市场，为该市场的旅游者提供更专业的生产和销售以及服务。采用集中营销策略的企业放弃了在一个较大的市场获得较小占有率的机会，而选择在较小的市场获得较大占有率以获取尽可能更多的利润。集中营销策略能使企业在产品的生产、服务、销售等方面更加专业化，同时适当地降低旅游企业的营销成本，但是也使企业无形中过度依赖于某一市场，增加了经营风险，若外部市场发生巨大波动，就会使企业经营陷入被动局面。

（三）市场定位（P）

1. 定义

市场定位是指通过识别消费者需要，把产品或服务确定在目标市场中的一定位置，使消费者对该产品或服务产生优于竞争产品或服务的认知过程，包括对旅游目的地、旅游企业和旅游产品的定位。科特勒认为定位就是根据潜在顾客去采取行动，将产品定位于潜在顾客的心中。准确的市场定位一方面来自对目标市场需求的准确认识，另一方面来自对竞争对手的了解。

2. 定位过程

定位过程分为识别竞争优势、选择竞争优势以及传递定位意图三个步骤。首先，识别竞争优势。旅游企业在进行定位之前要识别出企业有别于竞争对手的可能性竞争优势，以其作为定位依据。市场往往不止一个竞争对手，为了区别于其他竞争对手，企业可以从产品、服务、人员、渠道以及形象等方面打造差异化优势。可以对产品的特征、品质、风格等进行差异化打造，也可以从人员的培训、仪态等方面打造差异化。其次，选择正确的竞争优势。旅游企业在识别自身潜在的竞争优势之后，需要选择正确的竞争优势以区别于竞争对手，形成自身独特的竞争优势。在研判顾客对产品特征或属性认知的基础上，有针对性地塑造产品与众不同的鲜明个性和品质，并通过营销策略有效传达给顾客，获取市场认同。最后，传递定位意图。旅游经营者需要向目标市场准确地传达旅游目的地、旅游企业以及旅游产品的定位意图。通过企业内部沟通，确定向主要目标消费者有效传播的方式，以使消费者有效感知企业的旅游产品和服务。

三、营销组合策略

（一）产品策略

1. 产品品牌策略

美国市场营销协会对品牌的定义为：品牌是一种名称、术语、标记、符号或设计或组合运用，目的是辨认某个销售者或某群销售者的产品及服务，并使之同竞争对手的产品和服务区别开来①。品牌可以通过文字、语言、图案、图形、颜色等多种形态表达。从旅游企业服务角度来看，企业生产产品、提供服务的过程就是创立和传播品牌的过程。旅游产品的品牌策略有产品线扩展策略、品牌扩展策略、多重品牌策略等②。

（1）产品线扩展策略，即用相同的品牌推出与已有产品同类的新产品项目，其优势在于企业已有良好的市场基础，扩展产品线能更好地满足市场上消费者的需求。但是新推出的产品与原有产品同时也形成了竞争关系，而且一旦新产品不能获得市场认可，则可能出现新产品线入不敷出的情况。

（2）品牌扩展策略，即用相同的品牌推出不同类别的新产品项目。采用市场熟知的品牌推广新类别产品，能使消费者快速了解和接受，节约新产品推出所需的营销费用等。但如果消费者对新产品不满意，则可能会造成对该品牌的误解，降低该品牌原有的声誉，影响该品牌的其他产品。

（3）多重品牌策略，即对同一产品采用两个或两个以上的品牌。消费者的不同购买动机、产品诉求等因素会影响企业选择多重品牌策略，有利于企业通过不同品牌的宣传提升形象，也有利于产品线扩张。但是品牌间的竞争会导致资源分布不均，可能使得每一品牌的利润都不高。

2. 产品组合策略

影响旅游产品组合的因素主要有旅游消费者的需求、旅游企业的生产能力、旅游企业的目标市场以及竞争企业的状况等因素。在选择旅游产品以进行组合时，还得考虑产品组合的广度、深度以及产品组合的相关性三个方面③。产品组合的广度指企业生产和经营的旅游产品数量的多少。产品组合的深度指某一旅游产品中种类项目的多少。产品组合的相关性指企业进行旅游产品生产的设施设备之间的一致性。从这三个方面入手考虑产品的组合策略，可以包括扩大或缩小产品组合的广度，也可以包括发展旅游产品组合的深度。具体可分为四种策略：

（1）扩大产品组合策略，即拓宽产品组合的广度，扩大经营规模。例如，旅行社进行旅游线路的扩充，提供多条旅游线路；酒店扩大经营范围，提供多样的住宿条件等。

（2）缩小产品组合策略，即收缩产品组合的广度，缩小经营范围。例如，原来做欧洲游的旅行社，因发展需要，将业务范围缩小至只做北欧精品化路线。

---

① 谢彦君，梁春媚. 旅游营销学［M］. 北京：中国旅游出版社，2008：272.
② 吴必虎. 区域旅游规划原理［M］. 北京：中国旅游出版社，2001：401.
③ 赵西萍，黄越，张宸璐. 旅游市场营销学［M］. 北京：高等教育出版社，2011：154.

（3）改革现有产品的策略，即对现有的旅游产品进行深度上的改造，提高产品的质量。例如，某企业原有欧洲游线路中有法国酒庄一日游，主要以参观酒庄为主，现将其升级为三日游，除参观酒庄之外，增加品尝和酿造葡萄酒体验活动。

（4）高/低档产品策略。高档产品策略是提高现有旅游产品的档次，增加高档产品项目，以此作为提升产品形象的卖点。低档产品策略是在原有旅游产品中增加低档产品的项目，使旅游产品更加大众化，吸引经济型消费者选择该产品，提升产品的销售额。

（二）价格策略

对于不同阶段的产品有不同的定价方式，常见的定价策略有产品捆绑定价策略、价格调整策略、心理定价策略等。

1. 产品捆绑定价策略

捆绑定价就是将两种或两种以上的旅游产品进行捆绑，然后以低于其单价之和的价格进行定价。捆绑定价的好处是可以将在市场上销量不好的产品捆绑在受市场欢迎的产品里一起售卖。例如，旅行社将淡季机票与环境、口碑较好的酒店给予一定价格折扣进行捆绑售卖。

2. 价格调整策略

产品价格不会一成不变，旅游企业经营者会根据外部条件和内部环境的变化适时进行调整。价格调整策略如折扣定价和歧视定价策略等。

（1）折扣定价。旅游企业为了激励游客购买产品，采用不同的折扣方式吸引消费者，包括数量折扣、季节性折扣、现金折扣、同业折扣和佣金等。数量折扣指旅游企业根据消费者购买产品和服务的数量或者总金额而给予不同的折扣价格。例如，旅游团购，超过 20 人的团购按照原价的 9 折给予优惠。季节性折扣指企业根据旅游淡旺季给予折扣，如景区执行淡旺季门票价格。例如，峨眉山风景区，旺季为 1 月 16 日至 12 月 14 日，门票全价 160 元/人，半价 80 元/人；淡季为 12 月 15 日至次年 1 月 15 日，门票降为全价 110 元/人，半价 55 元/人。现金折扣指对及时付款或者提前付款的消费者给予价格折扣的方式。同业折扣和佣金又称功能性折扣，指旅游产品供应商根据各类中间商营销中提供的服务和功能的差别给予相应的价格折扣。例如，美国雷迪逊旅游公司给予旅行社 15% 的折扣等。

（2）歧视定价。旅游企业在同一时期对同一旅游产品采取不同的定价策略，通过个性化定价、群体定价、版本定价等方式，使供应商获得尽量多的消费者剩余，保证收回成本与实现利润最大化。现实中，歧视价格是收益管理的重要应用，通过对每个产品的边际利润和销量进行系统分析，根据不同消费细分市场的需求弹性制定价格。

3. 心理定价策略

心理定价是指以消费者的心理特征作为产品定价的依据，常见策略有尾数定价、整数定价、分等级定价、声望定价、招徕定价等。

尾数定价策略即非整数价格，利用价格尾数来招揽消费者，如"9.99""66.6"等。整数定价策略，将原本应该定价为零数的商品价格改为高于这个零数价格的整数，如将 4 985 元的线路产品定为 5 000 元，以迎合消费者自尊、炫耀心理，常用于高端旅游产品定价。分等级定价策略，将旅游产品按照不同的档次、层级进行划分，再根据每个档次的产品分别定价。例如，航空公司有头等舱、商务舱、经济舱之分，高铁分为商务及一、二等座。声望定价策略，利用消费者的高价格等于高质量心理，甚至某些具有社会地位象征的产品，其定价越高越能吸引消费者。招徕定价策略利用消费者追求便宜的心理进行定价，企业对某些商品制定低于市场价或者低于成本的特殊价格来吸引消费者，以促进消费者对其他产品的购买。

（三）销售渠道策略

1. 销售渠道概念与分类

旅游产品销售渠道是指旅游企业或旅游产品供应者通过各种直接和间接的方式，将其产品或服务转移到最终消费者手中的整个流通结构①。旅游产品销售渠道的目的是将产品或服务转移至消费者，在这一过程中，旅游企业既可以借助于旅游中间商，也可以依靠自己的渠道。

根据渠道的长度，我们可以将旅游销售渠道分为长渠道和短渠道。渠道的长度指旅游产品从生产者向最终消费者转移过程中所要经历环节的多少。环节越多，渠道越长；反之，环节越少，渠道越短。例如，"旅游企业—旅游消费者"渠道简单，无中间环节，属于直销；"旅游企业—旅游代理人—旅行总社—地方旅行社—旅游消费者"渠道，则经历了多层中间环节，属于长渠道。

根据渠道的宽度，我们可以将旅游销售渠道分为宽渠道和窄渠道。渠道的宽度指旅游企业销售渠道以及产品销售网点的数目和分布格局，既包括中间商的数目与分布，也包括企业和中间商面向市场销售所设置的销售网点的数目及其分布。数目多、分布广，属于宽渠道；反之，属于窄渠道。

此外，按照渠道类型的多少，还可以将旅游销售渠道分为单渠道和多渠道；按中间环节的多少，可以将旅游销售渠道分为零层次渠道、单层次渠道、双层次渠道以及多层次渠道。还有学者将渠道按是否涉及中间环节，将渠道划分为直接销售渠道和间接销售渠道等。

2. 销售渠道选择策略

旅游企业选择销售渠道时，既要考虑是否方便消费者购买，也要考虑企业组建和维护渠道的成本以及渠道所能带来的收益。产品、市场、企业、宏观政策条件等因素都会影响旅游销售渠道的选择。常见的销售渠道选择策略有：

（1）销售渠道长度策略，即对选择何种长度的销售渠道进行决策，选择直接销售渠道还是间接销售渠道，间接销售渠道要选择多少中间层次等。一般而言，企业优先采取短渠道策略。例如，直接销售渠道，对消费者而言便是以"出厂价"购买产品，没有中间商赚差价，价格优惠。而通过代理商的间接渠道，消费者会产生"羊毛出在羊身上"的心理暗示，认为价格比"出厂价"更高。短渠道也有利于企业与消费者直接沟通。

（2）销售渠道宽度策略，指选择零售网点数目及地域分布，确定中间商数量（规模）的销售渠道方法，分为无限制选择策略和限制性选择策略。前者指旅游企业在自设销售

---

① 林南枝. 旅游市场学 [M]. 2版. 天津：南开大学出版社，2000：219.

点实力有限的情况下，为了扩大产品销量而广泛选择旅游中间商。后者指旅游企业依据销售实力和目标市场态势，在一定的市场区域范围内选择少量旅游中间商作为合作伙伴来销售产品。

（四）促销策略

促销即促进销售，目的是刺激消费者采取购买行动。旅游促销是指旅游经营者为刺激游客产生购买行为，扩大旅游产品销售，塑造企业良好形象而采取的有计划、有目的的沟通活动。旅游促销能向消费者提供旅游信息，促进企业与潜在顾客取得沟通联系，同时更好地突出产品特点，向受众传播旅游特色与定位，强化旅游产品的竞争优势，为企业树立良好的形象以巩固市场地位。商业广告、旅游博览会、季节性折扣、团购优惠、会员等都是生活中常见的旅游促销方式。常用的促销组合元素包括广告、营业推广、人员推销、公共关系。

1. 广告促销策略

广告通过传递信息，使消费者更好地了解产品，让产品迅速渗透市场，树立产品及企业的形象。广告具有传播面广、公众性、形式表现多样、利于传播以及有偿性等特点。制定广告策略，一般要经过广告目标设置、广告预算制定、广告信息决策、广告媒体选择以及广告效果评估五个阶段。

（1）广告目标设置。旅游广告目标分为覆盖面目标、知晓度目标以及理解度目标。覆盖面目标就是将广告的覆盖范围作为广告的考虑核心，知晓度目标就是将广告在消费者中的影响作为考虑重点，理解度目标是让消费者能够用日常生活语言对广告进行解释，即能使消费者非常容易地理解广告。

（2）广告预算制定，即对旅游广告进行费用预算，包括市场调研费、广告设计费、广告制作费、广告媒体租金、广告人员薪资等。怎样在合理的预算内完成目标是营销人员需要慎重考虑的。

（3）广告信息决策，即对旅游广告进行形式与内容的设计。营销者根据广告的目标和预算对广告的信息内容以及广告表现形式等进行合理的、有创意的设计，传递产品的核心价值，向消费者提供关键的信息。

（4）广告媒体选择。在旅游广告内容与形式确定后，企业便要考虑使用哪一类的媒体来将广告有效地暴露、呈现给消费者。常见的大众媒体包括报纸、杂志、电视、广播、户外广告以及网站、社交平台、公众号自媒体等。

（5）广告效果评估。传播效果和销售效果是评估旅游广告效果的两个重要指标。广告传播效果的评估可以根据市场调查了解消费者对广告的评价，销售效果可以根据产品的销售额、销售增长率来评定。

2. 营业推广策略

营业推广指旅游企业运用各种短期诱因鼓励消费者购买企业产品或服务的促销活动。在旅游业中常用的营业推广方式有针对旅游消费者的营业推广、针对分销商的营业推广以及针对销售队伍的营业推广三种①。一是针对旅游消费者的营业推广。价格优

---

① 谢彦君，梁春媚. 旅游营销学［M］. 北京：中国旅游出版社，2008：338-344.

惠、赠券、销售点展示、附赠产品和附加服务、比赛、抽奖和游戏、捆绑销售等都是有效的营业推广方式。二是针对分销商的营业推广。分销商连接旅游供应商与消费者，针对分销商的营业推广既能促进分销商的销售额，又能帮助分销商更好地熟悉旅游供应商的产品。常用于对分销商的营业推广有销售奖励、旅游销售展示、培训活动、销售竞赛和抽奖活动等。三是针对销售队伍的营业推广。此类推广通常采取奖金、特别推销金、销售竞赛等手段。

3. 人员推销策略

人员推销是直接面向顾客展示旅游产品的方式，包括刺激反应模式、决策程序模式、公式化推销模式、需求满足模式以及问题解决模式等。刺激反应模式，即销售人员通过设计的言行来刺激和引导旅游者产生相应的反应，常用于电话推销和营业场所现场推销。决策程序模式，即销售人员根据旅游者消费购买过程中不同阶段的心理特征进行推销，适用于外部推销，尤其是业务量大、对旅游者投入较高的消费项目。公式化推销模式，即 AIDA 策略，强调唤起顾客的注意（attention）、兴趣（interest）、欲望（desire）、行动（action），适用于得知顾客需求时采取有效策略主动争取顾客。需求满足模式，即根据顾客的不同需求进行产品介绍、产品推销，在适当情况下，还可以根据顾客的个性化需求提供定制旅游产品服务。问题解决模式，即在明确顾客问题的基础上，为顾客提供最佳的问题解决方案，通过产品购买和消费，实现问题的圆满解决。

4. 公共关系策略

旅游公共关系指旅游企业为维持和改善与社会公众的关系，促进公众对旅游企业的认识、理解及支持，达到树立良好企业形象、促进产品或服务销售的目的的一系列活动[①]。旅游企业是旅游公共关系的主体，公众是旅游公共关系的客体。公共关系可以通过收集信息、监视环境、反馈舆论等方式为企业内的各部门提供咨询建议、参考决策等，同时还能以新闻、公关广告等向大众传播和推广企业产品以及塑造企业形象，协调企业内外部的关系，营造内部团结、外部和谐的氛围。甚至在企业出现负面事件、突发事件时，公共关系管理还能及时对企业进行危机管理，挽救企业形象。旅游企业主要的公共关系模式包括宣传型活动模式、交际型活动模式、服务型活动模式、社会型活动模式以及征询型活动模式等。

宣传型活动模式，即利用各种传播媒体及交流方式，向企业内外传播企业形象等，营造对企业有利的舆论环境，促进企业发展。例如，旅游宣传片、产品推介会、产品交流会等。交际型活动模式，即通过人与人的直接接触，联络感情，与他人建立良好的关系网络，培养有利于企业发展的人际关系环境。服务型活动模式，即向公众提供企业的优质服务以示热情和真诚，增强公众对企业的良好印象。社会型活动模式，即通过举办各种社会性、文化性、公益性、赞助性活动，为企业赢得良好声誉，扩大社会影响，塑造企业积极正面的社会形象。征询型活动模式，主要通过采集信息、舆论调查、访问顾客等活动，为企业决策提供客观依据。

---

① 王成慧，陶虎. 旅游营销学［M］. 北京：高等教育出版社，2006：325.

（五）其他营销策略

1. 网络营销

旅游网络营销是旅游经营者以互联网为基础，利用网络数字化信息及相关网络媒体协助旅游组织达到营销目标的新型市场营销方式。网络营销具有互动性、个性化、整合性、跨时空性等特点，通过网络，旅游者与旅游组织之间的互动增强，企业可以根据旅游者的访问信息建立数据库，为旅游者推介个人偏好的产品和服务，旅游组织还可以通过网络将不同类型的营销活动进行整合、协调规划，为消费者提供多种体验方式。除了旅游企业与旅游者之间的互动，旅游者、潜在旅游者之间也可以通过互联网进行信息分享，由原来的 AIDMA 模型转向 AISAS 模型[1]，如图 4-2 所示。消费者主动分享能更好地促进产品或服务的推广和销售。

图 4-2　AIDMA 模型与 AISAS 模型

在旅游业中采用网络营销方式，可以发挥品牌建设、提供旅游者服务、销售促进、维系消费者关系、网上调研等作用。网络营销是传统营销在互联网环境下的发展和延伸，是企业所有营销策略中的一部分，而且网络营销不等同于在线销售及电子商务，其目的与其他营销方式一致，都是促进产品的销售，而不是直接进行产品交易。

常用的网络营销策略有：旅游企业网站营销策略、旅游企业搜索引擎策略、旅游企业病毒营销策略[2]。旅游企业网站营销策略，主要包括网站品牌形象塑造、旅游网站竞争等。好的网站品牌形象对于建立顾客的忠诚度有直接作用，旅游网站要注重提高自身的可信度，提供便利的网站导航，明确的信息来源，及时更新网站内容，注重界面的优化更新。在旅游网站竞争方面可以采用抢占先机策略、专一化策略、隐形进攻策略等。旅游企业搜索引擎策略，主要是帮助用户查询地址，既要便于检索，也要便于用户点击使用，充分考虑用户的接受便捷性、亲和性和人机友好性。另外，关键词广告和旅游搜索引擎也是利用搜索引擎进行网络营销的手段。旅游企业病毒营销策略，是指由企业发起人发出产品最初信息，再由用户自发进行口碑传播的一种营销方式，如微博话题、微信传播、抖音传播、邮件链接等。

2. 体验营销

体验营销是伴随着体验经济而产生的新型营销方式。旅游者的消费结构更加注重产品和服务中的情感因素，消费内容越来越偏爱个性化的产品和服务，愿意自主参与产品

---

① 金永生，王睿，陈祥兵. 企业微博营销效果和粉丝数量的短期互动模型 [J]. 管理科学，2011（4）：73-85.

② 舒伯阳. 实用旅游营销学教程 [M]. 武汉：华中科技大学出版社，2008：346-350.

和服务的设计，享受消费产品和服务的过程。体验营销要求旅游场景以主题为基础、产品设计以体验为导向、营销活动以游客为中心。常见的体验营销方式有感官营销、情感营销、思考营销、行动营销、关系营销。

（1）感官营销，是指通过人的视觉、听觉、触觉、味觉、嗅觉为旅游者创造直觉体验的感受。利用各种颜色、图案等美的元素，给游客以审美愉悦体验，对游客的感官带来冲击，刺激旅游者心灵以引发其购买行为。例如，瑞士米伦，空气清新，有着精心装饰的木屋，五颜六色的鲜花，温馨多样的农家小菜园，在视觉、嗅觉、触觉上都给人以舒适、静谧之感。

（2）情感营销，是指通过营造情景和氛围建立旅游者与旅游企业的情感纽带。情感营销能更好地营造营销环境，提高游客的体验与忠诚度，为企业赢得更好的口碑。例如，在电影《海角七号》中，台北都市是战场，恒春小镇是故乡，以电影唤起都市人的乡愁。

（3）思考营销，是指通过创意形式触发旅游者思考，以启迪智慧、感悟生命。例如，贵州兴义举办的国际山地旅游暨户外运动大会，以山地自然环境为载体，以攀登、探险、考察、野外拓展等为特色，要求参与者发挥主观能动性、团队协作精神，积极思考如何解决旅途中碰到的各种问题。

（4）行动营销，是指通过旅游者的身体体验影响旅游者的价值行为。例如，禅修旅行，将修身养性与休闲度假结合起来，让游客通过吃素斋、坐禅、听禅、抄经、习武等项目，了解禅宗知识、舒展身心，进行一场"心灵的旅行"。

（5）关系营销，是指通过融合个体与社会群体，满足旅游者的自我完善与社会认同需要。它包含感官、思考、行动等层面，是一种联动性强、综合性高的混合体验营销模式。例如，西藏比如县苏毗·娜秀文化旅游艺术节，将游览观光、民族美食、传统歌舞、游客互动、特色产品展示、体育运动、非物质文化遗产体验等诸多元素融为一体。

3. 绿色营销

旅游绿色营销是指旅游活动中涉及的交通、景区景点、酒店、旅行社等旅游企业均以绿色低碳为经营理念，突出对生态环境的保护。这是绿色营销理论在旅游业中的具体应用。

一是饭店绿色营销组合，包括绿色产品及服务组合、绿色沟通组合、绿色展示组合三方面，以节约资源、保护环境、营造无污染无公害的环境为目标进行饭店营销活动。对于绿色产品和服务，要注重采用绿色包装、绿色环保标志，进行绿色产品开发，如采用无毒、易降解的材料，推广优质、营养的绿色食品等。在绿色产品展示组合上，要注意服务环境的绿色展示、服务人员的绿色展示，鼓励员工参与环保活动等。在绿色沟通组合方面，要承担对消费者的旅游教育，进行绿色促销，如进行绿色饭店知识传播、开展绿色赞助活动等。

二是绿色旅行社营销组合。第一，开发绿色旅游产品。如设计生态旅游线路、提供绿色旅游交通、提供绿色导游服务等。第二，制定绿色旅游产品价格。将环保支出计入产品的成本，实施污染者付费等措施。第三，选择绿色旅游产品销售渠道。选择环保观念、绿色观念强的代理商等。

4. 事件营销

事件营销是指通过策划、组织和利用具有新闻价值、社会影响的人、事、物等吸引媒体和社会成员的兴趣与关注，最终达到营销旅游产品或服务的目的。事件营销具有目的性强、成本低、效果显著、新颖性足、风险不可控等特点。旅游中常使用的事件营销策略有体育事件营销、会议会展事件营销、城市节庆事件营销、影视旅游事件营销以及民族节庆事件营销等。

（1）体育事件营销，即基于体育赛事的影响力、关注度进行吸引旅游者的营销活动。其典型代表是"奥运营销"。例如，VISA 公司与奥运会举办城市的旅游管理机构结成战略联盟，在奥运会举办期间，通过多元化的营销手段影响 VISA 持卡人与潜在客户，刺激他们在奥运会举办东道国进行旅游和消费的欲望。还有，一年一度的西昌邛海湿地国际马拉松赛，每年都能吸引数万名各地的康体旅游爱好者，也得益于当地旅游机构的事件营销。

（2）会议会展事件营销，即利用展销会、博览会、交易会等对旅游目的地、旅游景区等进行一系列的营销活动。例如，新疆喀纳斯景区、可可托海景区曾在杭州举办"原始热爱、趁 G 启杭"专场旅游推介会，利用该推介会来提高喀纳斯、可可托海旅游的知名度和美誉度。

（3）城市节庆事件营销，通过节庆事件展示旅游城市的形象，提高城市知名度，促进城市旅游发展。城市节庆事件营销要注意加大宣传力度，有创新点，加强旅游节庆的文化内涵。例如，新疆吐鲁番高昌区承办的第 26 届中国丝绸之路吐鲁番葡萄节，以"吐鲁番的葡萄熟了"为主题，通过举办葡萄展示、葡萄酒品尝等活动，展示吐鲁番景区建设、旅游产业链条打造、乡村旅游发展等成果，进行新疆吐鲁番旅游营销。

（4）影视旅游事件营销，以影视作品为亮点开展旅游事件营销，主要有借影视发展旅游景区、借影视塑造旅游主题、借影视策划旅游项目三种模式。例如，《奔跑吧兄弟》第四季的拍摄地就在其指定的主题乐园方特旅游度假区内，以影视播放的方式来推广方特旅游度假区。葛优主演的《非诚勿扰》带火了杭州西溪湿地；韩国借用《大长今》的影响力来开发展示韩国传统文化的大长今主题公园；福建永定土楼旅游开发商花巨资赞助电影《一步之遥》，并在后期围绕该电影开发了旅游线路。

（5）民族节庆事件营销。例如，西班牙的布尼奥尔镇每年一度的西红柿狂欢节。在每年八月，该镇的居民以及来自世界各地的游客就会涌上街头，以成吨的西红柿为武器，互相投掷，场面热闹非凡，众人在西红柿泥雨中欢度狂欢节。

案例

梅花山：如何打造一个开放式的乡村旅游景区

福建梅花山自然保护区是国家级森林和野生动物类型自然保护区，保护区地处福建西南部，是武夷山脉南段与博平岭之间的玳瑁山的主体部分，为上杭、连城、龙岩三县（市）交界地带，俗称"梅花十八洞"。当地有关部门充分发挥乡村各类物质与非物质资源富集的独特优势，利用"旅游+""生态+"等模式，推进农业、林业与旅游、教育、文化、康养等产业深度融合，打造了"梅花山，一个既不设围墙且无须门票的开放式泛乡村旅游景区"新思维、新创意和新业态。

一、梅花山泛乡村旅游的景区概念

所谓"泛乡村旅游景区"，核心在于"泛"字，它提出了局部全域旅游的新型理念。我国乡村旅游多以古村落或古乡镇为独立单位，各自为政，梅花山景区则形成了十几个乡镇数十个自然村大兵团联合作战模式。每一个自然村就是一个野奢部落，每一个自然村都有一个不同主题；集小我成大我，集小局成大局，集小景区成大景区；小资源可做大文章，小投入享有大未来，这是梅花山泛乡村旅游景区的魅力所在。

二、梅花山泛乡村旅游的资源禀赋

享有"北回归荒漠带上的绿色翡翠"之誉的梅花山层峦叠嶂，海拔千米以上高峰70余座，森林覆盖率高达89%，珍稀动植物资源丰富多样，其中的山体景观（狗子脑、庙金山、棋盘石、羊角石等）、水域景观（清水溪、汶水溪、七口龙潭、鲤鱼寨瀑布等）、生物景观（杜鹃花海、杉木林王国、南方红豆杉群等）、天象景观（日出、云雾、彩虹、霞光、星空、佛光等）、水文景观（汀江、闽江、九龙江三江发源地等）等异彩纷呈。有闽西民谣为证："梅花十八洞，洞洞十八洋，洋洋十八里，里里十八窟，窟窟十八只金交椅。"

三、梅花山泛乡村旅游的区位交通

梅花山的外部交通：环绕梅花山周边的连城县拥有国家4A级旅游区冠豸山石门湖、竹安寨九龙湖、培田古村落及新近开放的赖源幽琴洞等景区；上杭县拥有国家4A级旅游区中国虎园、红豆杉生态园及国家5A级旅游区古田会议旧址等景区；新罗区拥有国家4A级旅游区龙崆洞及梅花湖、天宫山、江山睡美人等景区；相邻永定区拥有闻名海内外的世界文化遗产永定土楼等系列景区。加之冠豸山军民两用机场及四通八达的高速公路和高速铁路，闽西立体化交通枢纽的格局保障了梅花山外部交通的畅行无阻。

梅花山的内部交通：梅花山星罗棋布的生态古道三步一竹林、五步一溪沟，深潭叠瀑，泉水叮咚，不知名的奇花异草、奇石怪岩比比皆是，偶遇飞狐、锦鸡，种种惊掠骚扰，不足为奇。梅花山古道奇观是徒步旅游者趣味远足、康乐徒步的乡村景区重点线路之一。

四、梅花山泛乡村旅游的政策保障

当地有关部门联合组建了属地行政服务机构，建立"旅游咨询、旅游工商、旅游税务、旅游卫生、旅游环保、旅游消防、旅游警察、旅游质监、旅游法庭"等综合性监管机构，集中、迅速、有效地处理旅游纠纷，为梅花山泛乡村旅游景区的经济、社会发展和环境安全保驾护航。

五、梅花山泛乡村旅游的主题内涵

"差异化的资源禀赋，非凡的游线产品，超前的市场需求和免费的景区门票"是梅花山泛乡村旅游兴盛的根源。在保护性开发、多主题发展的前提下，当地相关部门标新立异地策划了受众广泛的"徒步、骑行和自驾"三大梅花山泛乡村旅游的精致组合游线。轻装简行的徒步之旅、绿色环保的骑行之旅、依山傍水的自驾之旅、恬静淡雅的民宿之旅、耕读游学的农业之旅、猎奇寻幽的探险之旅、安闲自在的养生之旅，无不透露着梅花山的野奢风情。

资料来源：张建平. 梅花山：如何打造一个开放式的乡村旅游景区 [EB/OL]. (2017 -03-24) [2020-03-20]. 旅游圈, http://www.dotour.cn/27829.html.

◆案例讨论

1. 查询资料，设计梅花山某一主题线路产品，运用产品生命周期理论进行分析，说明其现处于生命周期的哪个阶段，具有怎样的特点。

2. 学习并运用相应的营销工具对梅花山的旅游市场营销环境进行分析，再运用 STP 理论为梅花山制定营销战略。

3. 根据所学知识，为梅花山策划一场营销推广活动。

思考题

1. 搜集资料，通过查阅相关文献，探讨不同学者对于休闲与旅游产品的定义，除了从旅游需求和旅游供给两方面进行理解之外，还可以从哪几个方面进行理解。

2. 你是否同意"脱离了旅游资源的产品就不能称之为旅游产品"的说法？为什么？

3. 旅游产品生命周期有哪几个阶段？每个阶段具有什么样的特点？你认为哪些因素会影响产品的生命周期？

4. 回顾旅游产品生命周期理论，选择一个你熟悉的旅游产品，运用该理论进行分析。

5. 本章介绍的营销组合基于旅游产品的 4P（产品、价格、渠道、促销）理论。除此之外，还有基于客源市场的 4C 理论（互联网背景下已发展到 5C）的营销组合。查找资料，明确 4C 理论的内容，并将 4P 组合要素与 4C 组合要素进行对比分析。

6. 互联网背景下诞生了多样化的营销方式，请查询资料了解现在有哪些新的营销方式。

第五章
休闲与旅游市场

➤学习目标

市场承担着商品交换和价值实现的核心功能，具有十分重要的作用。本章着重讲解休闲与旅游市场概念，旅游市场的特征、作用和体系，以及三大旅游市场的现状，包括入境旅游市场、出境旅游市场和国内旅游市场。

本章学习目标：

★理解休闲与旅游市场的概念。

★认识旅游市场的特征、作用及体系。

★了解入境旅游市场的发展历程、结构特点及接待现状。

★了解出境旅游市场的发展历程、结构特点及主要影响因素。

★了解国内旅游市场的发展历程、特点及未来发展趋势。

第一节 休闲与旅游市场概述

一、休闲与旅游市场的定义

休闲与旅游市场是社会生产力不断发展，旅游商品化与社会化的产物。一般可以将休闲与旅游市场划分为狭义和广义两种。

（一）狭义的市场

狭义的休闲与旅游市场，指在一定时间、地点范围内，对休闲与旅游产品有需求且有消费能力的现实和潜在休闲与旅游者。简而言之，狭义的市场指休闲与旅游产品的客源市场。狭义的休闲与旅游市场的形成，需具备四个要素：

第一，休闲与旅游者。游客是休闲旅游消费行为的主体，其数量对休闲旅游市场规模有着极大的影响。通常，如果一个国家或地区的总人口多，可能产生的游客数量也就相对较多，该国或地区的休闲与旅游市场规模就越大。

第二，休闲与旅游购买力。它是指人们购买休闲旅游产品的支付能力。休闲与旅游购买力也是决定市场规模的一个重要因素，是构成休闲与旅游需求的经济基础和物质条件。通常，随着人们可支配收入的提高，旅游购买力也会相对提升。但在同等的可支配收入下，人们的旅游购买力还会受到不同程度的购买欲望的影响，购买欲望强，购买力也更强。

第三，休闲与旅游购买欲望。它是指游客购买休闲旅游产品的需求和主观愿望。对休闲旅游产品的需求是人们为满足自身休闲旅游需要而产生的。休闲与旅游购买力是把游客潜在购买力转化为现实购买力的重要前提。只有当人们同时具有购买欲望和购买力时，旅游市场才能形成。

第四，休闲与旅游权利，即游客购买休闲与旅游产品的权利。比如，跨境旅游中，如果旅游客源国、旅游目的国有政策限制，旅游者无法获取签证，那么即使旅游者同时具有旅游购买欲望和旅游购买力也不能出行。

（二）广义的市场

广义的休闲与旅游市场指在产品交换过程中反映的各种经济行为和经济关系的总和。市场的形成有赖于交换主体、交换客体和交换媒介等重要条件的具备。在休闲与旅游市场中，按供给和需求划分，交换主体分别为休闲与旅游消费者和经营者。而市场的交换客体，则为休闲与旅游产品。交换媒介的范围非常广，凡是能够促成休闲与旅游市场交换的各类手段或者媒介，都是休闲与旅游市场的交换媒介。交换主体、交换客体、交换媒介三类条件彼此连接、相互影响，最终形成休闲与旅游市场。

广义的休闲与旅游市场概念范围相对较大，在理解时应注意：第一，市场包含所有的休闲与旅游交换主体。任何市场的形成都有赖于供给和需求双方。在休闲与旅游市场中，供给方是休闲与旅游经营者，需求方则为休闲与旅游者。休闲与旅游经营者是指在一定时间、一定空间下，愿意并且有能力提供休闲旅游产品的社会组织或群体。休闲与旅游者是休闲旅游产品的消费主体，反映了休闲与旅游市场中需求和消费规模的大小。此外，休闲与旅游市场上还有其他一些交换主体，如为旅游者提供间接服务的企业和机构，以及为旅游经营者提供旅游生产要素的供应商。

第二，市场包含所有的休闲与旅游交换客体。交换客体是能满足休闲与旅游者需求的物质产品和服务的总和。在休闲与旅游客体的交换过程中，产品及服务的使用价值和价值也得到了实现，这使得休闲与旅游市场的社会再生产能够正常进行。如果没有交换客体，那么休闲与旅游市场就无法形成，休闲与旅游活动不能正常展开，游客需求无法得到满足，经营者的经济收益也无从谈起。

第三，市场包含所有的休闲与旅游交换媒介。在休闲与旅游市场日益扩大、日趋复杂的今天，休闲与旅游交换主体和客体间相互发生联系更需要借助一定的交换媒介。货币、互联网、手机、旅游广告等，都属于交换媒介的范畴。随着经济发展和科技进步，休闲与旅游交换媒介的规模和种类也在不断扩大。

二、旅游市场的特点及作用

（一）旅游市场的特点

当前，中国经济已从高速度发展向高质量发展转变，传统的外需驱动型经济模式正积极转向为优化经济结构、扩大消费内需，第一产业和第二产业增速放缓，以商品和服务为主体的第三产业中的旅游业一枝独秀，旅游市场健康快速发展，对经济增长的拉动作用十分明显，对国内生产总值（GDP）的贡献持续增长。如表5-1所示，2019年我国旅游总收入达6.63万亿元，同比增长11%。旅游业对GDP的综合贡献为10.94万亿元，占GDP总量的11.05%。旅游直接就业2 825万人，旅游直接和间接就业7 987万人，占全国就业总人口的10.31%。

表5-1　2010—2019年中国旅游市场主要发展指标

年份	国内旅游人次/亿人次	国内旅游收入/亿元	入境旅游人次/万人次	入境旅游收入/亿美元	出境旅游人次/万人次	旅游总收入/万亿元
2010	21.03	12 580	13 376	458.14	5 739	1.57
2011	26.41	19 305	13 542	484.64	7 025	2.25
2012	29.57	22 706	13 241	500.28	8 318	2.59
2013	32.62	26 276	12 908	516.64	9 819	2.95
2014	36.11	30 312	12 850	1 053.80	10 728	3.73
2015	39.90	34 195	13 382	1 136.50	11 689	4.13
2016	44.35	39 390	13 844	1 200.00	12 203	4.69
2017	50.01	45 661	13 948	1 234.17	13 051	5.40
2018	55.39	51 278	14 120	1 271.03	14 972	5.97
2019	60.06	57 251	14 531	1 313.06	15 507	6.63

资料来源：根据文化和旅游部数据中心信息整理。

一般而言，旅游市场具有多样性、波动性、全球性、季节性和异地性等特点。

1. 多样性

旅游市场的主体是旅游者和旅游经营者。旅游者具有多样化的需求，经营者也会与之相呼应，提供多样化的供给。因此，旅游市场的多样性表现在三个方面：一是旅游产品的多样性。二是旅游产品交换的多样性。旅游有传统的团体包价、散客、自助等方式，消费者既可以选择单一方式，也可以选择组合方式。三是旅游购买方式的多样性。消费者可以通过旅游企业直销购买，或者通过旅行社等企业购买，或者在网上预订购买。

2. 波动性

波动性又可称为高弹性。旅游需求在心理学中属于较高层次的精神需求，对社会政治、经济、国际环境等因素的变化有着极高的敏感性。影响人们需求的因素复杂多变，如工资、汇率、闲暇时间、偏好或者参照群体等因素的变动，都有可能引起旅游需求的变化，使旅游者构成、旅游者数量、购买力等市场因素发生改变，导致旅游市场的波动。

3. 全球性

全球性也可称为整体性。旅游市场已发展为一个全球性市场，世界各地的旅游市场彼此联通成为一个整体。全球性主要体现在两个方面：第一，旅游者的活动范围遍布世界各地。除了传统上代表西方文化的英美国家外，尼泊尔、不丹、土耳其等国也普遍受到游客欢迎，非洲的原始风貌与南极、北极的极寒体验、极光之旅等近年来也受到旅游者青睐，旅游者的足迹遍布全球各地。第二，世界大部分国家和地区都在积极推动旅游业发展，着力提升该国或地区的旅游亲和力和知名度，积极推动国家与国家（或地区）之间的免签证、落地签等政策，鼓励旅游者进行国际旅游消费。

4. 季节性

旅游目的地的气温、降水等自然条件的差异和旅游者闲暇时间分布的不均，导致了旅游市场极为突出的季节性特点。由于节假日的固定分布，利用节假日进行消费的旅游者会使相应的旅游市场出现明显的淡旺季现象。旅游目的地国家或地区，应当根据旅游淡旺季做出合理安排，开发淡季的新型旅游产品，将潜在的旅游需求转化为现实旅游收益。同时，组织好旺季的旅游市场秩序，营造良好的口碑。这样可使旅游市场的淡旺季差异趋于均衡，获得更高的收益。

5. 异地性

旅游产品的主要购买者一般非旅游目的地当地居民，即主要客源市场大多远离旅游目的地。一般产品可以通过运输实现异地销售和消费，而旅游产品必须通过旅游者向旅游目的地的移动来实现消费。因为客源主要来自异地，所以旅游经营者要掌握旅游市场的游客动态和偏好变化，就需要花费更多的精力和时间。

（二）旅游市场的作用

1. 旅游供给与需求的连接作用

旅游市场是保证旅游经济正常运转的重要环节，它为产品的交换提供了空间。旅游市场上存在着不同种类的旅游产品以及形形色色的供给者和消费者，产品只有经过市场交换才能最终销售给旅游者，从而满足顾客需求并实现旅游产品的价值和使用价值，也使得旅游企业可以进行再生产。因此，旅游市场承担着产品交换、实现价值的任务，也是连接供给方和需求方的纽带。

2. 旅游产业健康发展的调节作用

旅游市场调节着旅游经济活动的供求平衡，起到了至关重要的杠杆作用。当供求出现矛盾时（一般表现为供不应求或供大于求），旅游市场的产品价格会出现波动。供不应求时，产品价格上升，旅游者需求相应减少，供给趋于平衡，价格回落。供大于求时则相反。通过价格机制，市场自动调节旅游产品的生产和销售。此外，充满竞争的旅游市场也能够检验企业的服务质量和经营、管理水平，促使旅游企业生产、提供旅游者容易接受、适销对路的产品。

3. 旅游经济运行状况的指示作用

在社会主义市场经济中，旅游市场极为直观地反映了旅游供求双方的动态变化。企业可以通过旅游市场将产品的相关信息传达给旅游者；同时，也可以通过市场掌握竞争企业的相关信息，更好地把握旅游市场环境和动态。旅游市场通过信息传递和反馈，及时客观地反映了市场的供求动态和旅游产业的发展状况，从而成为旅游活动和旅游环境的"晴雨表"。

4. 旅游资源的配置作用

社会资源是有限的，必须对其进行合理分配，而旅游市场承担着配置旅游资源的任务，要充分尊重市场规律，避免过度的行政干预，使市场在旅游资源配置中发挥决定性作用。

（三）旅游市场的体系

旅游需求、旅游供给、旅游产品在时间和空间上相互联系和制约，共同构成了一个有机的市场整体，这就是旅游市场体系。旅游市场体系时刻变化并演进着，在不同时空中，旅游市场体系会随之呈现出不同的作用，我们应当全面把握其构成和动态。

1. 旅游需求市场

旅游需求市场又称为旅游客源市场、旅游客源地，如果把范围扩大至全球，也称为旅游客源国。旅游需求市场是产生和输出旅游者的国家或地区。人们生活水平的提高，促进了旅游者和潜在旅游者数量和需求的增多，从单一的观光旅游需求逐渐升级为观光、休闲、度假、商务、康体等相结合的综合性旅游活动。同时，人们的旅游消费水平也在逐渐提高。

2. 旅游供给市场

旅游供给市场，即在一定地域或行政范围内，向旅游者提供旅游产品的所有企业的集合。旅游供给市场反映出一个国家或者地区所能提供的旅游产品的规模和综合水平。旅游市场的巨大发展空间，使得金融、地产等企业纷纷跨界经营、新建或并购旅游企业，推动了旅游市场的不断扩张，集团化、规模化、连锁化、跨界发展趋势日渐凸显，对旅游供给市场整体的竞争格局产生了重大影响。旅游供给市场结构的不断丰富，适应了旅游需求市场的变化发展，使旅游供给与需求趋于动态平衡。

（3）旅游产品市场

旅游产品市场即旅游市场中所有旅游产品的类型和产品结构的集合。当前，旅游产品的种类不断增加，内涵也逐渐丰富。观光旅游包括自然景观、文物古迹、民族风情等多种旅游吸引物的观光体验，度假旅游也演化出温泉度假、海滨度假、山地度假、森林度假等多种形式。

（4）旅游时空市场

不同的时间和地域存在不同的旅游需求、供给和产品。旅游时空市场可以划分为旅游时间市场及旅游空间市场。旅游时间市场是随着旅游消费季节变化和节事变化而形成的，如冬季旅游市场主要以热带度假、冰雪体验为主，节假日旅游市场则主要以休闲、观光、度假为主。旅游空间市场是旅游者和目的地在不同空间范围产生交换和消费而形成的。按照区域大小不同，可将旅游空间市场分为地区旅游市场、国内旅游市场和国际旅游市场等。

第二节　入境旅游市场

入境旅游是指境外居民进入本国国境以内的旅游活动。入境旅游市场和国内旅游市场对于一个国家或地区的旅游目的地而言，是最为重要的两大客源市场。我国入境旅游市场又称为旅华市场。入境游客是指来中国内地（大陆）观光、度假、探亲访友、就医疗养、购物、参加会议或从事经济、文化、体育、宗教活动的外国人、港澳台同胞等游客。与多数国家先发展国内旅游的历程不同，我国旅游业的正式发展是从入境旅游起步的。

一、入境旅游市场发展历程

自新中国成立至改革开放以前，入境旅游主要以接待归国探亲、观光的海外华侨和具有政治目的的旅游者为主。自 1978 年开始改革开放至今，入境旅游市场发展成效十分显著。1978 年，我国入境旅游市场接待游客仅 180.92 万人次，而 2019 年接待入境游客达 14 531 万人次，是 1978 年的 80 倍。2019 年，入境外国人 3 188 万人次，比 2018 年同期增长 4.4%。2019 年接待香港、澳门和台湾同胞 11 342 万人次，比 2018 年同期增长 2.5%。入境过夜游客 6 573 万人次，比 2018 年同期增长 4.5%。入境旅游人数按照入境方式分，乘船占 2.9%，乘飞机占 17.4%，乘火车占 2.6%，乘汽车占 21.2%，徒步占 55.8%。国际旅游收入 1 313 亿美元，比 2018 年同期增长 3.3%。其中，外国人在华花费 771 亿美元，比 2018 年同期增长 5.4%；香港同胞在内地花费 285 亿美元，比 2018 年同期下降 2.0%；澳门同胞在内地花费 95 亿美元，比 2018 年同期增长 9.4%；台湾同胞在祖国大陆花费 162 亿美元，比 2018 年同期下降 0.2%。具体如表 5-2 所示。

表 5-2　1978—2019 年我国入境旅游市场规模及结构

年份	总计		外国人		港澳台同胞	
	人数/万人次	份额/%	人数/万人次	份额/%	人数/万人次	份额/%
1978	180.92	100	22.96	12.69	157.96	87.31
1979	420.39	100	36.24	8.62	384.15	91.38
1980	570.25	100	52.91	9.28	517.34	90.72
1981	776.71	100	67.52	8.69	709.19	91.31
1982	792.43	100	76.45	9.65	715.98	90.35
1983	947.70	100	87.25	9.21	860.45	90.79
1984	1 285.22	100	113.43	8.83	1 171.79	91.17
1985	1 783.31	100	137.05	7.69	1 646.26	92.31

表5-2（续）

年份	总计		外国人		港澳台同胞	
	人数/万人次	份额/%	人数/万人次	份额/%	人数/万人次	份额/%
1986	2 281.95	100	148.23	6.50	2 133.72	93.50
1987	2 690.23	100	172.78	6.42	2 517.44	93.58
1988	3 169.48	100	184.23	5.81	2 985.26	94.19
1989	2 450.14	100	146.10	5.96	2 304.04	94.04
1990	2 746.18	100	174.73	6.36	2 571.45	93.64
1991	3 334.98	100	271.01	8.13	3 063.97	91.87
1992	3 811.49	100	400.64	10.51	3 410.85	89.49
1993	4 152.69	100	465.59	11.22	3 687.11	88.78
1994	4 368.45	100	518.21	11.86	3 850.24	88.14
1995	4 638.65	100	588.67	12.69	4 049.98	87.31
1996	5 112.75	100	674.43	13.19	4 438.32	86.81
1997	5 758.79	100	742.80	12.90	5 015.99	87.10
1998	6 347.84	100	710.77	11.20	5 637.07	88.80
1999	7 279.56	100	843.23	11.58	6 436.33	88.42
2000	8 344.39	100	1 016.04	12.18	7 328.34	87.82
2001	8 901.29	100	1 122.64	12.61	7 778.66	87.39
2002	9 790.83	100	1 343.95	13.73	8 446.88	86.27
2003	9 166.21	100	1 140.29	12.44	8 025.93	87.56
2004	10 903.82	100	1 693.25	15.53	9 210.58	84.47
2005	12 029.23	100	2 025.51	16.83	10 003.71	83.17
2006	12 494.21	100	2 221.03	17.78	10 273.18	82.22
2007	13 187.33	100	2 610.97	19.80	10 576.36	80.20
2008	13 002.74	100	2 432.53	18.71	10 570.21	81.29
2009	12 647.59	100	2 193.75	17.53	10 453.84	82.47
2010	13 376.23	100	2 612.69	19.50	10 763.54	80.50
2011	13 542.36	100	2 711.21	20.02	10 831.15	79.98
2012	13 240.53	100	2 719.16	20.54	10 521.37	79.46
2013	12 907.78	100	2 629.03	20.37	10 278.74	79.63
2014	12 849.83	100	2 636.08	20.51	10 213.75	79.49

表5-2(续)

年份	总计		外国人		港澳台同胞	
	人数 /万人次	份额 /%	人数 /万人次	份额 /%	人数 /万人次	份额 /%
2015	13 382	100	2 598	19.41	10 784	80.59
2016	13 825	100	2 815	20.36	11 010	79.64
2017	13 948	100	2 917	20.91	11 031	79.09
2018	14 120	100	3 054	21.62	11 066	78.38
2019	14 531	100	3 188	21.93	11 343	78.07

资料来源：根据文化和旅游部数据中心信息整理。

对于入境旅游者的分类，早期统计一般划分为外国人、海外华侨和港澳台同胞三类，由于海外华侨所占比例较小，后来的旅游统计不再单独划分海外华侨，直接分为外国人和港澳台同胞两部分。从表5-2中数据可以看出，随着我国入境旅游市场规模的扩大，入境旅游增速逐渐放缓。受到世界经济危机和人民币汇率变化等因素的影响，入境旅游总人数在小范围内上下波动，但我国入境旅游市场总体保持稳中向好的发展态势。其中，港澳台入境旅游市场所占比重一直较大，在入境旅游市场中始终占据80%左右的份额。

二、入境旅游市场结构分析

(一)港澳台市场

2018年，来自中国香港地区的游客达7 937万人次，占中国内地（大陆）入境游客总数的56.21%，占港澳台游客总数的71.72%。长期以来，中国香港地区始终是中国内地（大陆）最大的入境客源市场。2017年，MasterCard公司公布的一项消费者购买倾向调查显示，香港消费者继续成为亚太区域内最爱旅游的人群。2018年，入境旅游的澳门同胞为2 515万人次，占据中国内地（大陆）入境游客总数17.81%的比重。由于内地（大陆）的中山、珠海等地毗邻澳门，以其相对便宜的物价及丰富的旅游度假资源，成功吸引了大量澳门游客。近年来，随着粤港澳大湾区建设的蓬勃发展，澳门与内地的交流和往来更加密切。

中国港澳地区与内地（大陆）同根同源，内地（大陆）丰富的人文、自然旅游资源构成了对港澳同胞的强大吸引力，港澳同胞的公务、商务、探亲访友、研修、购物、康体疗养等需求比较稳定。随着港珠澳大桥的建成通车，珠海成为内地唯一可以从陆路直通港澳的城市，港、珠、澳三地的旅游合作更加密切。通车仅仅一年，经港珠澳大桥往来三地口岸的旅客总数就达到2 443.45万人次，日均约6.69万人次。港珠澳大桥珠海、香港和澳门三个口岸出入境旅客共计4 886.91万人次，其中珠海口岸出入境旅客约1 418.14万人次，占29%；香港口岸出入境旅客约2 140万人次，占44%；澳门口岸出入境旅客约1 328.77万人次，占27%。港澳市场构成了中国内地（大陆）入境旅游市场稳定的基础市场，同时，这种市场结构也显示出中国入境旅游市场的国际化程度较低、"一日游"游客多、人均花费较低等特征，容易受到外部经济、社会环境变化的影响。

1978 年台湾当局放宽旅游禁令，允许台湾地区居民到祖国大陆探亲，1978 年遂成为台湾同胞入境旅游市场腾飞元年。1988 年祖国大陆接待入境台湾同胞 43.77 万人次人次，1992 年突破百万人次大关，2018 年接待规模达到 614 万人次，30 年间增长了 13 倍。除特殊事件和经济原因导致某些年份人数略有减少外，台湾地区入境旅游市场总体呈增长趋势。自 2015 年 7 月 1 日起，祖国大陆对台湾同胞免签注政策正式实施，台湾同胞持有效"台湾居民来往大陆通行证"（"台胞证"）即可经开放口岸来往祖国大陆并在祖国大陆停（居）留，无须办理签注，为台湾同胞到祖国大陆旅行提供了更为便捷的通道。

（二）国外市场

20 世纪 80 年代，我国入境旅游人数在 5 万人次以上的客源国有 10 个，分别是日本、美国、英国、澳大利亚、菲律宾、法国、新加坡、德国、泰国、加拿大，近程周边国家和远程欧美国家各 5 个，其中，日本和美国占国际入境旅游总人数的 48%左右。90 年代中期开始，我国入境旅游主要客源国中周边国家数量逐渐增多，2018 年的前 10 大客源国中只有美国一个远程国家。近年来的数据表明，我国入境旅游客源国构成相对稳定，超过 40%的入境外国客源市场主要集中在韩、日、美、俄这四大客源国，且越南、缅甸入境游客近年来增幅较大。从区域划分看，超过 2/3 的游客来自亚洲地区，占比高达 76.3%，其次是欧洲地区，占比 12.5%。

1. 韩国市场

自 1992 年中、韩两国正式建交以来，韩国入境旅游市场基本保持高速增长，近年受全球经济衰退影响，增速放缓或有所下降，但从 2005 年起，韩国就多次占据我国入境旅游市场第一大客源国的位置，亚太地区旅游协会（PATA）的分析也显示中国是韩国国民出境旅游首选目的地。韩国入境旅游市场增长的原因主要有以下三点：第一，受益于两国建交后航空运力、海运航线增多，交通非常便利，并且两国空间距离较近，到中国旅游费用相对较低；第二，中韩历史文化交流源远流长，儒家文化是韩国近代文化的核心，韩国民众对中国文化有亲近感；第三，两国经贸关系快速发展也吸引了越来越多的商务游客。

2. 日本市场

日本入境旅游市场的发展比韩国时间更长，2005 年以前，除 1993 年外，日本一直是我国入境旅游第一大客源国，2018 年我国接待日本入境游客 269.14 万人次。作为东亚国家，日本与韩国相似，由于交通便利、文化吸引、费用较低等因素，日本游客对中国旅游情有独钟。中日旅游市场易受中日关系等因素的影响而产生波动。尽管如此，日本仍始终位于我国入境客源国的前五名。

3. 美国市场

美国一直是我国入境旅游市场的主要客源国之一，从 1980 年的 10 万人次上升到 2018 年 248.46 万人次，增长了近 24 倍。美国一直作为远程客源国占据我国入境旅游客源市场的重要地位并且有巨大的市场潜力。该旅游客源市场具有停留时间长、人均消费相对较高的特点。

4. 俄罗斯市场

俄罗斯曾是中国入境旅游市场第三大客源国。近年来，俄罗斯受西方制裁、经济疲软、卢布贬值等因素影响，整个旅游市场低迷，俄罗斯公民出境旅游需求受到抑制，2018 年入境我国游客 241.55 万人次，同比仅增长 2.4%。但随着中俄两国人文各领域交流频繁，旅游合作机制不断完善，一旦俄罗斯经济走出阴影，来华旅游市场将触底反弹，呈现新一轮增长。

5. 越南市场

作为新兴的入境游大国，越南游客大幅增加的主要原因是中越两国边境贸易不断增加，多数来华的游客集中在边境地区，以商务旅行为主。另外，由于中越两国文化接近，针对越南乃至东南亚的入境旅游产品价格相对低廉，品种较为丰富，来中国观光的越南旅客数量也在不断增长。

三、入境旅游主要接待城市

20 世纪 80 年代，中国主要入境旅游接待城市有北京、西安、上海、桂林和广州。而 20 世纪 90 年代以来，京津地区、长三角地区和珠三角地区得到较快发展。2019 年，万事达卡公司发布的世界旅行目的地指数（MasterCard Global Destination Cities Index）显示，在 161 个亚太地区热门旅行目的地中，共有 41 个中国城市，占比约 26%。在亚太地区前 30 大旅行目的地中，有 5 座中国城市上榜，包括香港（第 10 名）、上海（第 12 名）、台北（第 16 名）、广州（第 22 名）和北京（第 25 名）。受益于中国西部地区的后发优势，成都在入境旅游接待方面增速超常，而中部城市武汉作为华中地区第一个拥有洲际直飞航线的城市，其综合实力的不断增强以及对外开放程度的提升，对入境游客的吸引力也在持续增强。西安、桂林、苏州作为较早发展入境旅游接待的城市，保持着绝对量的增长，但相比于其他新兴旅游城市，其市场优势地位有所下降，如表 5-3 所示。

表 5-3　2017 年我国（大陆）城市入境旅游人数与外汇收入

排名	城市	入境游客人数 /万人次	旅游外汇收入 /亿美元
1	深圳	1 207.01	49.86
2	广州	900.48	63.14
3	上海	873.01	69.10
4	杭州	402.23	35.43
5	北京	392.60	51.30
6	重庆	358.35	19.48
7	天津	345.06	37.52
8	成都	301.33	12.97
9	武汉	250.31	16.93
10	厦门	249.33	34.13

资料来源：中国旅游研究院. 中国入境旅游发展报告［M］. 北京：旅游教育出版社，2018：10.

四、入境旅游市场特征及趋势

根据中国旅游研究院对入境旅游行为的调查，入境旅游市场具有如下特征：

第一，出游方式从跟团游向多种形式转变。随着信息技术的飞速发展，采取自由行方式到中国旅游的游客所占比重越来越大，跟团游的比例正在逐渐缩小，并且和家人、好友一起出游的入境游客居多。信息技术改变了旅游者获取出游信息的方式，人们更少依赖传统旅行社，搜索行为不断强化，有50%以上的休闲游客和商旅客人通过互联网完成预订和交易，搜索引擎的价值不断凸显。

第二，出游目的以观光休闲度假为主。游览观光、了解中国特色文化、商务、休闲度假仍然是入境游客的主要旅游目的。从收入及消费情况看，入境游客主要以中高收入人群为主，其中个人月收入1 001~3 000美元和3 001~5 000美元人群占比最高，共占入境旅游总人数的50%以上，70%以上的入境游客消费在500~3 000美元，其中旅游购物所占比例不到10%，入境旅游的购物所占的比例远远低于国人出境旅游。而入境游客的整体满意程度处于"基本满意"水平，饮食和出行是入境游客比较满意的环节，但旅游基础设施的完备程度，以及旅游活动中可能出现的欺诈游客行为是入境游客担忧的主要因素。此外，入境游客对空气质量的敏感程度远高于国内游客，雾霾天气直接影响游客满意度，甚至因此而被国际媒体列入全球旅游警示名单。

第三，旅游需求呈现出多元化趋势。虽然发展入境旅游面临的政治、经济、社会环境日趋复杂，但中国悠久的历史文明和美丽的自然风光对于境外游客的吸引力没有改变，故宫博物院、上海外滩、天安门广场、颐和园、秦始皇兵马俑博物馆、慕田峪长城、西湖、张家界、八达岭长城、上海迪士尼乐园一直都是最受入境游客欢迎的景点。中国旅游研究院与 Google 合作发布的《2019 中国入境游：游客行为与态度研究报告》显示，亚洲游客非常重视安全，且和其他地区不同的是，他们更看重住宿的便捷性，北美洲、欧洲和大洋洲游客更注重人文体验，预算可承受也是北美洲游客特别看重的因素。亚洲入境游客和大洋洲入境游客到访新兴旅游城市的意愿更为强烈，而北美洲和欧洲游客更多地选择去经典旅游城市。

为了吸引境外游客，国内各大城市纷纷采取措施拓展入境旅游市场空间，比如北京、上海、广州、成都、西安、重庆、厦门、沈阳、天津等多个城市口岸实行144小时过境免签政策，并且颁布离境退税政策，降低入境游客的购物成本等。大数据时代，越来越丰富的境外营销手段以及旅游公共服务的加速发展，也将促使入境旅游进入平稳发展、效益提升的新阶段。

具体而言，推动入境旅游发展，可以采取如下措施：一是创新开发更具吸引力的入境旅游体验产品。与选择其他目的地考虑因素不同，文化、美食和多样化旅行体验是入境游客选择来华旅游时最重要的考虑因素，因此，应进一步挖掘旅游产品的文化价值，开发深度游，为游客提供更加丰富的体验。二是以传统的经典旅游线路带动新兴线路发展。大部分入境游客对北京、上海、广州等开放较早的城市认知度更高，可通过与这些城市交通衔接和营销联动，促进成都、重庆、贵阳等新兴城市旅游线路的发展。三是加大旅游信息的传播宣传力度。旅游部门应充分利用各类新媒体，针对客源市场的需求，提供全方位的、有价值的目的地信息，让入境游客更加直观便捷地感受到目的地的悠久文化与自然风光。

第三节　出境旅游市场

出境旅游是指本国居民因公或因私出境，前往其他国家和地区进行旅游活动。出境旅游市场和入境旅游市场、国内旅游市场共同构成我国的三大旅游市场，出境游客指中国内地（大陆）居民因公或因私出境前往其他国家、中国香港特别行政区、澳门特别行政区和台湾地区观光、度假、探亲访友、就医疗养、购物、参加会议或从事经济、文化、体育、宗教活动的游客。通常而言，与入境旅游市场和国内旅游市场有所不同，出境旅游市场并不主要创造本国的旅游收入，其消费行为主要发生在本国以外的国家或地区，一定程度上会形成旅游漏损。因此，出境旅游市场对一国旅游经济的影响相对较小。随着经济、技术等条件的发展，人们对出境旅游的需求正不断增长。出境旅游的发展有利于引导国际社会更加客观、全面地认识和理解中国，对提升国家形象软实力发挥着越来越大的作用。

一、出境旅游市场发展历程

1949 年新中国成立至改革开放初期的几十年内，中国出境旅游基本限于因公出差旅游。1978 年党的十一届三中全会召开，我国开始实行改革开放政策，因私出境旅游日渐增加，出境旅游的目的以探亲为主。到 20 世纪 80 年代后期，申请私人护照留学的比例逐步上升，20 世纪 80 年代末期，探亲和自费留学各占因私出境总人数的 1/3。20世纪 90 年代，中国居民出境旅游兴起并迅速发展，中国出境旅游呈现出明显的上升趋势。2014 年中国出境旅游人次首次破亿，达到 1.07 亿人次①。2019 年国内居民出境1.55 亿人次，比 2018 年同期增长 3.3%。

二、出境旅游市场结构分析

根据中国内地居民出境旅游所涉及的行政区域不同，可将出境旅游市场划分为：港澳游市场、台湾游市场和出国游市场。有的学者还将中国内地居民到与我国接壤国家的过境旅游单独划分出来，称为边境游。

（一）港澳游市场

1983 年，广东省旅游企业组织"赴港澳探亲旅游团"，首开中国内地居民出境旅游先河。1984 年，国家正式批准内地居民以团队方式赴香港地区、澳门地区探亲旅游。自 2003 年 7 月 28 日起，国家推行港澳个人游，又称"港澳自由行"，即准许中国内地

---

① 数据已经扣除了以留学和短期打工为目的的旅游人次。

居民以个人方式前往港澳地区旅游的计划。随着"港澳自由行"政策的出台，中国内地居民赴香港旅游人次由 2002 年的 638 万人次大幅增加至 2017 年的 4 445 万人次。自出境旅游开始发展至今，香港地区和澳门地区始终是中国内地居民出境旅游前两大市场。

（二）台湾游市场

由于台湾当局的政策限制，祖国大陆居民赴台旅游发展起步较晚。2004 年，国家旅游局宣布开放福建省居民金门旅游，2005 年又推出一系列关于"开放大陆居民赴台湾旅游"的具体条例，然而台湾当局没有给出积极回应。随着两岸关系的相对缓和，国家旅游局又以"海峡两岸旅游交流协会"的名义与代表台湾当局的民间旅游组织"海峡交流基金会"进行多次会谈。在多方力量的推动下，台湾当局最终同意开放内地居民赴台旅游。2008 年，两岸同胞期盼已久的大陆游客团队游正式启动，2010 年实现了开放祖国大陆所有省份居民赴台旅游。2011 年，经过海峡两岸共同协商，祖国大陆居民赴台湾地区个人旅游正式开放，有力地促进了两岸同胞相互了解和台湾经济发展。近年来，由于受到台海局势变化等因素影响，台湾当局的大陆政策抑制了祖国大陆民众赴台的热情和意愿。但是加强两岸交流合作、深化两岸融合发展、共同反对"台独"分裂是大势所趋，在推动两岸关系和平发展，推进祖国和平统一的进程中，旅游发展的空间必将更加广阔。

（三）出国游市场

中国内地居民的出国游是从探亲旅游发展而来的。1988 年，泰国成为中国出境旅游的第一个目的地国家。自 1990 年起，我国又陆续将新加坡、马来西亚、菲律宾、韩国、澳大利亚和新西兰等国确定为出境旅游目的地国家。2007 年 12 月，中美达成旅游协议，美国成为中国公民的又一旅游目的地国家。截至 2018 年 1 月底，已正式开展组团业务的中国公民出境旅游目的地国家有 126 个，占与我国建交的 175 个国家的 72%。2018 年以来，又增加了阿尔巴尼亚、卡塔尔、巴拿马、波黑和阿塞拜疆。可以说，出境旅游的发展对我国整体外交格局的构建产生了积极影响，"旅游外交"的作用日益彰显。

相关数据显示，2017 年我国出国旅游各大洲结构为：亚洲占比 89%，欧洲占比 4%，美洲占比 2.8%，大洋洲占比 1.4%，非洲占比 0.5%，其他地区占比 2.3%。其中亚洲市场占据绝对地位，而中国内地赴非洲、大洋洲的游客增速较快。

在中国居民出国旅游目的地中，韩国、泰国、日本、美国、越南、新加坡、马来西亚、俄罗斯、印度尼西亚、澳大利亚为排名前十的国家，其中韩国、日本、美国、越南、新加坡、马来西亚、俄罗斯、印度尼西亚也位列中国入境旅游市场的前十大客源国。出国游前十国家接待的中国游客占我国出国游游客总数的 65.4%。

韩国主要入境旅游客源市场前三名分别是中国、日本和美国。KCTI（Korea Culture&Tourism Institute）官方数据显示，2019 年 1—10 月有 501 万中国内地游客造访韩国，同比增长 26.2%，同期韩国接待国际游客 1 459 万人次，中国游客占比高达 34.3%。这与 2016 年接待 826 万中国游客仍有距离，但已释放出赴韩游回暖的信号。

据澳大利亚统计局（ABS）公布的数据，访澳中国游客 1998 年仅有 7.7 万人次，

2008 年达到 35.3 万人次，2018 年则超过 140 万人次，中国超越新西兰成为澳大利亚第一大游客来源国，英国位居第三。并且，约 30%赴澳旅游的中国游客属"回头客"。

2000—2010 年，中国赴美游客人数从 24.9 万人次增长到 80.2 万人次。2016—2017 年，超过 300 万人次中国游客前往美国，但随后增速放缓。受中美贸易关系影响，2018 年中国赴美游客人数约 290 万人次，下降 5.7%，是自 2003 年以来首次下降。中国游客在赴美外国游客总人次中排第五，前面依次是加拿大、墨西哥、英国与日本。值得一提的是，2018 年，中国游客申请赴美旅游签证拒签率为 17%，是 2013 年 8.5%的两倍。

2019 年，中国和俄罗斯将中俄两国关系提升为新时代全面战略协作伙伴关系。受益于两国关系的良好发展，出境旅游也迅速发展，2019 年俄罗斯接待中国游客 149.3 万人次，同比增长了 18%。此外，波黑、尼泊尔等小众目的地相较于德国、法国、英国、意大利等欧洲传统旅游目的地，异军突起，增长迅猛，以其独特的自然和人文风光成为吸引出境旅游的黑马。

三、出境旅游的影响因素

（一）国民经济持续增长促进出境旅游需求增加

2023 年，中国国内生产总值持续增长，达到 126.058 2 万亿元，同时全国居民人均可支配收入达到 39 218 元，创历史新高，这意味着中国人拥有更多可支配收入用于旅游或其他自主性支出。城市化进程的推进带动了这一趋势的发展。未来 20 年内，中国预计将有超过 3 亿人口从农村移居城市，人口流动的速度和规模可谓前所未有。2023 年，城镇居民人均可支配收入 51 821 元，比上年名义增长了 5.1%。城市居民收入的增长将为中国出境旅游持续增长注入动力。

（二）签证便利化降低进入门槛

根据中国领事服务网公布的信息，截至 2024 年 1 月，中国与 156 个国家（地区）签订了互免签证的协议，如泰国、新加坡、马尔代夫、阿联酋等在内的 23 个国家已实现全面互免签证。此外，还有 60 多个国家和地区给予中国公民免签或落地签证便利，如澳大利亚对中国公民放开 10 年期的多次往返签证，并实施了针对商务访客的三年内多次入境签证的政策，与出境大国相匹配的签证环境正在形成。"一带一路"城市旅游合作论坛、中国国际交易会等活动使中国与其他国家的旅游经济合作更加密切，使出境旅游的可进入性进一步提升。

（三）高铁航空的发展进一步扩展客源地范围

日益扩张的高铁网络使沿线城市通往口岸城市更加便捷，而高铁与航班联运模式进一步延展了出境旅游市场的触角，使得口岸城市和交通枢纽城市的影响力有效放大。为满足蓬勃发展的旅游业的需求，2019 年中国国内机场开通直飞国际/地区航线 1 697 条，各国航空公司也纷纷开通与中国各大城市的直飞航线，不断优化跨境交通网络。例如，韩国开通了从江原道襄阳国际机场前往中国十个城市的新航线，釜山航空推出了从韩国大邱到张家界的全新航线，而大韩航空也将仁川往返北京的线路增至一天两班，将仁川往返广州的航班增至一天一班。

（四）旅行社业务扩展及互联网络使出境旅游更加便捷

截至 2016 年年底，我国可承接出境旅游业务的旅行社共有 3 752 家，占所有旅行社的比例由 2007 年的 0.7% 升至 13.46%。其中，经济发达地区的出境旅游需求更高，组织出境游的旅行社数量增长也相对更快。同时，随着互联网技术和移动业务的不断发展壮大，人们越来越多地从网上搜索信息，半数中国出境游游客倾向于使用移动设备规划或预订行程。在线旅行商（OTA）和移动设备 App 的出现和快速发展，给中国游客提供了丰富的境外目的地机票、酒店预订选择，使出境旅游尤其是"自由行"更加便捷。

四、出境旅游市场基本特征

当前，我国出境旅游人数和境外旅游消费已居世界前列，但相对于人口总量而言仍落后于发达国家。中国出境旅游市场依然处于与国情相适应的初步发展阶段，具有从尝试型向成熟型逐渐发展的特征。这主要体现在：第一，中国港澳台地区是出境旅游的主要目的地。出境游客中 70% 左右流向中国港澳台地区，表明当前中国的出境旅游仍以短途旅游为主。第二，出境旅游的主要客源地集中在东部沿海城市。从中国出境客源地来看，主要集中在东部地区和主要城市群，北京、上海、广东、江苏、浙江等地是出境主要输出地，带动环渤海都市圈、长三角都市圈和珠三角都市圈的高客流产出，东、中、西地区之间表现为明显的 7∶2∶1 三级阶梯状分布。第三，出境旅游整体消费水平较高。出境旅游消费结构体现为中高端消费群体占比将近一半，说明我国出境旅游群体的消费能力较强，但在境外众多旅游项目中，购物项目仍是主要选择。这也说明了加强国内供给侧结构性改革，提升"中国智造"品质的必要性。

在我国出境旅游的发展过程中，近程市场依然是出境旅游的主体，但美洲和非洲的市场增长潜力巨大。首次出境游客的目的地多为亚洲国家或地区。随着出境旅游次数的增加，出境游客会更倾向于选择中远程目的地。同时，随着居民收入、生活水平的日益提高，出境旅游将从一、二线城市逐步向三、四线城市延伸。新兴城市群和中西部地区的出游能力在不断提升，潜在出游能力在传统经济发达地区与经济欠发达区域之间的差距在缩小。天津、山东、福建和辽宁等沿海省（直辖市）以及湖北、四川、重庆、陕西等中西部省（直辖市）的出境旅游需求普遍增强，正在成为新一轮出境旅游的主流客源。

目前，从出境旅游年龄结构来看，"70"后和"80"后是出境旅游主体，然而"千禧一代"的群体影响力更为突出，人数也在不断增长，并且这一增长趋势在亚太地区尤为显著。这些年轻游客更偏好境外游，向往无拘无束、随性自由，更具冒险精神和预算经济意识，体现了出境旅游年轻化的趋势。出境游客在旅游方式上越来越偏好自由行，而在选择出境旅游产品时，则呈现出更加明显的理性化趋势。

对出境旅游服务商而言，在未来发展中要注意：一是立足出境目的地特色，提供多样化、个性化的体验产品。二是充分利用 AI、区块链、大数据等新技术，为出境游客提供更好的服务解决方案。三是创新完善旅游+社交的泛旅游新业态，满足新生代旅游消费者的信息化生存需要。

第四节　国内旅游市场

一、国内旅游市场发展历程

国内旅游是指在一国境内观光游览、度假、探亲访友、就医疗养、购物、参加会议或从事经济、文化、体育、宗教等活动，其出游的目的不是通过所从事的活动谋取报酬。新中国成立以后，我国旅游进入了新的历史阶段。70多年来，我国旅游事业取得了巨大的成就，尤其是1978年以来，实现了由旅游资源大国向亚洲旅游大国和世界旅游大国转变的历史性跨越。我国旅游事业的发展与经济社会的发展密切相关，回顾历史，大致可以分为四个阶段。

（一）起步初创阶段（1949—1966年）

在这一阶段，我国生产力水平较低、经济较落后，制约了人们的旅游需求，从而使国内旅游业很难具备发展的市场条件。旅游部门的主要任务是满足外事工作或接待海外华侨的需要，设立了中国旅行社和中国国际旅行社，参与国家外事接待活动。因此，这一阶段的旅游业主要是政务接待而非经济性经营。

（二）曲折发展阶段（1967—1977年）

20世纪60年代中期，世界范围内大众旅游兴起，全球旅游业以空前的速度蓬勃发展，而我国的旅游业因政治运动而跌入低谷。"文化大革命"使我国的旅游业几乎处于瘫痪状态。1971年，周恩来总理主持召开全国旅游工作会议，将"宣传自己，了解别人"作为旅游工作的方针，提出旅游事业的收入应略有盈余。这次会议之后，中国的旅游业才开始有了发展转机。

（三）调整发展阶段（1978—1991年）

1978年，党的十一届三中全会召开后，随着国家改革开放政策的实施，国际旅游接待逐步恢复，旅游业在国民经济中的地位和作用得到应有的重视。邓小平同志指出，旅游事业大有文章可做，要突出地搞，加快地搞。在党和国家正确旅游方针政策的指引下，旅游业不断改革进取，打破了长期进行外事接待的经营发展模式，明确了旅游业综合性经济事业的性质，并被首次纳入国家五年计划，成为一个独立的产业形态。境内外日趋频繁的民间经济和文化往来为旅游业带来了源源不断的市场，仅1978年我国就接待入境游客570万人次，实现旅游外汇收入2.62亿美元。

（四）全面发展阶段（1992年至今）

进入20世纪90年代以后，传统的计划经济体制逐渐被社会主义市场经济体制取代。1998年召开的中央经济工作会议，将我国旅游业作为国民经济新的增长点，逐步重视旅游业对国民经济发展的贡献。我国旅游事业进入入境旅游市场、国内旅游市场、出境旅游市场全面发展阶段，真正意义上的旅游市场开始形成。

二、国内旅游市场现状

（一）国民经济高速发展

我国自 1978 年实行改革开放政策以来，经济快速发展。1991—2002 年，GDP 年均保持 9% 左右的高速增长，2003—2010 年，GDP 年均增长保持在 10% 左右，2010 年我国 GDP 突破 40 万亿元，跃居世界第二位。2023 年 GDP 总量超过 120 万亿元，人均 GDP 达 89 358 元。具体见表 5-4 所示。

表 5-4　2000—2023 年中国 GDP 年增长率和 GDP 总量世界排名

年份	中国 GDP 年增长率/%	GDP 总量/亿元	世界排名
2023	5.2	1 260 582	2
2022	3.0	1 204 724	2
2021	8.1	1 143 670	2
2020	2.3	1 015 986	2
2019	6.1	990 865	2
2018	6.6	919 281	2
2017	6.8	820 754	2
2016	6.7	740 061	2
2015	6.9	685 993	2
2014	7.3	636 463	2
2013	7.7	588 019	2
2012	7.7	534 123	2
2011	9.5	484 124	2
2010	10.6	408 903	2
2009	9.2	345 629	3
2008	9.6	316 752	3
2007	14.2	268 019	3
2006	12.7	217 657	4
2005	11.3	185 896	5
2004	10.1	160 714	6
2003	10	136 565	7
2002	9.1	121 002	6
2001	8.3	110 270	6
2000	8.4	99 776	6

资料来源：根据国家统计局相关数据整理。

由表 5-4 中数据可以看出，2000—2019 年的 20 年间，我国的 GDP 总量增长了近 9

倍。1980 年，我国人均 GDP 约 300 美元，相当于世界平均水平的 12.3%。2019 年，按照现价美元估算，我国人均 GDP 大致相当于世界平均水平的 90%。进入 21 世纪以来，中国旅游业全面繁荣，已经形成了世界上规模最大的国内旅游市场，确立了世界旅游大国的地位。2019 年，全国居民人均可支配收入 30 733 元，首次突破 3 万元。随着收入的增加，旅游消费已经成为人民群众生活的必需，并成为全面小康生活的重要组成部分。

（二）国内旅游飞速发展

国内旅游是整体经济发展到一定阶段的产物。20 世纪 80 年代中期以来，随着国民经济的发展，国民可支配收入增多，国内旅游开始兴起。年旅游人次数由 1985 年的 2.4 亿人次增长到 1995 年的 6.3 亿人次，10 年间增长 162%。1995 年，全国实行"双休制"，在职人员享有更多的休闲时间，使旅游以更快的步伐进入寻常百姓家。2000 年，国内旅游达到 7.44 亿人次，2019 年国内旅游达到 60.1 亿人次，首次突破 60 亿人次。国内旅游收入由 1985 年的 80 亿元增长到 2000 年的 3 175.5 亿元，2019 年国内旅游收入达到 57 251 亿元，增长速度创造了世界旅游发展史的奇迹。旅游总收入占国民经济总收入的比重也逐年增大，2005 年占 0.83%，2010 年占 3.64%，2019 年占 5.79%。

旅游业是国家战略性产业，资源消耗低，带动系数大，就业机会多，综合效益好。改革开放以来，我国旅游业飞速发展，产业规模不断扩大，产业体系日趋完善。当前，我国正处于新型工业化、城镇化快速发展时期，日益增长的大众化、多样化消费需求为旅游业的发展提供了新机遇。旅游业将充分发挥消费的基础作用、投资的关键作用，稳定国内有效需求，为经济平稳运行提供有力支撑。

三、国内旅游市场特征及趋势

（一）国内旅游市场特征

1. 旅游者阶层广泛

中国特色社会主义进入新时代，我国社会主要矛盾已经转化为人民日益增长的美好生活需要和不平衡不充分的发展之间的矛盾。人们生活水平的普遍提高、消费结构的变化，极大地增强了人们对美好物质文化生活的需求，使旅游活动在全国范围内普及。国内旅游者来自各行各业，如企事业单位员工、政府职员、个体工商户、学生、农民、工人等各阶层人士都构成了旅游消费者的来源。

2. 短程旅游比重大

一般而言，旅游出行受到闲暇时间和消费能力的制约。旅行路程越长，耗费时间越多，旅行支出也越大。对国内旅游者而言，需要平衡休闲旅游活动与日常工作生活对有限资源的分配，既要满足游憩享乐的体验，又不能影响正常的工作生活。因此，对时间和费用要求不高的短程旅行深受旅游者青睐。但是，随着高速公路、高铁、航空的快速发展，各地客运网络变得更加便捷，短程旅游的概念从单纯的空间距离延伸到时空维度，出行范围也因此得到拓展。

3. 出游形式以散客为主

国内游客构成逐渐从团体向散客出游转变，多数知名的景区团队游客与散客比例接近 3∶7。绝大多数游客采取自助游的方式出行，旅行社参团游客比例逐年下降，如 2017 年仅占出游人数的 35%。其中，以休闲度假为主要目的的自驾游成为城镇居民国内出游的热点。抽样调查显示，在我国当前休假制度和现行经济条件下，71% 的受访者年度自驾车出游为 1~3 次，28% 的人自驾出游选择去另一个城市，23% 的人选择去景色较好的郊外，21% 的人选择去休闲度假区。

4. 国内旅游市场分布不均

受旅游资源开发成熟度、公共基础设施完备度和经济发展水平等因素综合影响，国内各省市旅游接待量差距十分显著，地域分布不均，旅游发展不平衡不充分问题依然存在。总体而言，东部和中部较为发达地区处于主导地位，但西部部分省市抢抓发展机遇，增速较快，在国内旅游市场竞争中占据了一席之地。2018 年旅游总收入中，广东排名第一（1.36 万亿元），其次为江苏（1.32 万亿元）、山东（1.046 万亿元）、四川（1.01 万亿元）和浙江（1.00 万亿元），排名前五的省份旅游收入均超过万亿元，山东、四川、浙江三省首次突破万亿元大关，除四川外，其余四省均为东部沿海省份。值得一提的是，贵州省近年加快国家全域旅游示范省创建，全力建设世界一流山地旅游目的地，旅游市场出现井喷式发展。2018 年接待游客 9.69 亿人次，实现旅游总收入 9 400 多亿元，同比分别增长 30.2%、33.1%，2019 年保持 30% 的增长速度，旅游总收入进入万亿元行列。

5. 消费总额增速快，但人均消费水平仍较低

总体而言，我国居民收入和消费支出均良性增长，消费信心持续增强，旅游总花费保持了稳定的增长趋势。我国国内旅游总花费 2000 年为 3 175.5 亿元（城镇居民 2 235.3 亿元，农村居民 940.2 亿元），2010 年达到了 12 579.8 亿元（城镇居民 9 403.8 亿元，农村居民 3 176.0 亿元），2018 年高达 51 278.3 亿元（城镇居民 42 590.0 亿元，农村居民 8 688.3 亿元），总体上保持了高速增长。但人均消费水平相对较低，2000 年为 426.6 元（城镇居民 678.6 元，农村居民 226.6 元），2005 年为 436.1 元（城镇居民 737.1 元，农村居民 227.6 元），2010 年为 598.2 元（城镇居民 883.0 元，农村居民 306.0 元），2018 年为 925.8 元（城镇居民 1 034.0 元，农村居民 611.9 元）。2016 年城镇居民人均消费突破千元，2020 年全国人均消费超过千元。这在一定程度上反映出我国国内旅游市场目前仍处于人次规模扩张型，在质量上仍较低。并且，从消费结构上看，2018 年我国居民消费恩格尔系数为 28.4%，距离发达国家平均水平还有相当差距，说明吃饭、穿衣等基本需要依旧是日常开支的大头，限制了用于旅游的消费支出。

6. 大众化旅游市场深化发展

我国拥有全球最大的国内旅游市场，目前国内旅游正处于大众出游的深化阶段。近 10 年来，我国人均出游率不断提升，从 2000 年的 0.59 次增长到 2013 年的 2.5 次，2019 年达到 4.3 次。休闲旅游日渐成为人们的日常性消费，对文化和旅游的需求也从"有没有，缺不缺"转变为"好不好，精不精"，大众旅游市场不断趋于成熟。

（二）国内旅游市场发展趋势

国内旅游发展态势表明，随着我国经济的快速发展，相关法律法规不断完善，人们闲暇时间和可支配收入增加，以及生活水平不断提高，国民对旅游度假的需求将会继续

增长。与此同时，我国国内市场游客的消费水平将会有较大幅度的提高，决定了今后我国国内旅游市场的规模会继续发展和扩大。因此，我国国内旅游市场前景广阔，需求潜力大。为适应文化和旅游供给主要矛盾的变化，旅游市场发展也要从追求数量转变到质量和品质的提升上，由高速度发展转变为高质量发展。在实践中坚持以推动高质量发展为主题，把实施扩大内需战略同深化供给侧结构性改革有机结合起来，增强国内大循环内生动力和可靠性，提升国际循环质量和水平，加快建设现代化旅游经济体系，着力提高全要素生产率，提升旅游产业链供应链韧性和安全水平，推动旅游经济实现质的有效提升和量的合理增长。市场发展趋势主要有如下方面：

1. 旅游市场监督管理趋于精准化

旅游业是由多种产业组成的综合性行业，涉及范围广泛，多样性和分散性使其监管难度较大，类似"天价虾""卫生门""购物陷阱""黑导游"等损害游客的事件时有发生。为保障旅游者和旅游经营者的合法权益，规范旅游市场秩序，2013 年我国颁布实施了《中华人民共和国旅游法》，并于 2016 年和 2018 年分别进行了修订。近年来，国务院相关部门印发了《关于促进旅游业改革发展的若干意见》《国务院办公厅关于进一步促进旅游投资和消费的若干意见》《文化和旅游规划管理办法》《关于促进乡村旅游可持续发展的指导意见》《在线旅游经营服务管理暂行规定》《关于促进旅游演艺发展的指导意见》等一系列文件，将旅游市场的改革发展纳入法治化、科学化、精准化轨道，积极保护和合理利用旅游资源，促进旅游业持续健康发展。

2. 旅游消费结构升级，品质消费需求增长

以线路观光为主导的团队旅游模式向目的地休闲度假为主的散客旅游模式转变，满足个性化、体验化旅游需求的定制、自助出行成为一种常态，自驾游、自由行、深度游等旅游形式越来越受旅游者欢迎。在体验经济背景下，游客消费需求也从单一的初级消费向综合体验消费转变，从基本生活消费向品质化服务消费转变，从传统的观光游览消费向休闲度假消费转变，以满足对美好幸福生活的需要。

3. 旅游与互联网新技术融合发展

早在 2015 年，国家就颁发了《国家旅游局关于实施"旅游+互联网"行动计划的通知》，要求充分发挥我国互联网的规模优势和应用优势，推动旅游与互联网融合发展。以互联网为代表的新一轮科技革命，促使互联网、区块链、大数据、云计算等技术蓬勃兴起，智慧旅游不再停留于概念层面，其将对旅游运营、旅游开发、旅游消费等领域产生颠覆性的数字化变革。比如通过大数据，可以将景区、游客、交通、住宿等平台全面融合，形成全域数据管理，5G 将物联网变为现实，虚拟现实（VR）/增强现实（AR）和人工智能（AI）在旅游场景中的运用将会更加普及，将为游客带来全新的体验。

4. 国内旅游市场发展呈现出新格局

随着旅游业的发展，国内旅游市场不断成熟，游客消费偏好发生改变，中国已进入观光游和休闲游共同发展的时期。全域旅游的深入发展促使区域旅游市场格局呈现均衡化发展趋势，并且城乡统筹发展也使得城乡二元格局逐渐改观，城乡居民的出游能力差距有所缩小。旅游消费阶梯性增长使旅游市场表现出多层次协同发展的新格局，随着旅游消费阶梯性分布的特点越来越明显，处于不同梯度的游客需求差异逐渐加大，旅游市

场显现出高、中、低端市场协同发展的新格局。就游客数量而言，高、中、低端市场潜在游客数量将逐年增长。就消费能力而言，随着中产阶层的扩大，高、中端市场旅游消费支出将持续增加。

案例

阿里巴巴步行街经济报告

步行街是一座城市的名片。如今，数字化正在令传统步行街呈现新活力：新品牌、土特产、老字号，都能扫码或刷脸购买，也能通过淘宝、天猫一键下单送到家；美食餐厅、旅游景点、名人故居，都能在线预订免排队；品牌门店 AR 试衣试妆，街边小店生意红火……2018 年年底，商务部在全国 11 条步行街启动首批试点，从武汉"20 世纪建筑博物馆"江汉街，到传统节庆日举办"金陵灯会"的南京夫子庙，再到网罗四川美食的成都宽窄巷子……

这些步行街遍布大江南北，各有千秋，通过数字化获得新增长则是统一的命题。2019 年 1 月 7 日发布的《2019 年阿里巴巴步行街经济报告》（以下简称"报告"）显示，从 2018 年 10 月至 2019 年 10 月，11 条试点步行街消费旺盛，线下消费金额同比增长 36.7%，大幅领先于同期社会零售增速；总客流 10 月同比增长 23.3%，并呈现出年轻人增多、夜间消费更活跃等积极趋势。研究认为，以步行街为代表的线下商业拥有巨大的新增长空间。通过完善数字商业基础设施提升消费体验，以数字化解决方案促进商业效能提升，将成为更多"老街新生"的未来路径。

步行街是城市商业资源的集聚区，集中了大大小小的店铺、多种多样的业态，在促进消费中扮演着重要的角色。报告指出，截至 2019 年 10 月底，11 条试点步行街消费者数量同比增长 15.5%，消费客单价同比增长 18.3%。其中，上海南京路、武汉江汉路、重庆解放碑消费力最强，在总消费金额上领先。北京王府井、上海南京路、重庆解放碑则是"最壕步行街"，客单价领先。成都宽窄巷子、上海南京路、杭州湖滨路对年轻人吸引力最强，排在年轻客流占比的前三位。武汉江汉路、广州北京路、沈阳中街的年轻消费者占比最高。以杭州湖滨路步行街为例，"智慧"是该步行街的一大亮点。基于阿里云"城市大脑"的智能导视系统，游客能实时看到附近停车场的空余车位数、步行街美食排行榜、西湖游船班次时间、音乐喷泉场次等信息，游客消费体验大大优化。餐饮消费是步行街的重头戏，数字化则帮助餐饮商家实现线上线下双增长。报告显示，成都宽窄巷子、武汉江汉路、南京夫子庙以地方特色美食成为"吃货"最爱，餐饮消费占比排行前三。口碑数据显示，"90"后扛起了宽窄巷子餐饮消费的大旗，占比超 43%。

融合了消费、旅游和文化元素的步行街，通过数字化丰富了夜间消费体验，形成了"夜间经济"这一新增长点。报告显示，18—19 时，11 条试点步行街上的客流量、支付笔数均为全天高峰。2019 年 9 月，11 条试点步行街整体夜间活跃度同比提升 1.5%，10 月同比提升 2.0%。其中，西安大唐不夜城和南京夫子庙成为夜间最受欢迎的步行街，无论是夜间支付笔数还是夜间客流活跃度都名列前茅。

资料来源：阿里巴巴. 2019 年阿里巴巴步行街经济报告[EB/OL].（2020-01-07）[2020-03-10].新浪财经,http://finance.sina.com.cn/stock/relnews/us/2020-01-07/doc-iihnzahk2638013.shtml.

◆案例讨论

1. 步行街是城市休闲旅游的重要载体，不仅服务于游客，还能满足本地居民休闲消费需要，你认为可以通过哪些途径发掘步行街的消费潜力？

2. 发展夜间经济是城市拉动内需、扩大消费的新举措，有人说"灯光一亮，黄金万两"，各地先后出台发展夜间经济促进消费升级的实施意见。你认为步行街在夜间经济发展中扮演何种角色？如何发挥作用？

3. 请以自己家乡城市的步行街为例，进行调查研究，发现其存在的问题，并提出未来发展的建议。

思考题

1. 如何定义休闲与旅游市场？

2. 旅游市场具有什么作用？

3. 旅游的三大市场是什么？你认为三大市场中最重要的市场是哪一个，为什么？

4. 入境旅游具有哪些特征？你认为可以采取哪些措施促进入境旅游市场的进一步发展？

5. 出境旅游的影响因素是什么？你如何看待"出境旅游导致旅游收入漏损"这一说法？

6. 国内旅游市场的发展趋势是什么？你认为未来制约国内旅游市场发展的瓶颈是什么？

7. 2018 年，国内游客中，男性占比 53.1%，女性占比 46.9%，虽然女性占比略低于男性，但近年来女性游客增速十分明显，你认为原因是什么？

第六章
休闲与旅游项目

➤学习目标

休闲与旅游项目是旅游产业发展的支撑，也是旅游业高质量发展的突破口。本章主要论述了休闲与旅游项目的定义，旅游项目类型、实施流程，以及旅游项目策划与管理等内容。

本章学习目标：

★了解休闲与旅游项目的概念与特征。

★掌握旅游特征、类型和项目实施流程。

★明确旅游项目策划的概念与原则。

★了解旅游项目策划的内容和程序。

★清楚项目管理与项目管理者的联系与区别。

★了解旅游项目管理的过程，掌握三坐标管理方法。

第一节　休闲与旅游项目概述

一、休闲与旅游项目的定义

美国项目管理协会发布的《项目管理知识体系指南》认为，项目是为创造独特的产品或服务而进行的临时性事业。《质量管理——项目管理质量指南》将项目定义为：项目是由一组有起止时间的、相互协调的受控活动所组成的特定过程，该过程要达到符合规定要求的目标，包括时间、成本和资源的约束条件。一般而言，项目是指一个特定的需完成的有限任务，是在既定资源和要求约束下，为实现某种目的而相互联系的一次性工作任务，是多项相关工作的总称。项目包括时间、费用和性能三层含义。第一，项目是在特定环境和要求下需要完成的任务。第二，特定的组织机构需要在规定的时间内利用有限的人、财、物资源完成任务。第三，任务具有性能、质量、数量、技术等指标的要求①。

一般而言，项目具有七个基本属性：明确的目标、独特的性质、资源成本的约束性、项目实施的一次性、项目过程的不确定性、结果的不可逆转性，以及项目利益相关者。

休闲与旅游项目是指为完成某项休闲与旅游开发目标而在一定时间和空间范围内，按照独立的总体设计规划进行投资建设的各单项工程的总和。这一概念有三个理解要点：首先，总体项目可由若干相互联系的单项工程组成，建成后项目归属在经济上可独立核算、行政上可统一管理。其次，在总体设计规划中要体现出休闲与旅游开发目标。如以仓储、物流为主要目的的台州港大麦屿港区多用途码头建设项目，由于没有设定明确的旅游开发目标，不能视为休闲与旅游项目。相反，如果项目体现了旅游开发目标，即使提供旅游服务是次要目的，也可视为休闲与旅游项目。如泸州枇杷沟文旅商城市综合体建设项目，虽以商贸为主体，但融入了文化旅游的要素，也属于休闲与旅游项目。最后，项目投资建设要能形成休闲与旅游基础设施和配套设施等有形资产以及商标、商誉、技术专利和许可证等非实体资产，并以此产生能够创造可持续价值的休闲旅游产品或服务。

二、旅游项目特征与类型

(一) 旅游项目的特征

由于旅游产品及旅游产业的特殊性，旅游项目与农业、工业、能源、高科技、房地产等项目有很大的区别。其主要特征包括五个方面②：

1. 高投入与持续回报的投入产出

当前旅游市场的竞争加剧，导致旅游项目的进入性投资逐步加大，项目从早期的低门槛逐渐发展到目前的中高门槛，未来还将进一步提高。旅游产业属于持续回报的长效投资产业，因此，短期高额资本投入很可能无法实现快速的资本回收。

2. 旅游产业链延伸整合与多产业融合

旅游项目从单一项目向区域整体项目投资转变，通过整合多元产业，建立旅游产业链，以抵抗风险，实现最大化的综合收益。旅游产业链延伸还与城市景观塑造、房地产开发、特色城镇建设、乡村振兴、文化产业、互联网、金融等进行深度融合，产生整体的、互动的、协同的区域发展构造，形成"泛旅游产业"。

3. 旅游资源的资本化存在法律制度约束

根据《中华人民共和国文物保护法》和《风景名胜区条例》等法律制度和规定，

---

① 师守祥，等. 旅游项目管理［M］. 天津：南开大学出版社，2013：2-4.
② 姜若愚，等. 旅游投资与管理［M］. 昆明：云南大学出版社，2007：74-76.

风景资源和文化资源作为我国旅游资源的主体，其所有权属于国家，不可转让，经营权的流转在一定程度上也受到限制。基于旅游资源的项目投资主体向银行进行的抵押贷款行为缺乏法律依据，也就是说，旅游资源的资本化还有待完善相关立法。

4. 对环境的高度依赖性

旅游项目受到经济、社会和生态环境的重要影响。旅游项目对经济环境的依赖包括两个方面：一是依赖于旅游市场，包括旅游资源市场和旅游客源市场两个维度；二是依赖于国家和区域经济环境，经济发展水平、财政收入、物价水平、居民生活水平等因素，都是影响旅游项目投资的重要因素。旅游项目对社会环境的依赖是指受旅游政策、旅游法规、居民态度、文化氛围、和平稳定等的影响。旅游项目对生态环境的依赖是指受到地理位置、资源分布、环境质量等因素的影响。

5. 明显的外部性

旅游项目的综合性效益决定了项目投资具有外部性明显的特点。在经济方面，其外部性主要表现在能促进地方经济发展、创造就业机会、增加财政收入等。在社会方面，其外部性主要表现为引发区域文化变迁、改变人们生活方式和价值观念等。在环境方面，其外部性主要表现为对环境质量和动植物造成的影响。

（二）旅游项目的主要类型

旅游项目根据不同标准可以划分为不同的类型。根据国务院办公厅《关于进一步促进旅游投资和消费的若干意见》的表述，在相当一段时期，休闲度假旅游、乡村旅游、特色城镇旅游、康养旅游等构成了我国旅游项目的主要类型。

1. 休闲度假旅游

随着大众旅游市场的不断发展，滨海度假、湖泊度假、温泉度假、康体度假、城市休闲等休闲度假产品的市场需求将大幅度增长，这些领域的旅游项目的投资需求也将随之提升。要鼓励社会资本大力开发温泉、滑雪、滨海、海岛、山地、养生等休闲度假旅游产品。重点依托现有旅游设施和旅游资源，建设一批高水平旅游度假产品和满足多层次、多样化休闲度假需求的国民度假地。加快推动环城市休闲度假带建设，鼓励城市发展休闲街区、城市绿道、骑行公园、慢行系统，拓展城市休闲空间。支持重点景区和旅游城市积极发展旅游演艺节目，促进主题公园规范发展。

2. 乡村旅游

我国在今后一个时期内，传统村落文化旅游开发、民族民居旅游开发、农业主题公园、高科技农业园区、乡村会议度假区等将成为乡村旅游项目的发展重点。要鼓励乡村旅游的个性化、特色化发展，要立足当地资源特色和生态环境优势，突出乡村生活生产生态特点，深入挖掘乡村文化内涵，开发建设形式多样、特色鲜明、个性突出的乡村旅游产品，举办具有地方特色的节庆活动。注重保护民族村落、古村古镇，建设一批具有历史、地域、民族特点的特色景观旅游村镇，让游客看得见山水、记得住乡愁、留得住乡情。重点加强休闲农业和乡村旅游特色村的道路、电力、饮水、厕所、停车场、垃圾污水处理设施、信息网络等基础设施和公共服务设施建设，加强相关旅游休闲配套设施建设。

3. 特色城镇旅游

我国待开发的旅游小城镇数量庞大。这些小城镇有的是传统文化、独具特色的地域文化和民族文化的重要载体，本身就极具旅游开发价值。有的紧邻著名景区景点，旅游开发区位条件优越。要鼓励推动新型城镇化建设与现代旅游产业发展有机结合，建设一批集观光、休闲、度假、养生、购物等功能于一体的全国特色旅游城镇和特色景观旅游名镇。目前，中华人民共和国住房和城乡建设部先后认定了北京市房山区长沟镇、昌平区小汤山镇等 403 个国家级特色小镇。

4. 康养旅游

康养旅游项目是以老年人为主体，将养老、康体、养生和旅游相结合的整合型业态项目。要积极发展老年旅游，规范老年旅游服务，鼓励开发多层次、多样化老年旅游产品。积极发展户外运动旅游，开发建设一批山地运动、滑雪运动、水上运动、自行车运动、汽车运动、摩托车运动、综合康体活动等旅游项目。积极发展中医药健康旅游，推出一批以中医药文化传播为主题，集中医药康复理疗、养生保健、文化体验于一体的中医药健康旅游示范产品，在有条件的地方建设中医药健康旅游产业示范园区，推动中医药产业与旅游市场深度结合。

5. 新兴旅游业态

随着旅游消费个性化趋势的增强，出现了一些有别于传统旅游模式的新兴业态，如自驾车旅游、游艇旅游、邮轮旅游、高尔夫旅游等，这是我国旅游产业发展水平提高的标志。要加快自驾车房车营地建设，鼓励引导社会资本建设自驾车房车营地，推进邮轮旅游产业发展，培育发展游艇旅游大众消费市场，建成一批游艇码头和游艇泊位，初步形成互联互通的游艇休闲旅游线路网络，培育形成游艇大众消费市场。此外，基于互联网的智慧旅游项目是未来旅游项目中最为重要的部分。要积极推动在线旅游平台企业发展壮大，整合上下游及平行企业的资源、要素和技术，形成旅游业新生态圈，推动"互联网+旅游"跨产业融合。支持有条件的旅游企业进行互联网金融探索，打造在线旅游企业第三方支付平台，拓宽移动支付在旅游业的普及应用，推动境外消费退税便捷化。

6. 旅游酒店宾馆

目前，我国中高档星级酒店、一般性旅游饭店和经济型酒店等在长期发展中，形成了完善的经营生态体系，基本能够满足市场的需求，但是奢华酒店、度假酒店、会议酒店、主题酒店、特色民宿等主体特色化、服务精品化、功能综合化酒店项目还存在广阔的发展空间。在未来一段时期内，这些类型的项目将是该领域的重点投资建设方向。

7. 特色旅游商品

旅游商品的涵盖范围十分广泛，从高科技的电子产品到特色农产品，都可面向旅游消费者。要推进旅游商品的创新供给，鼓励市场主体开发富有特色的旅游纪念品，丰富旅游商品类型，增强对游客的吸引力。积极培育一批旅游商品研发、生产、销售龙头企业，加大对老字号商品、民族旅游商品的宣传推广力度。加快实施中国旅游商品品牌提升工程，推出中国特色旅游商品系列。鼓励优质特色旅游商品进驻主要口岸、机场、码头等旅游购物区和城市大型商场超市，支持在线旅游商品销售。

8. 旅游基础设施

我国的旅游道路、旅游机场、旅游咨询中心、旅游集散地、停车场、旅游厕所等尚不完善，还需要持续建设发展。围绕国家重点旅游线路和集中连片经济不发达地区，支持有条件的地方按实际需求新建或改扩建一批支线机场，增加至主要客源城市航线。加大投入，加快推进城市及国道、省道至 A 级景区连接道路建设，加强城市与景区之间交通设施建设和运输组织，加快实现从机场、车站、码头到主要景区公路交通无缝对接。继续推进"厕所革命"，服务民生需求，提升城市和景区的文明发展水平。

9. 旅游装备制造

把旅游装备纳入相关行业发展规划，制定完善安全性技术标准体系，鼓励发展邮轮游艇、大型游船、旅游房车、旅游小飞机、景区索道、大型游乐设施等旅游装备制造业，大力培育具有自主品牌的休闲、登山、滑雪、潜水、露营、探险等各类户外用品，支持国内有条件的企业兼并收购国外先进旅游装备制造企业或开展合资合作，鼓励企业开展旅游装备自主创新研发。推动科技赋能旅游，进一步推进新技术在旅游装备制造中的广泛运用，提升旅游产品和服务的科技含量。

三、旅游项目的实施流程

旅游项目作为旅游投资建设的客体或对象，是一种特殊形式的项目类型，具有复杂的过程、明确的目标及价值，并且在项目实施过程中会涉及多方因素。旅游项目的投资建设要遵循一定的规范化实施流程，才能确保其科学化、合理化和高效化。项目的一般实施流程如图 6-1 所示，包括信息收集、考察立项、调研评估、投资评价与决策、策划与规划、项目融资、项目实施、竣工验收或开业运作、运营或退出。

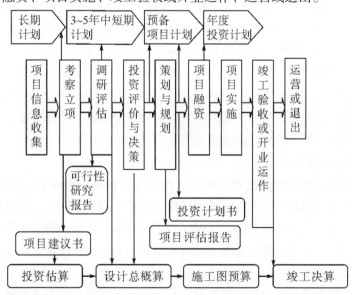

图 6-1　旅游项目的一般实施流程

（资料来源：姜若愚，等. 旅游投资与管理［M］. 昆明：云南大学
出版社，2007：118）

（一）项目信息收集

旅游投资商在选择已有旅游项目或新旅游项目时，必须进行必要的信息收集、整理和分析，以寻找有盈利潜力和可行的项目投资机会。投资商通常通过参加国际性或区域性专业招商引资类会展活动（展览会、交易会、项目推荐会、节事活动等）或借助专业网络、期刊、报纸、社交网络等渠道，获取旅游招商引资项目信息。项目信息包括项目发展定位、建设内容、规划面积、投资概算、市场规模、投资政策、发展环境等。

（二）项目考察立项

旅游投资商对拟参与或新建旅游项目进行信息收集并遴选出初步意向项目，随后需要对意向项目进行深入考察和审慎调查，以决定是否正式立项。旅游项目考察是项目立项的机会研究阶段，是项目能否初步立项的基础评价环节。考察的内容主要包括三个方面：一是相关信息收集，包括产业政策、发展状况、市场规模、行业情况等。二是旅游资源调查与评价，包括旅游资源的类型、质量、价值等。三是旅游市场调研与预测，包括市场需求、竞争状况、产品吸引力等。

（三）项目调研评估

旅游项目调研评估一般称为可行性研究，它是从旅游项目投资决策角度出发，借助技术经济方法和工具分析、预测、评价特定旅游项目未来的成本、收益和风险，确定该旅游项目是否现实可行。旅游项目可行性研究要根据旅游项目的具体要求，正确使用定量与定性相结合的分析方法，通过深入研究，实事求是地预测项目效益与风险，从而提供充分论据供投资者、开发者、经营者和相关部门决策参考。

旅游项目可行性研究报告的编制依据包括：项目建议书（初步可行性研究报告），国家、地方的经济和社会发展规划，旅游及相关部门发展规划，国家有关法律、法规、政策，有关机构发布的工程建设方面的标准、规范、定额，中外合资、合作项目各方签订的协议书或意向书，编制可行性研究报告的委托合同，旅游、林业、矿产、地热、地质等方面的专题报告，其他有关依据资料。报告的主要内容包括：总论，市场调查与预测，区域概况与资源评价，游憩方式评价，开发主体评价，商业模式分析，建设规模与产品方案，地址选择，工程方案，总图交通与公用辅助工程，环境影响评价，劳动安全、卫生与消防，组织架构与人力资源配置，项目投资估算，融资安排，财务预测与评价，国民经济评价，社会评价，风险分析等。

（四）项目投资评价与决策

旅游项目投资评价是投资商对可行性研究报告的评估，也是对前期系列工作的评价。旅游项目评价的内容主要包括：自然与人文资源、投资环境、市场基础、产品策划、营销模式、场址选择与建设条件、设计与建设方案、多维影响、投资估算、融资方案、财务收益回报、人力资源、资本和管理构架、风险分析及规避方案、商业模式与投资价值、社会效益等。

旅游项目投资决策是为达到一定的投资目标，对旅游项目的多个差异化方案进行比较、分析，从中选择和确定一个最优方案的过程。旅游项目投资决策的实质是依据综合效益确定旅游项目各投资方案的优先顺序，其基本思路是：首先，分别列出各投资项目产生综合效益的各领域，并分别计算各领域的数值。其次，根据国家或地方政府旅游政策强调的重点，对各领域的数值进行加权，以确定各个领域的相对重要性。最后，综合计算形成各投资项目的综合效益指数，比较各投资方案的优劣。

（五）项目策划与规划

实际工作中，旅游项目策划在项目信息收集和机会研究阶段就已启动，早于调研评估评价决策。策划是否成功，直接影响着项目的投资评价与决策结论甚至决定着项目的最终成败。旅游项目策划由两大部分组成：一是战略性策划，即方向性策划，是形成项目投资总体思路和投资方案的过程，通俗地讲，就是选好方向和找好位子。二是战术性策划，或称为技术性策划或运营策划，是项目的操作性策划，是把项目的投资总体思路和投资方案细化成项目建设方案的过程，通俗地讲，就是布置好"火力"。

《旅游规划通则》指出：旅游发展规划是根据旅游业的历史、现状和市场要素的变化，制定目标体系，以及为实现目标体系而在特定的发展条件下对旅游发展的要素所做的安排。我们进行的旅游区规划，是为了保护、开发、利用和经营、管理旅游区，使其发挥多种功能和作用而进行的各项旅游要素的统筹部署和具体安排。因此，旅游项目规划要满足"提高游客满意度状况、提高经济效益、改善企业状况、可持续地利用资源、促进社区发展"等旅游发展目标，围绕"场地、目的地、区域"三大尺度来实现规划方案。旅游项目规划要强调对未来的预测性、与产业的互动性、与经济发展的协调性。因此，旅游投资商通过邀请、征集和招标等形式委托专业旅游规划公司对旅游项目进行规划成为通常的做法。

（六）项目融资

为分散风险，旅游投资商通常不会完全用自有资金进行旅游项目投资建设，而是依靠项目融资解决资金问题。旅游项目融资是指对旅游项目投资资金筹措的目标、结构、渠道和方式等进行长期和系统的谋划，旨在为旅游项目实施和获取长期竞争力提供可靠的资金保证，并不断提高融资效益。旅游项目的融资需要解决的主要问题有：为什么筹资、从何处筹资、何时筹资、用什么方式筹资、筹集多少资金、筹资的成本为多少，等等。旅游项目的融资渠道主要是商业银行贷款、发行债券、股权融资，还包括供应商提供的信贷、政府间的双边贷款、世界银行及其附属机构贷款、世界银行与其他信贷机构的混合贷款、其他创新性融资工具等。

（七）项目实施

在旅游项目完成规划后，即可将旅游项目建议书、旅游项目可行性研究报告等资料向行业管理部门报批，完成项目实施前所需要履行的法律程序。旅游项目实施过程从投资决策开始至项目竣工验收完成或开业运作时结束，又称为项目管理阶段，具体指在项目实施过程中对项目任务、资源和成本等进行计划、组织、控制和评价，以求在一定预算和时间内达到项目既定目标和可接受的质量水平。

（八）项目竣工验收或开业运作

项目完工后要备齐人、财、物等要素，制定科学有效的营销方案，才可以开业运作。比如，景区项目的开业工作由景区管理部门负责，应在工程竣工前进行营业准备工作，包括筹集营业资金、招聘和培训员工、采购生产物资、建立供货渠道、制订营销计划和健全规章制度等。旅游经营单位在竣工验收结束后，持竣工验收单等相关资料到旅游主管部门办理旅游经营许可证,跨县(市、区)景区景点开业要报上一级旅游主管部门审核。取得旅游经营许可证后,旅游经营单位向工商管理部门(现为市场监督管理部门)申请办理营业执照,到税务、物价及其他相关部门办理开业手续。旅游景区景点在正式开业运营满一年后,可以择机向当地旅游主管部门申请景区等级评定。

(九)旅游投资商的运营或退出

旅游投资商通过成功运作特定旅游项目,吸引外来投资进入,实现项目的整体溢价后,即可选择持续该项目的经营或退出该项目,也可以在特定经营期限内获得一定收益后通过不同的退出方式退出,进而回收投资并通过新的项目投资再行获利。

第二节　休闲与旅游项目策划

一、项目策划的概念与原则

(一)旅游项目策划的概念

策划是一种立足现实、面向未来的行为或活动。诸多学者对旅游策划下过定义,如沈祖祥认为,旅游策划是指旅游策划者为实现旅游组织的目标,通过对旅游市场和旅游环境等的调查、分析和论证,创造性地设计旅游方案,谋划对策,然后付诸实施以求获得最佳经济效益和社会效益的运筹过程。杨振之认为,旅游策划是通过创意去整合、连接各种资源和相关因素,再通过对各细分目标市场需求的调查研究,为市场推出所需要的产品组合,并对其付诸实施的可行性进行系统论证的过程[1]。肖星认为,旅游策划是旅游策划主体为达到一定目标,根据旅游地或旅游企业的旅游资源现实情况及旅游市场发展信息,预测旅游活动和旅游变化的趋势,通过一定的途径和方法,对旅游地或旅游企业整体发展或局部某项工作或事件进行全面的构思、设计、制定和选择切实可行的方案,从而形成正确决策和达到高效工作的创造性思维过程[2]。上述旅游策划的定义表述虽有差异,但存在着一些共同之处:一是旅游策划应该有确定的目标;二是旅游策划需要对旅游资源和旅游市场进行深入研究;三是旅游策划是一种创造性思维活动;四是旅游策划是一个复杂的过程;五是旅游策划与旅游规划既有区别又相互联系,旅游策划是旅游规划有效实施的保障。综上所述,本书认为旅游项目策划是指依据有关信息判断事物的变化趋势,确定可能实现的目标,并以此来设计、选择能产生最佳效果的旅游资源配置和行动方式,进而形成正确决策和实施方案,并努力保障目标实现的创造性思维过程。

一般来说,旅游项目策划是直接面对市场的产品策划,具有十分重要的作用。在项目启动前,要对项目开发总体思路和战略进行策划,进而理清思路、优化方案,减少可

---

① 王庆生. 旅游项目策划教程 [M]. 北京:清华大学出版社,2013:13-15.
② 肖星. 旅游策划教程 [M]. 广州:华南理工大学出版社,2005:2.

能存在的重要隐患和市场风险。根据策划对象的不同，可分为旅游设施建设策划、旅游产品策划、旅游线路策划、旅游活动策划、旅游营销策划等。根据项目类型的不同，可分为文化旅游项目策划、休闲度假旅游项目策划、乡村旅游项目策划、生态旅游项目策划、康养旅游项目策划、体育旅游项目策划等。根据空间范围的不同，可分为大区域旅游综合开发策划、小区域旅游开发项目策划和单一旅游项目策划等。

旅游项目策划除具有一般项目策划的特征外，还有其自身的独特性。一是功利性，主要体现在旅游项目策划能带来综合性的效益。二是社会性，主要体现在旅游项目建设能够对社会发展产生影响。三是创新性，主要表现在创新性旅游项目的不断推出。四是时效性，这一特征来源于旅游资源吸引力和旅游市场需求的不断变化，要求旅游策划者根据市场需求的变化进行策划方向的调整。五是超前性，主要表现在要对未来市场需求发展趋势进行较为准确的预测，从而保证项目在较长时间内具有吸引力和生命力。六是生态性，主要体现在旅游项目策划要在保持或改善生态环境的前提下向旅游者和社区居民提供有价值的游憩产品。七是人本性，主要体现在旅游项目策划要以人为本，围绕游客和原住民的体验需要进行思考，力求旅游项目的独特性。

（二）旅游项目策划的原则

旅游策划者策划的旅游项目或旅游产品，只有通过旅游者消费才能实现其价值。市场是旅游项目或旅游产品的试金石，能否发现并满足市场需求是旅游策划成功与否的关键条件，因此需求导向是旅游项目策划要遵循的首要核心原理。从人类需要的层次性来讲，旅游满足的是超越基本生理需求和物质需求的更高层次的精神需求，其实质是一种旅程与暂居过程中的丰富体验，因此旅游策划者的核心任务就是为游客创造丰富而独特的旅游体验，这形成了旅游项目策划的另一核心原理。以这两大核心原理为基础，结合旅游项目策划的实际经验，学者们总结了旅游项目策划的主要原则①。具体而言，在旅游项目策划中，需遵循五项原则：

一是突出项目特色原则。在激烈的市场竞争中，旅游项目只有突出自身特色、突出差异化，才有可能争夺生存的空间。以创新发展思路为指引，从特色化主题着眼，做到人无我有、人有我优、人优我新、人新我转，在旅游项目策划中始终突出自身特色。在文化与旅游融合发展的背景下，尤其要重视对特色文化资源的深度发掘，通过活化的方式将不同的文化元素和基因转化为旅游项目的灵魂和特色。在文化开发利用中要始终坚持中国特色社会主义文化发展道路，增强文化自信，发展面向现代化、面向世界、面向未来的，民族的科学的大众的社会主义文化，激发全民族文化创新创造活力。与此同时，还要坚守中华文化立场，注重提炼展示中华文明的精神标识和文化精髓，积极构建中国话语和中国叙事体系，讲好中国故事、传播好中国声音，展现可信、可爱、可敬的中国形象。

二是遵循市场规律原则。旅游市场承担着产品交换、实现价值的任务，也是连接供给方和需求方的纽带。作为供给方的旅游项目一定要充分重视市场的需求状况，以市场需求及未来发展趋势为导向，构思并评估项目的市场竞争力。同时，从旅游系统的整体

---

① 王庆生. 旅游项目策划教程［M］. 北京：清华大学出版社，2013：24.

性出发，充分考虑游客的需求类型，综合构建吃、住、行、游、购、娱等多要素的产品和服务配套体系，使游客获得高品质、便捷舒适的旅游消费体验。

三是注重综合效益原则。旅游项目策划需综合考虑经济效益、社会效益、文化效益、生态效益等多重效益。旅游是人们生活的重要组成部分，旅游业也被称为幸福产业，与文化、养老、健康等产业联系密切，旅游活动会直接影响人们的身心健康、精神愉悦和生活幸福。因此，旅游项目策划不能仅仅注重经济效益，还必须承担企业社会责任，将社会效益、生态效益纳入指标体系。旅游产品本身的愉悦功能和所有权的不可转移性要求旅游策划对各种旅游资源进行可持续开发，从而保证在满足旅游者需求的同时实现旅游业的可持续发展。总体而言，就是要坚持把社会效益放在首位、社会效益和经济效益相统一。不断健全现代文化旅游产业体系和市场体系，实施重大文化产业项目带动战略。加大文物和文化遗产保护力度，加强城乡建设中历史文化保护传承，建好用好国家文化公园。坚持以文塑旅、以旅彰文，推进文化和旅游深度融合发展。

四是生态保护优先原则。生态文明建设，不仅关系人民福祉，更关系民族未来。旅游项目策划要贯彻生态优先、绿色发展的指导思想，走生态旅游、绿色旅游、可持续旅游的高质量发展道路。在旅游开发过程中要突出生态保护优先、可持续发展优先原则。对自然旅游资源，要树立和践行"绿水青山就是金山银山"的保护观念，协调好旅游经济发展与自然保护的平衡关系。对人文旅游资源，必须认真贯彻《中华人民共和国文物保护法》，坚持有效保护、合理利用、加强管理。

五是投资渠道多元化原则。资金是旅游项目的血脉，在项目策划中要根据项目的内在结构和开发序列，多渠道筹措资金，除传统融资方式外，还要利用 BOT（建设—经营—移交）、BT（建设—移交）、TOT（移交—经营—移交）、TBT（移交—建设—移交）、PPP（公私伙伴关系，又称公私合作制）等新融资模式，降低投资风险，确保资金充足。并且，应实施全面规划、分期建设，优先布局投资小、效益大的关键基础项目，优化设计和施工阶段，力求缩短建设周期，提高资金使用效率。

二、项目策划的内容与程序

（一）旅游项目策划的内容

旅游项目策划要解决项目发展过程中的一些核心问题，这些核心问题的解决事实上就构成了旅游项目策划的主要内容。它主要包括：第一，旅游项目的名称。项目名称是旅游者接触到的关于该项目的第一信息，因此项目名称设计意义是否准确、用词是否有识别度都至关重要。第二，旅游项目的内涵。旅游项目策划要明确该项目的产品内涵和产品体系，如主导产品、支撑产品和辅助产品等，关键是要规定旅游项目所能提供的主导产品或主导活动的类型。第三，旅游项目的选址。在地域空间上，旅游项目策划要明确每个旅游项目的占地面积及地理位置、各建筑的整体布局、开放空间的大小及其安排。第四，旅游项目的风格。旅游项目策划要明确项目中主体建筑物的规模、形状、外观、颜色和材料，主体建筑物内部的装修风格，旅游服务设施和旅游辅助设施的外观、形状和风格。第五，旅游项目的管理。旅游项目策划除为项目开发建设提供思路外，还应对项目的工程建设管理、日常经营管理、服务质量管理以及经营成本控制等问题提供相应解决方案。

旅游项目策划书是项目策划成果的直观展示，在策划书中需要系统地分析旅游项目的概况，旅游项目的背景，旅游项目的总体战略思路，旅游项目的总体建设方案，旅游项目投资总额估算与资金筹措方案，旅游项目的市场分析与营销策略，旅游项目投资的经济效益与社会效益分析和预测，旅游项目投资的风险分析与抗风险措施，旅游项目投资的环保评价，旅游项目投资建设的实施计划，旅游项目投资结论与建议，其他相关表格或资料附件。

（二）旅游项目策划的步骤

在实际工作中，旅游项目策划一般可分为以下几个步骤：

1. 旅游项目策划的问题界定

在现实中，一个特定旅游项目的策划是在项目所在区域的土地利用建设规划、旅游产业发展规划以及旅游区开发规划的前提下进行的。受此类规划的指导和约束，旅游项目策划要根据上位规划的要求来明确界定该项目的空间范围面积、土地利用性质、适宜项目类型以及建筑风格要求等核心问题，进而开展下一步工作。同时，在这一阶段还需要多领域专家及策划者构成合理高效的项目策划工作团队。

2. 旅游开发区域的环境分析

旅游开发区域的环境分析包括内部环境分析和外部环境分析。内部环境主要分析旅游开发区域的自然资源、人文资源、物力资源和财力资源，了解该区域的人才储备状况、基础设施水平、开发资金实力等。外部环境主要分析旅游市场需求状况、旅游项目间竞争状况和旅游市场发展趋势，形成对旅游市场的深入理解。

3. 旅游开发区域的资源分析

旅游项目的特色往往由当地的旅游资源特色决定，旅游项目的开发建设需要与所在旅游开发区域的旅游环境和整体氛围保持一致。旅游项目策划者要进行旅游资源的系统全面调查，对旅游资源特性及其产品适宜性进行仔细分析，以此作为旅游项目策划设计的核心基础。

4. 旅游项目策划的创意构思

这主要包括如下环节：一是策划创意与基调确定。运用头脑风暴法或经验分析法，进行项目概念创意，并将所有创意分别单列出来。二是讨论项目概念。依据旅游资源、区位环境、政策环境和市场需求等对创意方案进行全面讨论。三是确定项目功能方案。在对项目功能进行分析和整理的基础上，筛选出合理的、有价值的发展方案，选定重点项目。四是项目内涵挖掘包装。对先前创意的"概念"进行内涵挖掘和包装，使概念具象化，转化为提供给旅游者并满足其需求的旅游产品。五是项目形象设计。对项目的整体形象、市场形象等进行综合设计，以便传播推广。六是项目可行性分析。结合市场状况及企业自身实际，对创意的可行性进行评估研判。

5. 旅游项目策划的构思评价

项目构思完成后，还要根据市场指标进行构思的成本和效益测算，甄别有价值的构思，淘汰不具有可行性或成功概率较小的方案，确保选择出最优的旅游项目构思。

6. 撰写旅游项目策划书

撰写旅游项目策划书的主要内容包括：封面、序言或摘要、目录、正文内容、附件和参考资料等。

第三节　休闲与旅游项目管理

一、项目管理与项目管理者

项目管理是指在项目活动中运用专门的知识、技能、工具和方法，使项目能够实现或超过项目利益相关者的需要和期望。项目管理是一种科学管理方式，贯穿项目实施的全过程，其关键内容在于对项目进度、费用和质量的协调与控制。休闲与旅游项目管理是指为达到项目投资建设的目标，在休闲与旅游项目建设期内的计划、组织和控制过程，具体包括项目工程的招投标，项目的计划与组织，项目合同管理，项目的投资、进度、质量和成本控制，项目的竣工验收与项目后评价，项目融资，项目采购，项目风险管理等内容[①]。

休闲与旅游项目的直接与主要管理者一般是项目经理，项目经理是对保证按照预算、按照工作范围以及按照所要求的性能水平按时完成项目全面负责的人。项目经理负责全面领导，统一指挥，不仅要努力实现项目的范围、时间、质量等目标，还必须协调整个项目过程，满足项目参与者及其他利益相关者的需要和期望。项目经理的任务与责任包括六个方面：①科学组织和有效协调；②制订计划与目标管理；③控制费用、进度和质量；④合同与信息管理；⑤资金及其他资源管理；⑥应对与解决突发性问题。具体而言，项目经理要开展九个方面的管理工作，包括项目整体管理、范围管理、时间管理、成本管理、质量管理、人力资源管理、沟通管理、风险管理、采购管理等。

与责任相匹配，项目经理同时具有五种权限：一是用人权，有权决定项目管理团队成员的选择、聘任、考核、奖惩及辞退。二是财权，有权在财务制度允许范围内，运用资金购置资产或进行报酬分配等。三是进度计划权，有权对项目进度进行计划、检查、调整和资源配置等。四是技术质量监督权，有权批准有关技术质量方案与措施，把好技术和质量关。五是物资采购权，有权对采购方案、目标和到货要求等做出决策。

二、旅游项目管理过程

旅游项目管理通常包括五大过程：一是项目启动过程，即项目通过审批并开始启动建设实施过程。二是项目计划过程，制定项目目标并选择最佳的实施方案。三是项目执行过程，即组织人员并协调其他资源以推进项目实施。四是项目控制过程，即通过定期采集执行情况数据，监控项目的实施情况与计划的差异程度，并及时采取纠偏行动，确保项目进度不偏离目标。五是项目收尾过程，即实现项目全面完成及竣工验收和交付使用。

项目管理涉及的内容要素众多，但是其中项目进度、费用和质量是最为关键的三个

①　姜若愚，刘奕文. 旅游投资与管理［M］. 昆明：云南大学出版社，2007：340.

指标。基于此，学者们提出了项目三坐标管理方法，即项目的进度管理、费用管理和质量管理。首先，进度管理决定了旅游项目能否按期完成。旅游项目的进度管理可分为进度计划编制和进度计划控制两大环节。其次，费用管理决定了旅游项目能否按照批准和预算完成。旅游项目的费用管理主要包括人财物等资源计划、项目费用估计及费用预算、项目费用控制等。最后，质量管理决定了旅游项目能否按照设计者规定的质量要求完成，包括使整个项目的所有功能和活动能够按照设计的质量及目标要求实施。

案例

宽窄巷子：文化旅游商业项目策划实录

天府少城规划区位于成都市中心区，为青羊区所辖，距天府广场西侧 1 000 米左右，北以泡桐树街为界，南以金河路口为界，西以下同仁路以西 50 米为界，控制面积约 480 亩（1 亩 ≈ 667 平方米），其中核心区占地约 100 亩。天府少城核心区——宽窄巷子区域是体现成都老少城传统民居特色的旧居住区，是成都三个历史文化保护区（大慈寺、文殊院、宽窄巷子）中老成都街巷保存最完好的一个。其主要特色为：33 条胡同分列东西，呈"鱼脊骨"形的道路格局，为我国古城罕见的形态；街区内部有清代格局的一户三间的营房、合院式建筑、民国时期的中西合璧式和老成都的四合院等布局，建筑风格多样兼容；沿街传统特色立面保存基本完好，遗存有不同风格、不同材料、不同朝向、不同尺度的大门，整体风貌特点明显。

一、宽窄巷子项目的总体形象定位

"历史文脉凝结的城市老底片、休闲经济构筑的都市新客厅"。其内涵是：具有鲜明地域文化特色和深厚历史氛围，展现老成都原真民居建筑形态和原生特色宅院的保护区；是历史文化与现代都市文化交融的、以文化催生经济、以经济滋养文化的旅游休闲经济核心展示区；是保鲜老成都城市品位的流动博物馆；是以"新会馆休闲经济"为模式的集企业形象展示和商贸社交于一体的企业都市领事馆；是旅游四川的第一驿站；是表现当代成都人价值观和生活方式，融聚中华美食、天下美食、恭迎八方来宾的都市会客厅；是维系成都人、四川人情感的人文根脉之地；是城市间文化经济交流的接口。

二、宽窄巷子项目的总体产品定位

"百年原生民居形态里的传统与时尚结合的复合型文化商业街区"。其主要业态类型包括：少城文化商业休闲广场、川菜博物馆、中华美食荟萃街、老成都文化休闲表演区、企业领事馆、同乡会馆、私人会馆、超星级高端酒店、星级宅院宾馆、酒吧、茶馆、咖啡屋、艺术聚落、异域风情休闲区、旅游接待中心等。

三、宽窄巷子项目的商业个性定位

"新会馆休闲经济院落"。宽窄巷子提出的"休闲经济"不是一般意义上的休闲业态的组合体，而是站在"休闲之都"的人文高度，将文化内涵与经济内涵充分结合，旨在繁荣经济和提升城市竞争力的一种崭新的城市经济学和文化经济学观点，是文化创造品位、文化创品牌、文化创造思想的最集中表达。传统会馆作为中国特有的区域性交往的产物，是专为同乡人停留、聚会、祭祖以及从事商务活动的场所；新会馆休闲经济院落以餐饮、娱乐、住宿、祭祖、节庆庆典、商业活动为一体的业态组合，是现代消费方式在历史文化背景下的深刻体验场所，构成了宽窄巷子特殊的最具代表性的商业文化板块和产业组合模式，形成一种独有的商业运营模式。

资料来源：杨健鹰. 宽思窄想：成都宽窄巷子策划实录 [M]. 汕头：汕头大学出版社，2011.

◆案例讨论

1. 你去过宽窄巷子吗？谈谈你对宽窄巷子的整体感受。
2. 你认为旅游项目总体形象定位的主要依据是什么？
3. 你认为旅游项目的业态组合应该如何确定？
4. 你认为宽窄巷子拥有哪些文化背景？其文化形象定位该如何确定？

思考题

1. 请举例说明旅游项目与旅游产品的联系与区别。
2. 常见的旅游项目有哪些类型？
3. 请简述旅游项目的实施流程。
4. 请简述旅游项目策划的步骤。
5. 你能否结合一个具体的旅游目的地，谈谈你认为适合该地的旅游项目，以及如何实施该项目？
6. 市场调查是项目策划的一个至关重要的环节，你知道如何进行市场调查吗？请你结合某一案例，谈谈市场调查对于项目策划的影响以及市场调查的方法。

第七章
休闲与旅游资源

> ➤学习目标

　　资源是人类社会赖以生存和发展的基础，对资源的利用水平直接反映出社会经济发展的水平。资源禀赋决定了旅游发展的方向，对休闲与旅游资源的有效开发与利用，有助于旅游市场健康可持续发展。

　　本章学习目标：

　　★明确休闲与旅游资源的定义和特点。

　　★熟悉旅游资源分类的标准。

　　★掌握旅游资源综合评价的内容及评价方法。

　　★了解旅游资源的开发原则与存在的困境。

　　★掌握旅游资源保护的原则与策略。

第一节　休闲与旅游资源概述

一、休闲与旅游资源的定义

　　资源是一个总的概念，是对一切可被人类开发与利用的物质、能量、知识和信息的总称。资源是休闲与旅游业发展的客观基础，亦是休闲与旅游活动的重要组成部分。旅游资源是一个复杂而包容性广泛的巨大系统，《旅游规划通则》将旅游资源定义为：自然界和人类社会中凡能对旅游者产生吸引力，可以为旅游业所开发、所利用，并可产生经济效益、社会效益和环境效益的各种事物现象和因素均被称为旅游资源。在此基础上，《中国旅游资源普查规范》进一步明确定义：自然界和人类社会，凡能对旅游者有吸引力、能激发旅游者的旅游动机，具备一定旅游功能和价值，可以被旅游业开发与利用，并能产生经济效益、社会效益和环境效益的事物和因素。

在旅游学界，郭来喜将旅游资源定义为：凡能为旅游者提供观光游览、知识乐趣、度假疗养、娱乐休息、探险猎奇、考察研究、寻根访祖、宗教朝拜、商务交往以及人民友好往来的客体与劳务等，并具有开发价值者，均可称为旅游资源。邓观利认为，凡是可以吸引旅游者的自然和社会因素均统称为旅游资源，旅游资源是在现实条件下，能够吸引人们产生旅游动机并进行旅游活动的各种因素的总和。其后，保继刚提出，旅游资源是指对旅游者具有吸引力的自然存在和历史文化遗产以及直接用于旅游目的的人工创造物。谢彦君认为，旅游资源是指先于旅游而客观存在于一定地域空间并因其对潜在旅游者所具有的休闲体验价值而可供旅游产业加以开发的潜在财富形态。可以是具体物质形态的单体或复合体，也可以是综合利用复杂的物质形态而呈现的社会文化现象。有学者还认为，旅游资源亦属于旅游吸引物（tourist attractions）的范畴，还包括旅游活动中各种基础设施和旅游服务因素等。尽管各自的表述不尽一致，但大家一致同意从供需角度认识旅游资源。一方面，从旅游者的角度，资源要具有吸引力，能够满足旅游者的物质和精神需求；另一方面，从旅游业的角度，资源通过开发与利用，能够创造和产生经济效益、社会效益等。

综上所述，休闲与旅游资源可被定义为：自然界和人类社会中通过合理形式加工组合并以满足人们休闲旅游需求为目的的各种有价值的因素的总和。它既包括有形的物质自然景观资源，也包括无形的非物质类文化习俗资源。自然景观资源主要是气候、地形地质地貌、生物、水文等资源，而基于人类智慧创造或改建的人文景观资源包括历史古迹与建筑类、休闲康养类（科教文化设施、疗养和福利设施、植物园、绿地湿地、体育场馆等）和娱乐消遣类（市场与购物中心、城市综合体、游乐园、主题公园等）。

二、旅游资源的主要特点

与其他类型的资源相比，旅游资源具有自身的独特性。通过对现有学术观点的归纳，旅游资源主要具有多样性与丰富性、观赏性与体验性、创新性、价值综合性、吸引力的特定性等特点。

（一）资源的多样性与丰富性

旅游资源是一个内容多样的集合体，我国是世界上旅游资源最为丰富的国家之一。多样性是指资源种类的多种多样，丰富性是指同一种类资源内部层次结构的复杂性。中国国土辽阔，自然资源非常丰富，有着丰富的地貌景观和土地资源，天然形成了平原、海滨、山地、丘陵、高原、沙漠、冰雪等多种类型的休闲旅游度假胜地。人文资源是整个人类生产生活的产物。中国作为古人类文明的发源地之一，以历史悠久、文化底蕴深厚而著称，形成了北京故宫、西安兵马俑、茶马古道等国内著名古迹景点。

（二）资源的观赏性与体验性

观赏性是资源的美学价值，体验性是指资源能够给游客带来视觉或听觉或味觉的冲击和心理的感悟。河流湖泊、山体异石等自然风景名胜以其绚丽的色彩、浑然天成的造型、独特的韵味对旅游者产生强烈的吸引力，给旅游者带来形象美、色彩美、情调美等。遗址遗迹、文学艺术、民族风情等人文风光，则给游客带来文化美、价值美、工艺美等，感慨巧夺天工的技艺和人类智慧的伟大。无论是自然风光还是人文资源，人们在观赏审美的同时，还可以净化人的心灵、陶冶情操，产生令人愉悦难忘的体验。

（三）资源的创新性

旅游资源在凝结人类智慧和劳动的过程中，是一个不断创新、丰富和发展的过程。随着大众旅游时代的到来，旅游者的旅游方式呈现出多样化趋势，出游动机和需求也在持续变化，要求旅游经营者必须以创新的思路看待旅游资源，不断推陈出新，转型升级，创造出更加丰富的旅游吸引物。尤其在文旅融合发展背景下，充分发掘资源的文化价值和文化特色，促进文化旅游资源的创造性转化和创新性发展，在保护好资源的前提下，为旅游者提供更加优质的产品和服务。

（四）资源的价值综合性

旅游资源不仅具有种类的多样性和丰富性，而且从资源价值的视角，还具有价值的综合性特点。任何一种旅游资源，其价值绝不仅限于满足游客需要，而是具有经济价值、文化价值、科学价值、美学价值等多方面的价值。比如，国家森林公园或自然生态保护区内的动植物资源、风景名胜区内的地形地貌等都具有十分重大的科考价值。秦始皇陵、敦煌莫高窟、三星堆、都江堰等遗址遗迹，传统礼仪、节庆民俗等非物质文化遗产，对认识我国古代社会生活形态及生产力发展状况具有重要的历史文化价值。

（五）资源吸引力的特定性

对旅游者具有吸引力是旅游资源的本质特征，因此，有学者认为吸引定向性可以作为旅游资源理论的核心。但就某项具体的旅游资源而言，其吸引力具有明确的特定性，即指向某一类旅游群体的需求，而非泛泛指向所有人的需求。也就是说，同一旅游资源对不同的人并不产生同等的吸引力。比如，悬崖峭壁对喜欢攀岩的游客而言，能够产生强烈的吸引力，而对其他游客则不会引起特别的注意。郎酒公司位于古蔺县二郎镇蜈蚣岩用于贮酒的天宝洞和地宝洞，让喜欢酒文化的游客趋之若鹜，对不饮酒的人而言则吸引力不大。因此，旅游经营者需要根据市场需求和游客偏好，寻找细分市场，以便更好地开发和利用旅游资源。

三、旅游资源的分类标准

旅游资源的分类既是理论问题也是实践问题，根据不同分类标准可以划分为多种类型，对旅游资源进行有效分类有助于资源普查和规划工作。旅游资源具有多样性、丰富性、创新性、综合性等特点，彼此之间差异显著，并且具象和抽象形态同时存在，分类较为困难。在早期的分类中，可按旅游者的旅游动机划分为心理方面的旅游资源、精神方面的旅游资源、经济方面的旅游资源和健身旅游资源；按资源的开发状态划分为已开发旅游资源（现在态）、待开发旅游资源（准备态）和潜在旅游资源（潜在态）；按资源的客体属性划分为物质性旅游资源、非物质性旅游资源和物质与非物质共融性旅游资源；按资源的属性划分为自然景观资源、建筑人文景观资源和传统习俗资源。对资源进行分类主要是为了满足旅游管理实践以及规划开发的需要，传统分类法中常用的方法包括两分法、资源级别分类法、色彩分类法、国家标准分类法、地域分类法等。

（一）两分法

这是最为常用的分类方法，也是最直接的分类方法，将旅游资源按形成原因和自身属性分为自然旅游资源和人文旅游资源两大系列。自然旅游资源是指在自然发展和地理变迁过程中天然形成的旅游资源，人文旅游资源是指在人类社会发展过程中通过人为改造而后天形成的旅游资源。两分法的优点在于简单明了、易于运用和掌握，但该分类方法口径较大，略显粗糙，对于实践规划的指导意义不强，过于强调资源的自身属性而忽略了资源的价值差异。

（二）级别分类法

此分类法按照不同旅游资源的吸引力大小、知名度的差别、有关资源的品位或级别进行分类，可分为世界级、国家级、省级和市（县）级旅游资源四类。世界级旅游资源是级别最高的一类，是指经全球性的国际组织批准授牌的景区，主要有世界遗产、世界地质公园等。我国于1985年正式加入《保护世界文化与自然遗产公约》，截至2023年年底，我国拥有57项世界遗产，数量居世界第一，其中世界文化遗产39项（如表7-1所示）、世界文化与自然双重遗产4项（泰山、黄山、峨眉山—乐山大佛、武夷山）、世界自然遗产14项（如表7-2所示）。北京以7项世界遗产成为全球拥有遗产项目数量最多的城市。国家级旅游资源主要包括国家林业部门批准设立的国家级自然生态保护区和国家级森林公园，以及由国务院审定公布的国家著名风景名胜区、历史文化名城、古村落、重点文保单位。省级和市（县）级旅游资源是由当地政府主管部门认定的具有本地特色的自然风貌、文化遗产等旅游资源，如省级自然保护区（森林公园）、省级风景名胜区、省级历史文化名城（名镇）、市（县）级风景名胜区、市（县）文物保护单位等。级别分类法能够直观地反映出资源的影响力大小和知名度，使旅游者对资源的品质级别一目了然。但级别分类法是以整个景区为基础的，未能考虑其他较小单元，无法充分反映不同级别资源间的内在联系，因此不便建立完善的评价标准体系。

表7-1　中国世界文化遗产名录

名称	地点	认定时间
长城	黑龙江、吉林、辽宁、河北、天津、北京、山东、河南、山西、陕西、甘肃、宁夏、青海、内蒙古、新疆	1987.12
莫高窟	甘肃敦煌	1987.12
明清故宫	北京故宫，北京 沈阳故宫，辽宁	1987.12 2004.7.1
秦始皇陵及兵马俑坑	陕西西安	1987.12
周口店北京人遗址	北京周口店	1987.12
拉萨布达拉宫历史建筑群（含大昭寺、罗布林卡）	西藏拉萨	1994.12
承德避暑山庄及其周围寺庙	河北承德	1994.12
曲阜孔庙、孔林和孔府	山东曲阜	1994.12

表7-1（续）

名称	地点	认定时间
武当山古建筑群	湖北武当山	1994.12
庐山风景名胜区	江西庐山	1996.12.6
丽江古城	云南丽江	1997.12
平遥古城	山西平遥	1997.12
苏州古典园林	江苏苏州	1997.12
北京皇家祭坛——天坛	北京	1998.11
北京皇家园林——颐和园	北京	1998.11
大足石刻	重庆大足	1999.12
龙门石窟	河南洛阳	2000.11
明清皇家陵寝	明显陵（湖北）、清东陵（河北）、清西陵（河北） 明孝陵（江苏）、明十三陵（北京） 清盛京三陵（辽宁）	2000.11 2003.7 2004.7
青城山—都江堰	四川成都都江堰	2000.11
皖南古村落——西递、宏村	安徽黟县	2000.11
云冈石窟	山西大同	2001.12
高句丽王城、王陵及贵族墓葬	吉林、辽宁	2004.7.1
澳门历史城区	澳门	2005.7.15
安阳殷墟	河南安阳	2006.7.13
开平碉楼与村落	广东开平	2007.6.28
福建土楼	福建厦门	2008.7.7
五台山	山西忻州	2009.6.26
登封"天地之中"历史古迹	河南登封	2010.8.1
杭州西湖文化景观	浙江杭州	2011.6.24
元上都遗址	内蒙古锡林郭勒盟	2012.6.29
红河哈尼梯田文化景观	云南红河州	2013.6.22
大运河	北京、天津、河北、山东、河南、安徽、江苏、浙江	2014.6.22
丝绸之路：长安—天山廊道的路网	陕西、甘肃、新疆、河南	2014.6.22
土司遗址	湖南、湖北、贵州	2015.7.4
左江花山岩画文化景观	广西崇左	2016.7.15
鼓浪屿：历史国际社区	福建厦门	2017.7.8
良渚古城遗址	浙江杭州	2019.7.6

表7-1(续)

名称	地点	认定时间
泉州：宋元中国的世界海洋商贸中心	福建泉州	2021.7.25
普洱景迈山古茶林文化景观	云南普洱	2023.9.17

资料来源：根据世界遗产中心数据整理。

表7-2　中国世界自然遗产名录

名称	地点	时间
黄龙风景名胜区	四川阿坝	1992.12.7
九寨沟风景名胜区	四川阿坝	1992.12.7
武陵源风景名胜区	湖南张家界	1992.12.7
云南三江并流保护区	云南	2003.7.2
四川大熊猫栖息地	四川	2006.7.12
中国南方喀斯特	云南、贵州、重庆、广西	2007.6.27 一期 2014.6.23 二期
三清山世界地质公园	江西上饶	2008.7.8
中国丹霞	贵州、福建、湖南、广东、江西、浙江	2010.8.1
澄江化石遗址	云南玉溪	2012.7.1
新疆天山	新疆	2013.6.21
湖北神农架	湖北	2016.7.17
青海可可西里	青海	2017.7.7
梵净山	贵州铜仁	2018.7.2
中国黄（渤）海候鸟栖息地（第一期）	江苏盐城	2019.7.5

资料来源：根据世界遗产中心数据整理。

（三）色彩分类法

以旅游资源具有的象征意义色彩为标准，可以分为红色旅游资源、绿色旅游资源、黑色旅游资源等。红色旅游是中国共产党领导人民英勇反抗帝国主义、封建主义、官僚资本主义的伟大历程中，所形成的包括革命战争时期及新中国成立后建树丰功伟绩的纪念地、标志物及其所蕴含的革命历史、革命事迹和革命传统等物质及精神资源。红色旅游带有鲜明的政治色彩，目前全国已建立了12个重点红色旅游区，如以延安为中心的"陕甘宁红色旅游区"，主题形象"延安精神，革命圣地"；以上海为中心的"沪浙红色旅游区"，主题形象"开天辟地，党的创立"；以韶山、井冈山和瑞金为中心的"湘赣闽红色旅游区"，主题形象"革命摇篮，领袖故里"。绿色旅游资源即生态旅游资源，倡导旅游活动中人与自然的和谐共处，如张家界武陵源风景名胜区、西藏羌塘国家级自然保护区等。黑色旅游资源是以灾难事件作为对象以铭记历史、纪念或反思人类活动的旅游资源，如南京大屠杀遇难同胞纪念馆、"5·12"汶川特大地震纪念馆、美国纽约"9·11"事件纪念公园、印度尼西亚亚齐海啸纪念馆等。

（四）国家标准分类

由国家标准化管理委员会发布的《旅游资源分类、调查与评价》(GB/T18972-2017) 依据旅游资源性状，即现存状况、形态、特性、特征划分，对象包括两大类：稳定的、客观存在的实体旅游资源，不稳定的、客观存在的事物和现象。该文件将旅游资源共分为 8 个主类、23 个亚类、110 个基本类型，如表 7-3 所示。该标准统一全国范围内的资源分类口径，基本涵盖了所有的旅游资源类型，尤其突出了旅游资源单体（object of tourism resources）的重要性，即可作为独立观赏或利用的旅游资源基本类型的单独个体，包括"独立型旅游资源单体"和由同一类型的独立单体结合在一起的"集合型旅游资源单体"。不过，也有学者指出，该标准采用地理学科为主的资源区划学派方法，可能存在资源的过度细分而使其"碎片化"，不利于整体价值的体现。

表 7-3　旅游资源基本类型

主类	亚类	基本类型
地文景观	自然景观综合体	山丘型景观、台地型景观、沟谷型景观、滩地型景观
	地质与构造形迹	断裂景观、褶曲景观、地层剖面、生物化石点
	地表形态	台丘状地景、峰柱状地景、垄岗状地景、沟壑与洞穴、奇特与象形山石、岩土圈灾变遗迹
	自然记记与自然现象	奇异自然现象、自然标志地、垂直自然带
水域景观	河系	游憩河段、瀑布、古河道段落
	湖沼	游憩湖区、潭池、湿地
	地下水	泉、埋藏水体
	冰雪地	积雪地、现代冰川
	海面	游憩海域、潮涌与击浪现象、小型岛礁
生物景观	植被景观	林地、独树与丛林、草地、花卉地
	野生动物栖息地	水生动物栖息地、陆地动物栖息地、鸟类栖息地、蝶类栖息地
天象与气候景观	天象景观	太空景象观赏地、地表光现象、云雾多发区、极端与特殊气候显示地、物候景象
建筑与设施	人文景观综合体	社会与商贸活动场所、军事遗址与古战场、教学科研试验场所、建设工程与生产地、康体游乐休闲度假地、宗教与祭祀活动场所、交通运输场站、纪念地与纪念活动场所
	实用建筑与核心设施	特色街区，特色屋舍，独立厅、室、馆，独立场、所，桥梁，渠道、运河段落，堤坝段落，港口、渡口与码头，洞窟，陵墓，景观农田，景观牧场，景观林场，景观养殖场，特色店铺，特色市场
	景观与小品建筑	形象标志物，观景点，亭、台、楼、阁，书画作品，雕塑，碑碣、碑林、经幡，牌坊牌楼，影壁，门廊、廊道，塔形建筑，观景步道，甬路，花草坪，水井，喷泉，堆石
历史遗迹	物质类文化遗存	建筑遗迹、可移动文物
	非物质类文化遗存	民间文学艺术、地方习俗、传统服饰装饰、传统演义、传统医药、传统体育赛事

表7-3（续）

主类	亚类	基本类型
旅游购物品	农业产品	种植业产品及制品、林业产品与制品、畜牧业产品与制品、水产品及制品、养殖业产品与制品
	工业产品	日用工业品、旅游装备产品
	手工工艺品	文房用品、织品、染织、家具、陶瓷、金石雕刻、雕塑制品、金石器、纸艺与灯艺、画作
人文活动	人事活动记录	地方人事、地方事件
	岁时节令	宗教活动与庙会、农时节日、现代节庆

（五）以地域分布为分类标准

根据旅游资源的地域分布，可分为城市、城郊和乡村三类旅游资源[①]。城市资源包括现代城市公园、休闲广场、动植物园、湿地、绿地公园、主题公园、人造景观、旅游购物地、科学教育设施、博物馆、展览馆、康体设施、娱乐设施、节庆活动等。城郊资源包括生态疗养度假地、康体设施、娱乐设施、湖泊、水库、泉、花卉苗圃、各类营地等。乡村资源包括湖泊、水库、日照、冰雪、风景林、风景草原、草甸、休闲农业、传统古村落、田园风光、特色民俗等。

随着旅游市场不断发展和人类对资源认识的深入，在现有方法的基础上，资源分类的标准也在不断发展，譬如以旅游资源的特性为基点，变单一视角为多维视角，从资源开发的投入、资源与外部环境的关系、季节性特征、综合效益等方面进行动态分类。

第二节　休闲与旅游资源开发

资源开发是对自然和社会资源统筹利用以实现其价值的过程。休闲与旅游资源开发是指对资源实施人为的生产加工并使其能够满足人们休闲旅游需要的过程。资源开发既是创造新的物质财富和精神财富的过程，也是创造并实现资源自身价值，增强资源吸引力的必要过程。就资源开发的程度而言，可以分为现实的休闲旅游资源和潜在的休闲旅游资源，前者是指已经开发、利用并被游客消费的资源，后者是还不具备休闲与旅游接待条件，处于待开发状态的资源。资源开发既涉及潜在资源也涉及现实资源。对潜在资源的开发赋予其进入休闲与旅游市场的基本条件，将资源优势转化为可供游客消费的产品或服务，实现经济文化价值。

任何事物都要经历发生发展的生命过程，旅游活动也不例外。现实资源的再开发是旅游吸引物客观存在的生命周期所致。根据旅游地生命周期理论，其发展过程会经历初创期、发展期、成熟期、停滞期、衰退期或复苏期五个阶段。在初创期，旅游设施设备

---

① 黄细嘉，李雪瑞. 我国旅游资源分类与评价方法对比研究［J］. 南昌大学学报（人文社会科学版），2011，42（2）：96-100.

不完善，游客人数较少，知名度较低。在发展期，随着旅游设施设备的不断完善，旅游地面貌焕然一新，市场逐步扩大。在成熟期，游客总量持续增加，但增长率下降，经营者获得稳定的收益。在停滞期，发展难以突破瓶颈以及市场竞争加剧，使旅游地内外部问题凸显，经营陷入困境。在衰退期或复苏期，旅游地要么坐以待毙最终被市场淘汰，要么改革创新为发展注入新的动能。为了保持旅游地的活力，实现可持续发展，开发工作将贯穿旅游资源生命周期的始终。

一、资源的价值评价

对休闲与旅游资源进行评价是为了方便人们认识和鉴别资源的类别和属性，分析资源的内部构成，评估其开发与利用的价值和作用。一方面，通过对旅游资源的现状（所占面积、所属类型、所具功能、所属等级等）的评价，可以为资源开发和规划、休闲与旅游业发展提供重要的参考依据；另一方面，通过对休闲与旅游资源的综合价值评价，可以为国家或地区的资源保护、生态保护提供科学指导，建立分层分级、互为补充的资源综合保护利用体系。

（一）评价的标准

资源的评价标准一般可以分为资源自身价值及开发条件两大类。根据资源自身的价值的评价包括三个方面：一是资源的特色评价，如资源珍稀奇异程度、悠久程度、完好程度、知名度和影响力、体验参与程度等。二是资源的功能评价，如资源是否具备观光、休闲、度假、健身、科考、娱乐、商务等功能。三是资源的规模和结构评价，如资源占地面积、规模大小、种类数量、层次性、分布结构、组合结构等。根据资源开发条件的评价包括两个方面：一是目的地吸引力评价，包括资源的品级、区位条件、可进入性即交通的通达性、区域经济背景、客源市场的状况、目的地环境容量、整体环境状况等。二是投资条件评价，如地方政府的优惠政策支持、当地居民的观念与意识、投资主体的资金状况以及现存的法制条例约束等。

（二）评价的方法

常见的资源评价方法有定性分析评价法和定量分析评价法。定性分析评价法是指评价者采用定性方法对资源进行描绘和叙述，依据资源的价值程度进行评价。一般由休闲与旅游专家、业内人士依靠其经验或直觉打分，结合不同指标的权重得出评价结果。定性评价方法简易直观，但易受评价者个人因素影响，主观性较强。常见的评价方法有旅游资源共有因子评价法、"三三六"评价法等。

旅游资源共有因子评价法是按照旅游资源基本类型所共同拥有的因子对旅游资源单体进行的价值和程度评价，是我国国家标准采纳的资源评价法。根据对旅游资源单体的评价，得出该单体旅游资源共有综合因子评价赋分制，包括评价项目和评价因子两项内容。评价项目又分为资源要素价值、资源影响力和附加值。每一评价因子分为4个档次，其因子分值被相应分为4档。根据旅游资源单体评价总分，我们将旅游资源评价划分为五个等级，如表7-4所示。

表 7-4 旅游资源评级等级与图例

旅游资源等级	得分区间	图例
五级旅游资源	≥90 分	★
四级旅游资源	75～89 分	■
三级旅游资源	60～74 分	◆
二级旅游资源	45～59 分	▲
一级旅游资源	30～44 分	●

注：五级旅游资源称为"特品级旅游资源"，五级、四级、三级旅游资源通称为"优良级旅游资源"，二级、一级旅游资源通称为"普通级旅游资源"。

    "三三六"评价法指根据资源的三种价值、三种效益和六个开发条件的不同进行综合评价。三种价值指旅游资源的历史文化价值、艺术观赏价值和科学考察价值，三种效益指旅游资源开发后带来的经济效益、社会效益和环境效益，六个开发条件指旅游资源所在地的地理位置和交通条件、景象地域组合条件、旅游环境容量、旅游客源市场、投资能力、施工难易程度。此外，类似的方法还有"六字七项指标"评价法等。"六字"是针对旅游资源特色而言的，包括美、古、名、特、奇、用；"七项"是指旅游资源所处的环境，包括季节因素、环境状况、旅游资源与其他资源之间存在的联系性、可进入性、基础结构、社会经济环境、客源市场等。

    资源的定量分析评价法是基于数据资料和计算模型，采用模糊数学、层次分析等方法进行科学客观的测算，进而评价资源的整体价值。相比于定性分析评价法，定量的方法更加客观、科学，但对数据的依赖性很高。常见的定量分析有单因子定量评价法和多因子综合评价法。前者重点分析某些典型且关键因子的影响，适用于旅游资源的单项价值评价。后者着重分析多因子的影响因素，通过数学建模等手段，对旅游资源及其开发条件进行综合判断。具体方法如条件价值法（contingent valuation method，CVM）、享乐定价法（hedonic price method，HPM）、旅行费用法（travel cost method，TCM）等。

    条件价值法（CVM），即通过市场调查的方式，获取被调查者对资源的偏好和消费意愿程度，进而统计推导出资源的价值。享乐定价法（HPM），主要根据人们为享受优质环境所愿意支付的价格来推算环境质量的价值，即将某种产品因环境不同而产生的差价作为环境差别的价值。旅行费用法（TCM）是一种评价无价格商品的方法，利用旅游者的消费行为对非市场环境产品或服务做出价值评估，并把消费环境服务的直接费用与消费者剩余之和作为产品或服务的价格，从而反映出旅游者的支付意愿。直接费用主要包括交通费用及与旅游相关的直接花费，消费者剩余则体现为消费者的意愿支付与实际支付之差，常用于森林及远郊旅游资源的价值评估。层次分析法（analytic hierarchy process）又称 AHP法，是一种定性分析与定量计算相结合的多目标决策分析方法。其基本原理是把资源作为一个复杂系统，根据评估目标将系统分解为不同的组成因素，通过对这些组成因素的分析，画出各因素间相互联系的有序层次，并计算出每个层次因素的权重值。

    定量评价法在资源评价实践中被广泛运用，但是单纯的定量评价强调数量统计表达，对旅游者偏好等因素考虑不足，评价结果的实用性受到一定程度的限制。因此，旅游资源的评价具有三个发展趋势：一是采用定量与定性相结合的综合分析方法，既充分考虑个体的主观感受，又注重评价的客观指标。二是注重以市场需求为导向的评价，从旅游业发展的角度，资源的价值都需要得到市场的检验。三是注重资源的多角度评价，既考虑资源的单体价值，也注重资源同周边环境及其他资源之间的联合整体性价值，如资源组合、环境容量及承载力、区域吸引力等。此外，还要充分考虑资源开发与利用的可持续性等。

二、资源的开发原则

（一）完善基础设施建设，营造主客共享新格局

基础设施是旅游资源开发的重要保障，在全域旅游、主客共享的新发展理念指导下，基础设施建设不仅满足游客需要，也是让目的地居民与游客共享旅游发展成果的重要方式。完善基础设施建设包括高速公路、高铁、地铁、县际公共汽车等交通类服务设施，医院、卫生站、救助站等医疗服务设施，酒店、旅馆、民宿、餐馆、特色商店等住宿餐饮购物类服务设施以及其他类配套基础设施。除了传统基础设施外，还要加强5G网络、信息数据中心等新型基础设施建设。

（二）加强科学综合规划，注重合理有序开发

科学规划、合理开发是资源有效利用的重要手段。规划发挥着全局把控、过程控制的关键性作用，摸清家底，合理布局，规划先行。加强国民经济和社会发展规划、城乡发展规划、土地利用规划、环境保护、文物保护、综合交通、水资源、文化与生态旅游资源、社会事业规划等各类规划的衔接，综合城乡统筹，优化空间布局、要素配置，完善资源管理的治理体系和治理能力。同时，要遵循资源的特点及客观生态规律进行开发与利用，坚持自然资源开发和节约并举，把资源节约放在首位，提高自然资源的利用效率。注重对生态环境的保护，把生态文明建设纳入总体布局，坚持走绿色发展之路，实现人与自然和谐共生。

（三）加大创新性补偿，注重资源二次开发

补偿是指通过外部条件的改善来提高事物整体的价值。对资源的补偿主要是针对某些品级一般的资源，是指资源管理方通过一系列的创新性补偿活动使原资源达到化腐朽为神奇的效果。可采取便利性补偿、加工补偿、区位性补偿等补偿性手段，依托资源特点，融合文化元素以及科技手段，实现对各类资源的充分利用。资源开发是一个动态发展的过程，贯穿旅游地生命周期的全过程。尤其是对于发展进入成熟期、停滞期阶段的旅游地而言，实施资源二次开发是为其注入新鲜血液的必由之路。在了解目标市场需求变化和游客偏好的基础上，采取产品升级、业态创新、提升服务等手段，拓宽景区景点面积、增加新颖内容、改变或优化项目布局等，以提升重游率，发掘新市场。

（四）突出个性特色，满足游客多重体验

大规模工业经济生产使得产品的同质化、大众化现象十分突出；而体验经济时代的到来，使得消费者对个性化、差异化产品分外青睐。个性指个别性和独特性，在资源开发中要突出资源的独特性和唯一性，找到并赋予资源差异化的价值，因地制宜地提出资源发展的特色化路径，形成与同类产品及周边产品的差异性，避免同质化竞争。此外，还要努力提供优质丰富的旅游产品，策划系列精品旅游活动，注重情感性、娱乐性、互

动性和可感知性，将个性化、特色化的旅游资源与标准化、品质化的旅游服务有机融合，更好地满足游客的多样化体验。

第三节　休闲与旅游资源保护

一、开发与保护的关系

对于休闲与旅游资源开发与保护的关系，有观点认为，开发就意味着破坏资源，尽管开发可以增加资源价值并产生效益。但带来的环境破坏却是不可否认的事实。比如，位于云南大理州的洱海，是苍山洱海国家级自然保护区的重要组成部分，也是大理市集中式饮用水水源地。这里风光绮丽，水质优良，因大理"风花雪月"四景之一"洱海月"而闻名遐迩，但曾经由于洱海周边旅游无序开发，大量违章建筑和违规餐饮客栈遍地开花，不仅侵占了洱海湖滨带，而且其产生的污水污物直排洱海，导致洱海的总磷、总氮、藻类细胞数等严重超标，极大地损害了洱海生态环境。近年来，大理州认真贯彻落实上级关于洱海保护治理的重要指示，实施"三线"管理，即划定"蓝线"（洱海湖区界线），"绿线"（洱海湖滨带保护界线），"红线"（洱海水生态保护区核心区界线），明确规定每个区域的功能定位及禁止的行为，使洱海逐渐恢复了往日的生机与风采。除此之外，大量游客的涌入及商业化的泛滥，也会对当地社会文化生态产生不利的影响。部分旅游经营者为了迎合游客需要，对传统文化进行加工来适应商业活动，导致传统文化被碎片化、快餐化，失去了原有的本真性。也有观点认为，开发不会直接导致资源的破坏，关键是这些资源在开发与利用的过程中，能否做到科学规划和有序管理。

大自然是人类赖以生存发展的基本条件。尊重自然、顺应自然、保护自然，是全面建设社会主义现代化国家的内在要求。我们必须牢固树立和践行绿水青山就是金山银山的理念，站在人与自然和谐共生的高度谋划发展。从辩证的视角看，资源开发与保护既相互矛盾，又相互关联。我们可以从三个方面认识和把握资源开发与保护之间的关系：第一，对资源的有效保护是可持续开发的前提条件。资源不仅是休闲与旅游业发展的前提，更是人类生存与发展的基础。"问渠那得清如许，为有源头活水来。"只有保护好资源的完整性与原真性，才能为休闲与旅游开发提供丰富的素材和源源不绝的活力。急功近利、涸泽而渔的开发，可能会带来短时期的经济效益，但生态环境的破坏必将反噬人类社会。第二，科学合理的开发有助于资源保护与发展。在资源开发中要践行"绿水青山就是金山银山"的理念，坚持生态优先的原则，科学合理开发资源。通过资源的有序开发，统筹利用资源要素，促进区域经济高质量可持续发展，为生态环境及社会文化资源的保护提供软硬件支持。第三，平衡协调资源开发与保护的关系。在开发实践中，需要因时因地制宜，处理好两者的关系，平衡协调好社会、经济、文化发展与资源保护的关系，始终坚持走可持续发展的道路，杜绝掠夺式、破坏式的开发，积极推进美丽中国建设，坚持山水林田湖草沙一体化保护和系统治理，统筹旅游产业结构调整、污染治理、生态保护、应对气候变化，协同推进降碳、减污、扩绿、增长，推进生态优先、节约集约、绿色低碳发展，使资源既能满足当代人的需求又能满足子孙后代长远发展的需要。

二、资源保护的原则

（一）预防为主、动态控制的原则

预防为主是指要未雨绸缪，加强对资源开发的监督与管理。通过大数据等手段科学预测防治，及时纠正可能导致环境破坏的行为，不能走先污染后治理或者边污染边治理的老路。把防止造成生态破坏的理念放在首位，事先采取防范措施，杜绝资源开发过程中对生态环境、自然环境造成的污染、破坏，防止生态失衡，做到防患于未然。动态控制是指要将保护贯穿资源开发与利用的全过程，实施防治结合，综合治理，对不可避免的或已经发生的环境污染和生态破坏，应积极采取措施进行治理。

（二）污染者付费、受益者补偿的原则

污染者付费原则是指对环境造成污染破坏的企业或个体，必须对其污染源和被污染的环境进行治理，即谁污染谁治理，谁破坏谁恢复。受益者补偿原则是指资源的利用人或受益人应当对自然资源的权利人或生态服务提供人给予补偿。资源保护要体现社会公平和环境正义，就需要明确承担治理污染及生态补偿费用的责任主体，不能只享有资源开发的权利，而不承担资源保护的责任和义务，从而督促资源开发主体加强环境保护的责任意识，自觉采取行动防止对生态环境的污染和破坏。

（三）社会效益、经济效益和环境效益相统一的原则

《中华人民共和国旅游法》总则第四条指出：旅游业发展应当遵循社会效益、经济效益和生态效益相统一的原则。国家鼓励各类市场主体在有效保护旅游资源的前提下，依法合理利用旅游资源。利用公共资源建设的游览场所应当体现公益性质。因此，在资源保护过程中，既要注重生态环境的妥善保护，严格控制资源环境的承载能力，又要建立长效保护机制，实现社会效益、经济效益和环境效益相统一。

三、资源保护的策略

（一）健全法律法规，依法保护资源

法律法规对个体、企业和各类组织机构等都有着强大的约束作用，将资源保护纳入法治化轨道，我国先后制定并颁发了一系列法律法规，包括《中华人民共和国水污染防治法》《中华人民共和国大气污染防治法》《中华人民共和国海洋环境保护法》《中华人民共和国固体废物污染环境防治法》《国家级文化生态保护区管理办法》《中华人民共和国环境影响评价法》《建设项目环境保护管理条例》《土壤污染防治行动计划》《饮用水水源保护区污染防治管理规定》《中华人民共和国自然保护区条例》《中华人民共和国野生动物保护法》等，并且还在不断完善立法工作，做到有法可依、有法必依、执法必严、违法必究。同时，完善资源保护的金融扶持机制，建立国家和地方绿色发展基金，推动环境污染责任保险发展，探索建立排污权交易体系，为环境保护提供金融支持。

（二）积极建立体系完备的保护区

保护区是对珍稀、脆弱或濒危资源的集中保护区域，主要包括自然保护区、文化生态保护区、历史文化村落保护区、民俗文化保护区等。其中，自然保护区最为常见，它是指对有代表性的自然生态系统，珍稀濒危野生动植物物种的天然集中分布区，有特殊意义的自然遗迹等保护对象所在的陆地、陆地水体或海域，依法划出一定面积予以特殊保护和管理的区域。早在 1956 年，我国就建立了第一个自然保护区，即位于广东省肇庆市的鼎湖山国家级自然保护区。生态环境部公布的数据显示，截至 2023 年年底，我国国家级和地方级的自然保护区数量总共有 2 349 个，总面积约为 150 万平方千米，约占我国陆地国土面积的 15%。这些保护区形成了布局合理、类型齐全的自然保护区体系，对区内资源的有效保护发挥了重大作用。除自然保护区外，还应加快建立健全涵盖多种类型的保护区体系，尤其是对历史文化村落、文化生态保护区、特色文化小镇的保护。

（三）强化政府机构监督管理职能

政府相关机构要完善资源保护的监管体制，加强顶层设计和科学规划，引导旅游资源有序开发与合理保护，严格项目建设的环境评估，加大执法力度，对景区景点的各类违规建筑要及时清理，情节严重的，应追究负责人刑事责任。进一步完善企业环保信用评价制度，建立排污企业黑名单制度，实施分级分类监管，将环境违法企业依法依规纳入失信联合惩戒对象名单，将其违法信息记入信用记录，将其直接责任人纳入全国失信人员名单。同时，运用互联网、5G、大数据、区块链等新技术，建立天地一体、信息共享的生态环境监测系统，提高监管的自动化、信息化水平，依托数据信息实施精准高效监管。

（四）加强宣传教育，增强保护自觉性

人民的力量是无穷的，只有依靠群众、发动群众、走群众路线，才能真正实现资源的长效保护，因此，生态环境的保护和资源的开发与利用必须依靠社会公众的广泛参与。要加大对资源保护的宣传力度，让公众、游客、经营者、投资者、当地居民等利益相关者和机构，充分认识到资源保护的重要性，自觉参与生态文明建设，参与解决生态问题的决策过程，参与环境管理并对环境管理部门以及单位、个人与生态环境保护有关的行为进行监督，打一场资源保护的人民战争，真正实现人与自然的和谐共生。

●案例

中共中央 国务院关于全面推进美丽中国建设的意见

建设美丽中国是全面建设社会主义现代化国家的重要目标，是实现中华民族伟大复兴中国梦的重要内容。为全面推进美丽中国建设，加快推进人与自然和谐共生的现代化，现提出如下意见。

一、新时代新征程开启全面推进美丽中国建设新篇章

党的十八大以来，以习近平同志为核心的党中央把生态文明建设摆在全局工作的突出位置，全方位、全地域、全过程加强生态环境保护，实现了由重点整治到系统治理、

由被动应对到主动作为、由全球环境治理参与者到引领者、由实践探索到科学理论指导的重大转变，美丽中国建设迈出重大步伐。

当前，我国经济社会发展已进入加快绿色化、低碳化的高质量发展阶段，生态文明建设仍处于压力叠加、负重前行的关键期，生态环境保护结构性、根源性、趋势性压力尚未根本缓解，经济社会发展绿色转型内生动力不足，生态环境质量稳中向好的基础还不牢固，部分区域生态系统退化趋势尚未根本扭转，美丽中国建设任务依然艰巨。新征程上，必须把美丽中国建设摆在强国建设、民族复兴的突出位置，保持加强生态文明建设的战略定力，坚定不移走生产发展、生活富裕、生态良好的文明发展道路，建设天蓝、地绿、水清的美好家园。

二、总体要求

全面推进美丽中国建设，要坚持以习近平新时代中国特色社会主义思想特别是习近平生态文明思想为指导，深入贯彻党的二十大精神，落实全国生态环境保护大会部署，牢固树立和践行绿水青山就是金山银山的理念，处理好高质量发展和高水平保护、重点攻坚和协同治理、自然恢复和人工修复、外部约束和内生动力、"双碳"承诺和自主行动的关系，统筹产业结构调整、污染治理、生态保护、应对气候变化，协同推进降碳、减污、扩绿、增长，维护国家生态安全，抓好生态文明制度建设，以高品质生态环境支撑高质量发展，加快形成以实现人与自然和谐共生现代化为导向的美丽中国建设新格局，筑牢中华民族伟大复兴的生态根基。

主要目标是：到2027年，绿色低碳发展深入推进，主要污染物排放总量持续减少，生态环境质量持续提升，国土空间开发保护格局得到优化，生态系统服务功能不断增强，城乡人居环境明显改善，国家生态安全有效保障，生态环境治理体系更加健全，形成一批实践样板，美丽中国建设成效显著。到2035年，广泛形成绿色生产生活方式，碳排放达峰后稳中有降，生态环境根本好转，国土空间开发保护新格局全面形成，生态系统多样性稳定性持续性显著提升，国家生态安全更加稳固，生态环境治理体系和治理能力现代化基本实现，美丽中国目标基本实现。展望本世纪中叶，生态文明全面提升，绿色发展方式和生活方式全面形成，重点领域实现深度脱碳，生态环境健康优美，生态环境治理体系和治理能力现代化全面实现，美丽中国全面建成。

锚定美丽中国建设目标，坚持精准治污、科学治污、依法治污，根据经济社会高质量发展的新需求、人民群众对生态环境改善的新期待，加大对突出生态环境问题集中解决力度，加快推动生态环境质量改善从量变到质变。"十四五"深入攻坚，实现生态环境持续改善；"十五五"巩固拓展，实现生态环境全面改善；"十六五"整体提升，实现生态环境根本好转。要坚持做到：

——全领域转型。大力推动经济社会发展绿色化、低碳化，加快能源、工业、交通运输、城乡建设、农业等领域绿色低碳转型，加强绿色科技创新，增强美丽中国建设的内生动力、创新活力。

——全方位提升。坚持要素统筹和城乡融合，一体开展"美丽系列"建设工作，重点推进美丽蓝天、美丽河湖、美丽海湾、美丽山川建设，打造美丽中国先行区、美丽城市、美丽乡村，绘就各美其美、美美与共的美丽中国新画卷。

——全地域建设。因地制宜、梯次推进美丽中国建设全域覆盖，展现大美西部壮美风貌、亮丽东北辽阔风光、美丽中部锦绣山河、和谐东部秀美风韵，塑造各具特色、多姿多彩的美丽中国建设板块。

——全社会行动。把建设美丽中国转化为全体人民行为自觉，鼓励园区、企业、社区、学校等基层单位开展绿色、清洁、零碳引领行动，形成人人参与、人人共享的良好社会氛围。

三、加快发展方式绿色转型

（一）优化国土空间开发保护格局。健全主体功能区制度，完善国土空间规划体系，统筹优化农业、生态、城镇等各类空间布局。坚守生态保护红线，强化执法监管和保护修复，使全国生态保护红线面积保持在315万平方公里以上。坚决守住18亿亩耕地红线，确保可以长期稳定利用的耕地不再减少。严格管控城镇开发边界，推动城镇空间内涵式集约化绿色发展。严格河湖水域岸线空间管控。加强海洋和海岸带国土空间管控，建立低效用海退出机制，除国家重大项目外，不再新增围填海。完善全域覆盖的生态环境分区管控体系，为发展"明底线""划边框"。到2035年，大陆自然岸线保有率不低于35%，生态保护红线生态功能不降低、性质不改变。

（二）积极稳妥推进碳达峰碳中和。有计划分步骤实施碳达峰行动，力争2030年前实现碳达峰，为努力争取2060年前实现碳中和奠定基础。坚持先立后破，加快规划建设新型能源体系，确保能源安全。重点控制煤炭等化石能源消费，加强煤炭清洁高效利用，大力发展非化石能源，加快构建新型电力系统。开展多领域多层次减污降碳协同创新试点。推动能耗双控逐步转向碳排放总量和强度双控，加强碳排放双控基础能力和制度建设。逐年编制国家温室气体清单。实施甲烷排放控制行动方案，研究制定其他非二氧化碳温室气体排放控制行动方案。进一步发展全国碳市场，稳步扩大行业覆盖范围，丰富交易品种和方式，建设完善全国温室气体自愿减排交易市场。到2035年，非化石能源占能源消费总量比重进一步提高，建成更加有效、更有活力、更具国际影响力的碳市场。

（三）统筹推进重点领域绿色低碳发展。推进产业数字化、智能化同绿色化深度融合，加快建设以实体经济为支撑的现代化产业体系，大力发展战略性新兴产业、高技术产业、绿色环保产业、现代服务业。严把准入关口，坚决遏制高耗能、高排放、低水平项目盲目上马。大力推进传统产业工艺、技术、装备升级，实现绿色低碳转型，实施清洁生产水平提升工程。加快既有建筑和市政基础设施节能降碳改造，推动超低能耗、低碳建筑规模化发展。大力推进"公转铁""公转水"，加快铁路专用线建设，提升大宗货物清洁化运输水平。推进铁路场站、民用机场、港口码头、物流园区等绿色化改造和铁路电气化改造，推动超低和近零排放车辆规模化应用、非道路移动机械清洁低碳应用。到2027年，新增汽车中新能源汽车占比力争达到45%，老旧内燃机车基本淘汰，港口集装箱铁水联运量保持较快增长；到2035年，铁路货运周转量占总周转量比例达到25%左右。

（四）推动各类资源节约集约利用。实施全面节约战略，推进节能、节水、节地、节材、节矿。持续深化重点领域节能，加强新型基础设施用能管理。深入实施国家节水行动，强化用水总量和强度双控，提升重点用水行业、产品用水效率，积极推动污水资源化利用，加强非常规水源配置利用。健全节约集约利用土地制度，推广节地技术和模式。建立绿色制造体系和服务体系。开展资源综合利用提质增效行动。加快构建废弃物循环利用体系，促进废旧风机叶片、光伏组件、动力电池、快递包装等废弃物循环利用。推进原材料节约和资源循环利用，大力发展再制造产业。全面推进绿色矿山建设。到2035年，能源和水资源利用效率达到国际先进水平。

四、持续深入推进污染防治攻坚

（五）持续深入打好蓝天保卫战。以京津冀及周边、长三角、汾渭平原等重点区域为主战场，以细颗粒物控制为主线，大力推进多污染物协同减排。强化挥发性有机物综合治理，实施源头替代工程。高质量推进钢铁、水泥、焦化等重点行业及燃煤锅炉超低排放改造。因地制宜采取清洁能源、集中供热替代等措施，继续推进散煤、燃煤锅炉、工业炉窑污染治理。重点区域持续实施煤炭消费总量控制。研究制定下一阶段机动车排放标准，开展新阶段油品质量标准研究，强化部门联合监管执法。加强区域联防联控，深化重污染天气重点行业绩效分级。持续实施噪声污染防治行动。着力解决恶臭、餐饮油烟等污染问题。加强消耗臭氧层物质和氢氟碳化物环境管理。到2027年，全国细颗粒物平均浓度下降到28微克/立方米以下，各地级及以上城市力争达标；到2035年，全国细颗粒物浓度下降到25微克/立方米以下，实现空气常新、蓝天常在。

（六）持续深入打好碧水保卫战。统筹水资源、水环境、水生态治理，深入推进长江、黄河等大江大河和重要湖泊保护治理，优化调整水功能区划及管理制度。扎实推进水源地规范化建设和备用水源地建设。基本完成入河入海排污口排查整治，全面建成排污口监测监管体系。推行重点行业企业污水治理与排放水平绩效分级。加快补齐城镇污水收集和处理设施短板，建设城市污水管网全覆盖样板区，加强污泥无害化处理和资源化利用，建设污水处理绿色低碳标杆厂。因地制宜开展内源污染治理和生态修复，基本消除城乡黑臭水体并形成长效机制。建立水生态考核机制，加强水源涵养区和生态缓冲带保护修复，强化水资源统一调度，保障河湖生态流量。坚持陆海统筹、河海联动，持续推进重点海域综合治理。以海湾为基本单元，"一湾一策"协同推进近岸海域污染防治、生态保护修复和岸滩环境整治，不断提升红树林等重要海洋生态系统质量和稳定性。加强海水养殖环境整治。积极应对蓝藻水华、赤潮绿潮等生态灾害。推进江河湖库清漂和海洋垃圾治理。到2027年，全国地表水水质、近岸海域水质优良比例分别达到90%、83%左右，美丽河湖、美丽海湾建成率达到40%左右；到2035年，"人水和谐"美丽河湖、美丽海湾基本建成。

（七）持续深入打好净土保卫战。开展土壤污染源头防控行动，严防新增污染，逐步解决长期积累的土壤和地下水严重污染问题。强化优先保护类耕地保护，扎实推进受污染耕地安全利用和风险管控，分阶段推进农用地土壤重金属污染溯源和整治全覆盖。依法加强建设用地用途变更和污染地块风险管控的联动监管，推动大型污染场地风险管控和修复。全面开展土壤污染重点监管单位周边土壤和地下水环境监测，适时开展第二次全国土壤污染状况普查。开展全国地下水污染调查评价，强化地下水型饮用水水源地环境保护，严控地下水污染防治重点区环境风险。深入打好农业农村污染治理攻坚战。

到 2027 年，受污染耕地安全利用率达到 94% 以上，建设用地安全利用得到有效保障；到 2035 年，地下水国控点位 Ⅰ-Ⅳ类水比例达到 80% 以上，土壤环境风险得到全面管控。

（八）强化固体废物和新污染物治理。加快"无废城市"建设，持续推进新污染物治理行动，推动实现城乡"无废"、环境健康。加强固体废物综合治理，限制商品过度包装，全链条治理塑料污染。深化全面禁止"洋垃圾"入境工作，严防各种形式固体废物走私和变相进口。强化危险废物监管和利用处置能力，以长江经济带、黄河流域等为重点加强尾矿库污染治理。制定有毒有害化学物质环境风险管理法规。到 2027 年，"无废城市"建设比例达到 60%，固体废物产生强度明显下降；到 2035 年，"无废城市"建设实现全覆盖，东部省份率先全域建成"无废城市"，新污染物环境风险得到有效管控。

五、提升生态系统多样性稳定性持续性

（九）筑牢自然生态屏障。稳固国家生态安全屏障，推进国家重点生态功能区、重要生态廊道保护建设。全面推进以国家公园为主体的自然保护地体系建设，完成全国自然保护地整合优化。实施全国自然生态资源监测评价预警工程。加强生态保护修复监管制度建设，强化统一监管。严格对所有者、开发者乃至监管者的监管，及时发现和查处各类生态破坏事件，坚决杜绝生态修复中的形式主义。加强生态状况监测评估，开展生态保护修复成效评估。持续推进"绿盾"自然保护地强化监督，建立生态保护红线生态破坏问题监督机制。到 2035 年，国家公园体系基本建成，生态系统格局更加稳定，展现美丽山川勃勃生机。

（十）实施山水林田湖草沙一体化保护和系统治理。加快实施重要生态系统保护和修复重大工程，推行草原森林河流湖泊湿地休养生息。继续实施山水林田湖草沙一体化保护和修复工程。科学开展大规模国土绿化行动，加大草原和湿地保护修复力度，加强荒漠化、石漠化和水土流失综合治理，全面实施森林可持续经营，加强森林草原防灭火。聚焦影响北京等重点地区的沙源地及传输路径，持续推进"三北"工程建设和京津风沙源治理，全力打好三大标志性战役。推进生态系统碳汇能力巩固提升行动。到 2035 年，全国森林覆盖率提高至 26%，水土保持率提高至 75%，生态系统基本实现良性循环。

（十一）加强生物多样性保护。强化生物多样性保护工作协调机制的统筹协调作用，落实"昆明-蒙特利尔全球生物多样性框架"，更新中国生物多样性保护战略与行动计划，实施生物多样性保护重大工程。健全全国生物多样性保护网络，全面保护野生动植物，逐步建立国家植物园体系。深入推进长江珍稀濒危物种拯救行动，继续抓好长江十年禁渔措施落实。全面实施海洋伏季休渔制度，建设现代海洋牧场。到 2035 年，全国自然保护地陆域面积占陆域国土面积比例不低于 18%，典型生态系统、国家重点保护野生动植物及其栖息地得到全面保护。

六、守牢美丽中国建设安全底线

（十二）健全国家生态安全体系。贯彻总体国家安全观，完善国家生态安全工作协调机制，加强与经济安全、资源安全等领域协作，健全国家生态安全法治体系、战略体系、政策体系、应对管理体系，提升国家生态安全风险研判评估、监测预警、应急应对和处置能力，形成全域联动、立体高效的国家生态安全防护体系。

（十三）确保核与辐射安全。强化国家核安全工作协调机制统筹作用，构建严密的核安全责任体系，全面提高核安全监管能力，建设与我国核事业发展相适应的现代化核安全监管体系，推动核安全高质量发展。强化首堆新堆安全管理，定期开展运行设施安全评价并持续实施改进，加快老旧设施退役治理和历史遗留放射性废物处理处置，加强核技术利用安全管理和电磁辐射环境管理。加强我国管辖海域海洋辐射环境监测和研究，提升风险预警监测和应急响应能力。坚持自主创新安全发展，加强核安全领域关键性、基础性科技研发和智能化安全管理。

（十四）加强生物安全管理。加强生物技术及其产品的环境风险检测、识别、评价和监测。强化全链条防控和系统治理，健全生物安全监管预警防控体系。加强有害生物防治。开展外来入侵物种普查、监测预警、影响评估，加强进境动植物检疫和外来入侵物种防控。健全种质资源保护与利用体系，加强生物遗传资源保护和管理。

（十五）有效应对气候变化不利影响和风险。坚持减缓和适应并重，大力提升适应气候变化能力。加强气候变化观测网络建设，强化监测预测预警和影响风险评估。持续提升农业、健康和公共卫生等领域的气候韧性，加强基础设施与重大工程气候风险管理。深化气候适应型城市建设，推进海绵城市建设，强化区域适应气候变化行动。到2035年，气候适应型社会基本建成。

（十六）严密防控环境风险。坚持预防为主，加强环境风险常态化管理。完善国家环境应急体制机制，健全分级负责、属地为主、部门协同的环境应急责任体系，完善上下游、跨区域的应急联动机制。强化危险废物、尾矿库、重金属等重点领域以及管辖海域、边境地区等环境隐患排查和风险防控。实施一批环境应急基础能力建设工程，建立健全应急响应体系和应急物资储备体系，提升环境应急指挥信息化水平，及时妥善科学处置各类突发环境事件。健全环境健康监测、调查和风险评估制度。

七、打造美丽中国建设示范样板

（十七）建设美丽中国先行区。聚焦区域协调发展战略和区域重大战略，加强绿色发展协作，打造绿色发展高地。完善京津冀地区生态环境协同保护机制，加快建设生态环境修复改善示范区，推动雄安新区建设绿色发展城市典范。在深入实施长江经济带发展战略中坚持共抓大保护，建设人与自然和谐共生的绿色发展示范带。深化粤港澳大湾区生态环境领域规则衔接、机制对接，共建国际一流美丽湾区。深化长三角地区共保联治和一体化制度创新，高水平建设美丽长三角。坚持以水定城、以水定地、以水定人、以水定产，建设黄河流域生态保护和高质量发展先行区。深化国家生态文明试验区建设。各地区立足区域功能定位，发挥自身特色，谱写美丽中国建设省域篇章。

（十八）建设美丽城市。坚持人民城市人民建、人民城市为人民，推进以绿色低碳、环境优美、生态宜居、安全健康、智慧高效为导向的美丽城市建设。提升城市规划、建设、治理水平，实施城市更新行动，强化城际、城乡生态共保环境共治。加快转变超大特大城市发展方式，提高大中城市生态环境治理效能，推动中小城市和县城环境基础设施提级扩能，促进环境公共服务能力与人口、经济规模相适应。开展城市生态环境治理评估。

（十九）建设美丽乡村。因地制宜推广浙江"千万工程"经验，统筹推动乡村生态振兴和农村人居环境整治。加快农业投入品减量增效技术集成创新和推广应用，加强农业废弃物资源化利用和废旧农膜分类处置，聚焦农业面源污染突出区域强化系统治理。扎实推进农村厕所革命，有效治理农村生活污水、垃圾和黑臭水体。建立农村生态环境监测评价制度。科学推进乡村绿化美化，加强传统村落保护利用和乡村风貌引导。到2027年，美丽乡村整县建成比例达到40%；到2035年，美丽乡村基本建成。

（二十）开展创新示范。分类施策推进美丽城市建设，实施美丽乡村示范县建设行动，持续推广美丽河湖、美丽海湾优秀案例。推动将美丽中国建设融入基层治理创新。深入推进生态文明示范建设，推动"绿水青山就是金山银山"实践创新基地建设。鼓励自由贸易试验区绿色创新。支持美丽中国建设规划政策等实践创新。

八、开展美丽中国建设全民行动

（二十一）培育弘扬生态文化。健全以生态价值观念为准则的生态文化体系，培育生态文明主流价值观，加快形成全民生态自觉。挖掘中华优秀传统生态文化思想和资源，推出一批生态文学精品力作，促进生态文化繁荣发展。充分利用博物馆、展览馆、科教馆等，宣传美丽中国建设生动实践。

（二十二）践行绿色低碳生活方式。倡导简约适度、绿色低碳、文明健康的生活方式和消费模式。发展绿色旅游。持续推进"光盘行动"，坚决制止餐饮浪费。鼓励绿色出行，推进城市绿道网络建设，深入实施城市公共交通优先发展战略。深入开展爱国卫生运动。提升垃圾分类管理水平，推进地级及以上城市居民小区垃圾分类全覆盖。构建绿色低碳产品标准、认证、标识体系，探索建立"碳普惠"等公众参与机制。

（二十三）建立多元参与行动体系。持续开展"美丽中国，我是行动者"系列活动。充分发挥行业协会商会桥梁纽带作用和群团组织广泛动员作用，完善公众生态环境监督和举报反馈机制，推进生态环境志愿服务体系建设。深化环保设施开放，向公众提供生态文明宣传教育服务。

九、健全美丽中国建设保障体系

（二十四）改革完善体制机制。深化生态文明体制改革，一体推进制度集成、机制创新。强化美丽中国建设法治保障，推动生态环境、资源能源等领域相关法律制定修订，推进生态环境法典编纂，完善公益诉讼，加强生态环境领域司法保护，统筹推进生态环境损害赔偿。加强行政执法与司法协同合作，强化在信息通报、形势会商、证据调取、纠纷化解、生态修复等方面衔接配合。构建从山顶到海洋的保护治理大格局，实施最严格的生态环境治理制度。完善环评源头预防管理体系，全面实行排污许可制，加快构建环保信用监管体系。深化环境信息依法披露制度改革，探索开展环境、社会和公司治理评价。完善自然资源资产管理制度体系，健全国土空间用途管制制度。强化河湖长制、林长制。深入推进领导干部自然资源资产离任审计，对不顾生态环境盲目决策、造成严重后果的，依规依纪依法严格问责、终身追责。强化国家自然资源督察。充分发挥生态环境部门职能作用，强化对生态和环境的统筹协调和监督管理。深化省以下生态环境机构监测监察执法垂直管理制度改革。实施市县生态环境队伍专业培训工程。加快推进美丽中国建设重点领域标准规范制定修订，开展环境基准研究，适时修订环境空气质量等标准，鼓励出台地方性法规标准。

（二十五）强化激励政策。健全资源环境要素市场化配置体系，把碳排放权、用能权、用水权、排污权等纳入要素市场化配置改革总盘子。强化税收政策支持，严格执行环境保护税法，完善征收体系，加快把挥发性有机物纳入征收范围。加强清洁生产审核和评价认证结果应用。综合考虑企业能耗、环保绩效水平，完善高耗能行业阶梯电价制度。落实污水处理收费政策，构建覆盖污水处理和污泥处置成本并合理盈利的收费机制。完善以农业绿色发展为导向的经济激励政策，支持化肥农药减量增效和整县推进畜禽粪污收集处理利用。建立企业生态环保费用提取使用制度。健全生态产品价值实现机制，推进生态环境导向的开发模式和投融资模式创新。推进生态综合补偿，深化横向生态保护补偿机制建设。强化财政对美丽中国建设支持力度，优化生态文明建设领域财政资源配置，确保投入规模同建设任务相匹配。大力发展绿色金融，支持符合条件的企业发行绿色债券，引导各类金融机构和社会资本加大投入，探索区域性环保建设项目金融支持模式，稳步推进气候投融资创新，为美丽中国建设提供融资支持。

（二十六）加强科技支撑。推进绿色低碳科技自立自强，创新生态环境科技体制机制，构建市场导向的绿色技术创新体系。把减污降碳、多污染物协同减排、应对气候变化、生物多样性保护、新污染物治理、核安全等作为国家基础研究和科技创新的重点领域，加强关键核心技术攻关。加强企业主导的产学研深度融合，引导企业、高校、科研单位共建一批绿色低碳产业创新中心，加大高效绿色环保技术装备产品供给。实施生态环境科技创新重大行动，推进"科技创新2030-京津冀环境综合治理"重大项目，建设生态环境领域大科学装置和重点实验室、工程技术中心、科学观测研究站等创新平台。加强生态文明领域智库建设。支持高校和科研单位加强环境学科建设。实施高层次生态环境科技人才工程，培养造就一支高水平生态环境人才队伍。

（二十七）加快数字赋能。深化人工智能等数字技术应用，构建美丽中国数字化治理体系，建设绿色智慧的数字生态文明。实施生态环境信息化工程，加强数据资源集成共享和综合开发利用。加快建立现代化生态环境监测体系，健全天空地海一体化监测网络，加强生态质量监督监测，推进生态环境卫星载荷研发。加强温室气体、地下水、新污染物、噪声、海洋、辐射、农村环境等监测能力建设，实现降碳、减污、扩绿协同监测全覆盖。提升生态环境质量预测预报水平。实施国家环境守法行动，实行排污单位分类执法监管，大力推行非现场执法，加快形成智慧执法体系。

（二十八）实施重大工程。加快实施减污降碳协同工程，支持能源结构低碳化、移动源清洁化、重点行业绿色化、工业园区循环化转型等。加快实施环境品质提升工程，支持重点领域污染减排、重要河湖海湾综合治理、土壤污染源头防控、危险废物环境风险防控、新污染物治理等。加快实施生态保护修复工程，支持生物多样性保护、重点地区防沙治沙、水土流失综合防治等。加快实施现代化生态环境基础设施建设工程，支持城乡和园区环境设施、生态环境智慧感知和监测执法应急、核与辐射安全监管等。

（二十九）共谋全球生态文明建设。坚持人类命运共同体理念，共建清洁美丽世界。坚持共同但有区别的责任原则，推动构建公平合理、合作共赢的全球环境气候治理体系。深化应对气候变化、生物多样性保护、海洋污染治理、核安全等领域国际合作。持续推动共建"一带一路"绿色发展。

十、加强党的全面领导

（三十）加强组织领导。坚持和加强党对美丽中国建设的全面领导，完善中央统筹、省负总责、市县抓落实的工作机制。充分发挥中央生态环境保护督察工作领导小组统筹协调和指导督促作用，健全工作机制，加强组织实施。研究制定生态环境保护督察工作条例。深入推进中央生态环境保护督察，将美丽中国建设情况作为督察重点。持续拍摄制作生态环境警示片。制定地方党政领导干部生态环境保护责任制规定，建立覆盖全面、权责一致、奖惩分明、环环相扣的责任体系。各地区各部门要把美丽中国建设作为事关全局的重大任务来抓，落实"党政同责、一岗双责"，及时研究解决重大问题。各级人大及其常委会加强生态文明建设立法工作和法律实施监督。各级政协加大生态文明建设专题协商和民主监督力度。各地区各有关部门推进美丽中国建设年度工作情况，书面送生态环境部，由其汇总后向党中央、国务院报告。

（三十一）压实工作责任。生态环境部会同国家发展改革委等有关部门制定分领域行动方案，建立工作协调机制，加快形成美丽中国建设实施体系和推进落实机制，推动任务项目化、清单化、责任化，加强统筹协调、调度评估和监督管理。各级党委和政府要强化生态环境保护政治责任，分类施策、分区治理，精细化建设。省（自治区、直辖市）党委和政府应当结合地方实际及时制定配套文件。各有关部门要加强工作衔接，把握好节奏和力度，协调推进、相互带动，强化对美丽中国建设重大工程的财税、金融、价格等政策支持。

（三十二）强化宣传推广。持续深化习近平生态文明思想理论研究、学习宣传、制度创新、实践推广和国际传播，推进生态文明教育纳入干部教育、党员教育、国民教育体系。通过全国生态日、环境日等多种形式加强生态文明宣传。发布美丽中国建设白皮书。按照有关规定表彰在美丽中国建设中成绩显著、贡献突出的先进单位和个人。

（三十三）开展成效考核。开展美丽中国监测评价，实施美丽中国建设进程评估。研究建立美丽中国建设成效考核指标体系，制定美丽中国建设成效考核办法，适时将污染防治攻坚战成效考核过渡到美丽中国建设成效考核，考核工作由中央生态环境保护督察工作领导小组牵头组织，考核结果作为各级领导班子和有关领导干部综合考核评价、奖惩任免的重要参考。

资料来源：新华社. 中共中央 国务院关于全面推进美丽中国建设的意见［EB/OL］.（2024-01-11）［2024-01-20］.https://www.gov.cn/zhengce/202401/content_6925405.htm.

◆案例讨论

1. 收集相关信息，解释排污许可管理是什么，排污权交易（pollution rights trading）是什么。

2. 你认为旅游自然风景区可能会对环境产生哪些污染？应如何加以防治？请举例说明。

3. 旅游目的地可以采取哪些措施提高游客及其他公民的环保素养？

思考题

1. 旅游资源具有什么特征?

2. 资源分类常用方法有哪些?

3. 你认为发展红色旅游要注意哪些因素?

4. 举例说明旅游开发可能造成的资源破坏现象。

5. 资源开发和保护的原则分别是什么?

6. 请论述资源开发与保护的关系。

7. 你认为旅游资源属于可再生资源还是不可再生资源? 请举例说明。

8. 资源保护可以采取哪些策略?

第八章
休闲与旅游产业

➤学习目标

休闲与旅游产业是现代国民经济中不可或缺的重要组成部分，甚至是某些国家或地区的支柱产业，具有重大意义。本章将介绍休闲与旅游产业的性质、旅游产业的特征与构成体系、旅游产业的结构与发展等内容。

本章学习目标：

★了解休闲与旅游产业的性质。

★了解旅游产业的主要特征。

★掌握旅游产业的结构体系。

★清楚旅游产业的发展模式。

★熟悉旅游产业的发展政策。

第一节 休闲与旅游产业概述

一、休闲与旅游产业的性质

现代经济学认为，产业是指生产同一类产品和服务的生产者的集合。同一类是指具有可替代性。可替代性程度是界定产业边界的核心所在，即这些构成一个产业的同类企业集合需要生产或经营相同的产品，或从事相同性质的经济活动。产业作为应用经济理论中的一个概念，介于微观与宏观之间，既是一个"集合"概念，即具有某种同一属性的企业的集合，也是一个"细分"概念，即将国民经济以某一标准进行划分的结果。

人们对产业边界确定的立足点兼顾了理论的严密性和现实的可行性，并且，多数情况下在确定企业集合或产业划分的基准时，往往根据问题研究或分析的需要进行选择。因此，在理论研究和实践话语中，我们经常可以看到诸多不同的产业名称或产业分类体系。

迄今为止，旅游研究者及相关机构对是否存在独立的旅游产业依然存有争议。我国旅游产业的构成也一直是一个悬而未决的问题，《国民经济行业分类与代码》（GB/T4754—2017）没有将旅游业作为独立的大类列出，而是分散在租赁和商务服务业，住宿和餐饮业，交通运输、仓储和邮政业，文化、体育和娱乐业等门类中。这使得国家统计年鉴及旅游管理机构的旅游统计年鉴，都无法呈现全面反映旅游产业的统计资料。在目前的《中国统计年鉴》将旅游业与住宿、餐饮业归为一类，并列公布反映住宿和餐饮业的基本情况、经营情况和旅游产业的发展状况。宏观经济学家认为旅游业不是一个标准的产业，比如，戴维森认为将旅游定义为产业是不正确的，而且这一定义有损旅游的真实状况。旅游是一种社会经济现象，它既是推进经济进步的发动机，同时又是一种社会力量，旅游更像是一个影响许多产业的部门①。其不同意旅游产业存在的主要理由是旅游产业不像农业或工业那样界限分明，能够构成专门独立的经济产业。但这种理解在一定程度上混淆了旅游活动与旅游产业的概念，对旅游产业的特殊性认识不足。事实上，大部分从事旅游领域的经营、管理或研究的从业人员、政府机构和研究者从实践的角度都认同旅游产业客观存在的观点。

根据产业概念形成逻辑，从"集合"角度理解，旅游产业不是按照标准经济学"生产同类产品的企业集合"确立的传统产业，而是按照"所有满足旅游者在旅游过程中的消费需求的企业集合"的新型产业。从"细分"角度理解，旅游产业虽然与目前的国民经济行业分类标准存在冲突，但事实上它属于第三产业或服务业中的一个重要产业。虽然我们不应该把旅游产业看成标准的单一产业，但从现实应用和约定俗成的角度考虑，可以一般地认为旅游产业是一种特殊的产业门类。在实现旅游者需求的过程中，不同厂商或企业向某一特定旅游市场提供相似的产品或服务，具有某种程度的替代服务或活动，使厂商之间存在着竞争或合作的可能，就可以认定这种领域中的现象是一种产业现象，表现为旅游活动的供给方，实质是一个由旅游景区景点业、旅行社业、旅游住宿业、旅游交通业、旅游娱乐业、旅游购物业等多个异质性行业构成的产业体系或产业群落。因此，旅游产业就是为了充分满足旅游者的消费需求，由旅游目的地、旅游客源地以及两地之间联结体的企业、组织和个人通过各种形式的结合，组成的旅游生产和服务的有机整体②。理解该定义有两个要点：其一，这是从需求视角给出的定义，而不是传统的供给视角；其二，界定标准不是生产同类产品，而是服务同样的对象，即以旅游者为中心。

根据旅游消费行为的过程，旅游产业由涉及吃、住、行、游、购、娱六大要素的企业共同构成。根据实际的旅游相关业务，旅游产业可分为：①住宿接待部门，包括酒

① 威廉·瑟厄波德. 全球旅游新论 [M]. 张广瑞，译. 北京：中国旅游出版社，2001：23-26.
② 张辉. 旅游经济论 [M]. 北京：旅游教育出版社，2002：146.

店、饭店、度假村、民宿等。②浏览场所经营部门，包括国家公园、自然风景区、博物馆、植物园、动物园、遗址公园等。③交通运输部门，包括铁路客运、航空客运、公路客运、水运公司等。④旅游中介业务部门，包括旅行社、旅游批发商、旅游经营商、旅游零售商等。⑤目的地旅游组织部门，包括国家旅游组织、地区旅游组织、旅游协会等。这五大部门之间存在着共同的目标和不可分割的相互关系，通过共同作用达到吸引、招徕和接待外来旅游者并促进目的地旅游产业发展的目的。根据实际业务活动进行的划分更具有科学性和实用性，不仅包括了旅游产品和服务的生产企业，还包括了旅游服务系统的支撑性部门，如政府旅游组织机构。从产业层次上，旅游业可以分为三个层次：一是旅游核心产业，包括旅游住宿、旅行社及旅游中介服务、目的地景区景点和旅游客运等企事业单位。二是旅游特征产业，即直接为旅游者提供服务，与旅游密切相关的餐饮、娱乐服务业、零售业、铁路客运业、航空客运业、水上客运业、公路客运业、公共设施服务业、邮电通信服务业、文化服务业。三是泛旅游产业，指通过旅游经济活动拉动的直接与间接的部门①。这一划分重新确立了中国旅游产业的总体规模，反映出旅游对餐饮、运输等相关行业的贡献水平，显示了旅游在经济和就业方面的优势。

休闲产业的范畴更为宏观，指与人的休闲生活、休闲行为和休闲需求（物质与精神）密切相关的经济形态。休闲产业是人类社会的经济活动发展到高级、成熟阶段后，在社会经济中生成的专门为人类的休闲活动生产物质产品或提供劳务的一切经济活动群体的总称，它广泛存在于其他经济形态中那些属于休闲经济范围的行业和企业中。除了旅游业的常见形态，美国学者杰弗瑞·戈比在《你生命中的休闲》一书中还罗列出了多种与休闲业相关的行业，如演艺业，图书、音像制品、电子出版业，玩具业，电子游戏业，宠物业等。根据休闲产业涵盖的范围，我们可以将休闲业的构成体系分为核心行业、支持性行业和关联性行业。核心行业是直接为休闲活动提供产品和服务的行业和设施，如景区景点、娱乐业等。支持性行业是为核心行业提供物质支持或组织服务支持的行业和企业集群，如影视音像产品专卖店、休闲食品公司等。关联性行业是为核心行业和支持性行业提供各项辅助服务的行业和企业集群，如保险业、交通运输业、广告业等②。综上所述，本书将休闲与旅游产业定义为：借助休闲旅游资源，为休闲旅游活动创造条件并提供各类产品及服务以满足消费者需求的综合性产业。

二、旅游产业的主要特征

旅游产业作为一种特殊的产业门类，具有四个主要特征：

第一，旅游产业以旅游者消费活动为中心。旅游产业所包括的各个行业之所以成为旅游产业的组成部分，在于这些行业都有为旅游者提供服务的职能，即凡是为旅游活动提供直接或间接服务的行业都是这个配置性产业的组成部分。现实生活中，饭店餐厅、主题公园等属于主客共享的范畴，服务对象既包括游客也包括当地居民。

---

① 国家发展和改革委员会，国家旅游局课题组. 中国旅游业就业目标体系与战略措施研究［M］. 北京：中国旅游出版社，2004.

② 马勇，周青. 休闲学概论［M］. 重庆：重庆大学出版社，2008：205.

第二，旅游产业以提供服务产品为主。旅游业虽然有个别有形的产品形态，但主要产品是为旅游者提供的服务形式，旅游者的消费过程基本就是服务的提供过程，具有服务业或第三产业的一般性特征。旅游业整体属于劳动密集型产业，各个具体行业则可能分别属于劳动密集型行业、资本密集型行业或知识密集型行业。

第三，旅游产业跨越广阔的区域空间范围。旅游产业活动的全过程是由各旅游区域的企业集合作用的结果，既包括旅游目的地从事旅游服务的相关企业，也包括旅游客源地从事旅游服务的相关企业，两者共同组成完整的产业系统。在一个特定国家范围内，同时存在诸多旅游目的地和旅游客源地，它们之间又互为客源地和目的地，各地区从事旅游相关服务的企业共同组成了旅游产业空间网络体系。

第四，旅游产业本质上是一种无边界产业。一方面，旅游产业的边界和范围缺乏明确规定，根据旅游消费需求的发展变化而动态演化，旅游产业的产业资源、产业要素、产业运营则围绕不断变化的需求而动态组合，呈现出不断扩张延伸的趋势；另一方面，旅游产业发展过程中会与相关产业进行融合发展，不断与农业、工业、金融、航空、演艺、医疗、会展、房地产等诸多产业不断结合，通过"旅游+"衍生出新业态。

三、旅游产业的构成体系

旅游产业构成中最为主要的行业包括观光游憩娱乐业、旅行社及旅游中介服务业、住宿及餐饮接待业、交通运输业、旅游购物业等。

（一）观光游憩娱乐业

观光游憩娱乐业供给系统包括吸引物、交通、服务、信息和促销五个部分，其中吸引物是最为重要的组成部分，旅游吸引物是引起旅游者兴趣并满足其旅游需求的物质或服务的总和，包括了国家公园、休闲公园、博物馆、美术馆、历史遗迹、自然公园、主题乐园等。景区景点或娱乐设施是观光游憩娱乐业的核心吸引物，是吸引游客来到旅游目的地的根本因素。相对于观光游憩娱乐业而言，旅行社及旅游中介服务业、交通业等产业属于满足游客派生性需求的附属产业。截至 2018 年年末，我国共有 A 级景区 11 924 个，全年接待总人数 60.24 亿人次，比 2017 年末增长 10.5%，实现旅游收入 4 707.54 亿元，比 2017 年年末增长 7.8%。其中包括 5A 级景区 259 个、4A 级景区 3 034 个，红色旅游经典景区 300 个，国家级旅游度假区 26 个，旅游休闲示范城市 10 个，国家生态旅游示范区 110 个，在建自驾车房车营地 900 多个，全国通用航空旅游示范基地 16 个。

在旅游业的供给侧结构性改革过程中，观光游憩娱乐业的产品体系逐步丰富，产品结构趋于完善，自然资源景区、主题公园和特色小镇在旅游投资中占比最高。一般而言，一个成功的景区景点开发需要具备四个因素：一是市场对产品的需求；二是具有特色的高品质旅游吸引物；三是专业的管理和营销技能；四是专业的服务质量和良好的环境。面对激烈的市场竞争，作为提供旅游核心产品的观光游憩娱乐业也在创新发展思路。比如，黄山风景区积极拓展旅游+小镇、旅游+新零售、旅游+供应链、旅游+演艺等新项目，力图以黄山景区为核心，与周边特色小镇形成线路联动，布局景区文创项目开发，联合供应商，打造集观光、游憩、娱乐体验于一体的文旅综合体。

（二）旅行社及旅游中介服务业

《旅行社条例》将旅行社定义为从事招徕、组织、接待旅游者活动，为旅游者提供相关的旅游服务，开展国内旅游业务、入境旅游业务和出境旅游业务的企业法人。旅行社业是一个典型的中介服务型行业，由向旅游者提供线路产品、单项产品、出游信息、导游服务等的中介服务型线上或线下企业构成。按照经营范围，可将旅行社分为国内旅行社和国际旅行社，前者仅限于经营国内旅游，后者业务范围涵盖国内旅游、入境旅游和出境旅游业务。按照业务类型，可将旅行社分为组团社和地接社。组团社是指与旅游者订立包价旅游合同的旅行社，地接社是指接受组团社委托，在目的地接待旅游者的旅行社。按照销售渠道，可将旅行社分为旅游批发商和旅游经营商，批发商和经营商都要生产或提供包价旅游产品，区别在于，批发商不直接面对零售终端，而是通过旅游零售商向消费者出售，旅游经营商既通过零售商销售，也有自己的直销渠道。

旅行社的职责包括：一是组织职能。在提供产品的过程中，旅游中介企业基于对旅游者需求的理解，对各种旅游服务要素进行组织、设计、组合和销售。二是中介职能。旅行社是旅游产品进入流通领域后的经营商，其作用是为旅游产品的价值实现提供便利，实际上是在旅游产品的供应者和消费者之间发挥一种媒介的作用。三是信息职能。旅行社是连接生产者和消费者的桥梁和纽带，意味着处于信息交流的中枢地位①。截至2023年第二季度末，全国共有旅行社50 780家，其中广东以4 055家位居榜首，其次是北京，有4 015家，江苏以3 609家名列第三。目前，旅行社数量增长但增速下降，旅游营业收入占全国旅游收入比例有所下降，面临产品同质化等诸多问题。旅行社及旅游中介服务业发生了颠覆性变化，传统旅行社依靠信息不对称、资源和渠道的发展模式已经一去不复返，市场已然进入产品体验和内容为王的时代，以"携程""去哪儿"为代表的在线旅行商（OTA）充分发挥互联网优势，线上交易、线下服务（O2O）下沉发展，内容平台带货，拥有巨大标品流量，满足企业需求（ToB）供应链服务模式的深化，极大地提升了产品的分销效率，成为未来发展的新蓝海。在满足团队游、自助游、机（票）酒（店）标品等传统需求的基础上，定制游等非标需求日益凸显，分众市场要求旅行社对游客个性化、碎片化的需求做出专业的快速响应，倒逼旅游服务供应链的所有供应商转型升级，以应对市场的新变化。

（三）住宿及餐饮接待业

住宿及餐饮业是以为游客提供住宿及饮食接待服务为基本业务的实体，包括酒店、饭店、宾馆、旅馆、餐馆、餐厅等。一般而言，酒店兼具住宿和餐饮功能，而餐馆则主要向顾客提供餐食服务。随着旅游市场的蓬勃发展，现代酒店的集团化、规模化、综合化发展趋势明显，正在成为集住宿、餐饮、会议、购物、休闲、度假、康养、演艺等多重功能于一体的酒店综合体。比如，澳门的威尼斯人酒店、迪拜棕榈岛亚特兰蒂斯酒店、马尔代夫库达呼拉岛四季度假酒店等。截至2022年年底，我国星级饭店统计管理系统中共有7 337家星级饭店，其中一星级14家，二星级768家，三星级3 487家，四星级2 285家，五星级783家，具体分布情况见表8-1。根据《中国统计年鉴》数据，

① 谢彦君.基础旅游学［M］.4版.北京：商务印书馆，2015：123.

全国限额以上法人企业（年主营业务收入 200 万元及以上）中，住宿业法人企业有
30 829 个，客房数 532.7 万间，床位数 817.1 万位，从业人数 161.8 万人，营业收入
3 831.8 亿元。从行业收入结构上看，高端星级酒店收入占比持续增加，民宿、短租等
非标住宿业以其鲜明的特色和个性化体验深受市场欢迎而发展迅速，显示出游客对品质
化、特色化住宿产品及服务的追捧。

表 8-1　2022 年全国各地星级饭店数量分布情况①

（按星级饭店总数排序）　　　　　　　　　单位：家

地区	总数	五星级	四星级	三星级	二星级	一星级
广东	446	92	115	221	18	0
浙江	437	80	157	165	32	3
山东	403	37	139	210	17	0
北京	349	51	100	135	62	1
云南	334	16	58	173	85	2
广西	332	11	103	188	30	0
四川	329	33	109	126	61	0
江苏	324	70	128	118	8	0
新疆	317	10	54	213	40	0
甘肃	284	2	81	152	47	2
河南	281	21	77	155	28	0
河北	269	26	111	106	26	0
陕西	260	17	49	165	29	0
江西	258	18	119	113	8	0
湖北	252	23	78	119	31	1
福建	233	47	111	72	3	0
辽宁	220	23	60	112	25	0
安徽	219	23	103	87	6	0
青海	210	3	55	123	28	1
湖南	208	19	56	109	24	0
贵州	190	9	72	87	20	2
山西	169	11	45	86	27	0
内蒙古	156	12	29	77	38	0
西藏	152	3	41	79	29	0
上海	151	57	49	39	6	0

① 数据来源于文化和旅游部全国星级饭店统计管理系统。填报率低于 60% 省份和城市不参与具体排名。

表8-1(续)

地区	总数	五星级	四星级	三星级	二星级	一星级
重庆	125	27	38	48	12	0
黑龙江	104	6	31	54	13	0
海南	85	19	29	34	1	2
吉林	67	3	25	38	1	0
天津	64	14	26	22	2	0
宁夏	63	0	28	28	7	0
新疆兵团	46	0	9	33	4	0
合计	7337	783	2285	3487	768	14

餐饮业是大众日常消费的主要市场，不仅服务于游客，还服务于数量庞大的本地顾客，是满足人们追求美好幸福生活的重要途径。2019年，中国餐饮市场规模达42 716亿元，山东、广东、江苏、河北、河南、四川、浙江、湖南位列前八名。餐饮市场的发展呈现出快时尚化、特色化、健康化、潮流化的趋势。一方面，口味大众、价格适中的快时尚化休闲餐饮广受喜爱，尤其与互联网融合后，以"80"后、"90"后为主体的外卖市场出现爆炸式增长，2019年外卖交易额突破6 000亿元；另一方面，传统菜系和外来菜系竞争激烈，新锐菜品不断创新，消费者对体验特色化、服务标准化的产品越来越看重，比如火锅市场2019年营收高达9 600亿元。此外，在饮食结构逐渐向健康化发展的同时，受互联网病毒营销和社交营销的影响，粉丝化、潮流化餐饮品牌也吸引了巨大的流量。

（四）交通运输业

交通运输业是实现旅游活动的必要客观条件，满足旅游者地理空间位置移动的需求。交通运输业解决了旅游目的地可进入性问题，对旅游业发展具有重要的影响作用。根据《中国统计年鉴》，截至2022年年底，我国铁路营业里程15.49万千米，铁路客运量167 296万人，其中高速铁路4.22万千米，占铁路营运里程比重的27.3%，客运量127 533万人，占铁路客运量比重的76.2%。公路里程535.48万千米，公路客运量354 643万人，其中高速公路17.73万千米。内河航道里程12.80万千米，水运客运量11 627万人。定期航班航线里程699.894万千米，航线4 670条，其中国际航线336条，国内航线4 334条，港澳台地区航线27条，定期航班通航机场253个，民用飞机7 351架，民航客运量25 171万人。强大的运输能力为旅游者出行提供了便捷的交通保障。

（五）旅游购物业

旅游购物业又称为旅游购物品经营业，是为游客在目的地国家或地区的旅游活动提供其消费购买的物质产品，如旅游装备、旅游纪念品、土特产品等。旅游购物业以针对旅游者的物质产品生产和销售为主要业务，既包括旅游商品生产企业，也包括旅游商品专卖店、纪念品经营店、商场、超市等企业机构或组织，在旅游产业中具有重要的地位。根据国家统计局发布的数据，2022年全国旅游及相关产业增加值为44 672亿元，占 GDP 比重为 3.71%，从内部结构看，增加值占比最大的是旅游购物业，增加值为 14 380 亿元，占全部旅游及相关产业比重的 32.2%。按照产品特色划分，旅游商品可以分为常规旅游商品和特色旅游商品。旅游购物市场从早期的以纪念品、工艺品为主的常规旅游商品，逐步向更加具有地域文化特色和创意的特色旅游商品发展，商品的符号化、品质化、功能化、个性化以及趣味性特征越来越鲜明。譬如，拥有 600 多年历史的故宫，以知识产权（IP）为核心，深度发掘历史文化，将百年文化底蕴与时尚流行元素创意融合，推出既有文化品位，又有魔性趣味和使用功能的特色文创产品，"如朕亲临"的旅行箱吊牌、"朕就是这样汉子"折扇、朝珠耳机、国宝色口红、"故宫美人"面膜等一系列潮品爆款吸引游客"把故宫文化带回家"，2017 年故宫文创产品收入达到 15 亿元。

第二节 休闲与旅游产业的结构与发展

一、休闲与旅游产业结构的定义

休闲与旅游产业结构是指休闲旅游经济系统按照行业、空间、组织、产权等维度进行划分之后的各组成部分之间的生产、技术、经济联系及其数量比例关系。通过对休闲与旅游产业结构进行科学分析，可以进一步研究休闲与旅游产业运行过程中存在的问题，为建立合理的产业结构体系提供方向和思路。

休闲与旅游产业结构的属性包括五个方面：

第一，产业结构反映出休闲旅游经济系统各个组成部分之间的生产技术经济联系。各组成部分的经济活动与其他组成部分的经济活动存在密切关联，各组成部分之间的生产技术经济联系形成了休闲旅游经济系统的产业链条。某个组成部分的经济效率和经济效果，不仅取决于该组成部分内部的技术和管理水平，还取决于该组成部分与其他组成部分之间的相互匹配和交易关系。

第二，产业结构反映出休闲旅游经济系统各组成部分之间的数量比例关系。从休闲与旅游投入的视角看，休闲与旅游产业结构反映了各类经济资源和要素在休闲旅游经济系统各个组成部分之间的配置状态，如资金、劳动力等在各个组成部分的分布情况。从休闲与旅游产出的视角看，休闲与旅游产业结构反映了休闲旅游经济总产出（如某个特定时期内旅游总收入、旅游总利税等）在休闲旅游经济系统各个组成部分的分布情况。

第三，产业结构是对休闲与旅游产业实际运行的结果及产业运动的静态反映。从行业、空间、组织、产权等维度出发，可以划分出休闲与旅游产业的行业结构、空间结构、组织结构和产权结构等结构类型，共同反映出产业活动的整体运行状况。

第四，产业结构是休闲旅游生产力和生产关系相互作用的结果。休闲与旅游产业结构的各个组成部分，是在特定的时空范围内，休闲旅游生产力和生产关系相互作用的结果，而通过对产业结构的深度分析，有助于理解休闲旅游生产力与生产关系相互作用的具体形式和适配状态。

第五，产业结构是不同的国情在休闲与旅游产业运动中的具体表现。休闲与旅游产业结构是一个国家政治、经济、文化、自然、社会等条件共同影响的结果，国情决定了休闲与旅游产业结构的基本形态。因此，各国需要结合国情探寻具有本国特色的休闲与旅游产业发展道路。

二、旅游产业结构类型与优化

(一) 旅游产业结构的类型

一般而言，旅游产业结构可分为四种主要类型：

1. 旅游产业行业结构

旅游产业行业结构指在旅游产业运行过程中形成的具有不同经济职能的旅游行业之间的联系和数量比例关系，是旅游生产力在宏观上进行社会分工所形成的结构形式，一定程度上反映了旅游经济的发展水平及其内部分工情况，同时也反映出社会资源在旅游产业各个行业之间的分配状况。旅游产业行业结构的影响因素包括三个方面：第一，社会生产力水平是影响行业结构的基础因素。第二，旅游消费需求规模和形式是影响行业结构的主导因素。第三，国家产业政策和旅游发展战略等是重要的影响因素。

行业结构合理化的主要标志有量和质两个方面。一方面，从量的关系角度看，合理的旅游产业行业结构应是内外各种比例关系协调的结构，如旅游生产要素在各行业的合理配置、各行业的旅游生产都有合理的市场容量和接待规模、各行业都能保持较高的服务效率和经济效益；另一方面，从质的关系角度看，合理的旅游产业行业结构是具有较高经济效益的结构，其主要标志是各行业保持较高水平的设施利用率，能够实现较高的经济效益。

2. 旅游产业空间结构

旅游产业空间结构指旅游产业在各个不同区域的分布情况、地位关系和组织状态。旅游产业空间结构具有两个重要属性：首先，空间结构是旅游生产力在空间上的分布状态。各区域由于社会经济发展水平和旅游生产要素等条件的不同，旅游经济发展规模和水平状况存在着客观差异，总体表现为旅游生产力的空间分布差异性。其次，空间结构反映了旅游生产力的地域分工与协作关系。在地域分工条件下，各区域之间必然形成各种旅游经济的分工和协作关系，形成相应的组织与协调机制，成为旅游产业空间结构的客观基础。

旅游产业空间结构的形成受多种因素的综合影响，主要包括四种因素：一是经济发展水平的空间差异。区域间经济发展水平不同会直接影响旅游产业空间结构的基本形态。二是旅游需求的空间分布。旅游需求受多种因素影响，其规模和内容在空间上是不均衡分布的，这必然会对旅游产业空间结构的形成产生影响。三是旅游资源的空间分布。由于自然演化和历史发展，旅游资源在空间上客观存在分布不均衡状态，影响着区域旅游产业发展的类型和路径，也必然对旅游生产力空间配置与组织状况产生重要影响。四是基础设施的空间分布。基础设施是旅游者进行空间移动从而影响旅游产业发展的重要因素，不同区域范围内的基础设施具有不同的发展状况，必然对旅游产业空间结构产生重要影响。

我国旅游产业空间分布规律，主要体现为四个方面：一是趋向于沿海发达地区。旅游产业在沿海地区具有发展的优先性，其原因包括：沿海地区具有领先的经济发展实力，交通运输等基础设施较好，旅游需求密度高、需求规模大，与国外旅游客源国及中转国的经济距离较近、经济文化联系紧密。二是趋向于旅游资源丰富地区。旅游资源丰富程度决定着地区旅游吸引力大小和旅游需求强度，也决定着旅游生产力的分布和组织状况。三是趋向于出入境口岸。口岸地区不仅是主要的旅游目的地，也是旅游客源的重要输出地。四是趋向于中心城市。中心城市在旅游产业发展中具有强大优势，体现为中心城市具有丰富的人文旅游资源，基础设施条件及旅游综合服务能力较强，中心城市往往是重要的旅游客源地和目的地。

3. 旅游产业组织结构

旅游产业组织结构是旅游产业运行中经营规模和经营组织的构成状态，包括旅游企业规模结构和旅游产业组织方式两方面。前者指旅游行业内大型、中型、小型企业构成的数量比例以及它们之间的关系，反映出劳动力、固定资本等旅游生产要素在企业主体中的集中程度。后者指不同的旅游企业之间的结合方式和关联状况。旅游产业组织结构的形成受到三个因素的影响，包括旅游需求特性、社会经济状况、经济体制要求。

旅游产业组织结构具有四个特征：一是旅游企业布局具有分散性。旅游客源和旅游资源在空间上的分散分布，决定着旅游企业布局的分散化特征。二是旅游企业规模偏小型化。旅游需求的多样性和波动性，客观上要求企业实行经营上的专业化，偏小型旅游企业能够有效选择总体需求中某一类型、结构或等级的需求提供针对性的服务。三是旅游企业组织的集团化。旅游企业布局的分散化和规模的偏小型化，在一定程度上难以形成规模经济。提高市场拓展能力和国际竞争能力的内在要求迫使旅游企业向集团化方向发展，以获得规模经济效应。四是旅游企业配套的有序化。旅游需求的综合性特征要求旅游企业之间必须实现配套的有序化，才能有效发挥旅游产业的总体功能。

4. 旅游产业产权结构

旅游产业产权结构又称为旅游产业所有制结构，指在旅游产业中多种经济成分的相互关系和构成状态。我国的旅游产业产权结构具有三个特征：一是多种产权形式共同发展，包括国有经济、集体经济、私营经济、个体经济、外商投资经济等多种形式。二是国有旅游经济处于主导地位。三是各种产权形式相互交融发展。通过企业联合形成混合所有制的新型旅游经济产权形式，为实现企业间的横向经济联系，确保生产要素自由流动和优化组合，不断提高生产资源配置效率创造条件。

（二）旅游产业结构的优化

旅游产业结构优化是保持旅游产业正常运行的内在要求，是保持旅游市场供需平衡的基本条件，同时也是推进旅游经济活动持续发展的重要前提。一般来讲，旅游产业结构优化是指通过一定的政策措施对旅游产业进行适度调控，使旅游经济系统的各个组成部分实现协调发展，并满足旅游者不断增长和变化的消费需求的过程。旅游产业结构优化是一个动态的过程，主要表现在产业结构合理化和高度化两方面。合理化是高度化的前提和基础，高度化是合理化发展的方向和目标，两者相互作用，相辅相成。

第一，旅游产业结构合理化指旅游产业各组织部分由不合理向合理发展的过程，即针对旅游经济发展特定阶段的旅游市场需求变化和资源条件对旅游产业不合理的产业结构进行量与质的适度调整，实现资源在产业内部的合理配置和有效利用。从静态的角度看，需要达到产业各组成部分之间的构成比例关系合理化，具体表现为：形成有序的排列组合和相应的层次结构，产业各组成部分相互配合、相互服务和相互促进，生产要素在各行业之间的投入比例相对合理与相互协调，整个旅游产业的综合生产能力得到显著提高。从动态的角度看，需要达到旅游产业结构的内部协调性和外部适应性，具体表现为：产业内各行业的增长速度相互协调和平衡，旅游产业总体发展水平与国民经济发展要求相适应，产业内各行业的发展速度和规模与旅游市场的需求和消费结构相适应。

第二，旅游产业结构的高度化是指随着旅游需求结构的变化、旅游市场竞争程度的加深和旅游技术的持续发展，旅游产业结构不断向更高级方向创新演进的动态过程。其在本质上是充分利用科技进步和社会分工，使旅游产业不断向资源开发深度化、产业要素集约化、产业服务深入化、产出高附加值化的方向发展，提高旅游产业的技术构成、生产要素综合利用率、产业经济效益。具体表现为：一是旅游产出结构高度化。在旅游产业总产出中，高需求收入弹性、高附加值的行业产出比重明显提高，发展速度显著加快，带动整个旅游产业总产出迅速增加。二是旅游技术结构高度化。科技进步在旅游经济中的作用明显提高，各种新兴技术、高技术在旅游业中的应用不断扩大，对旅游经济的推动作用显著加强。三是旅游资产结构高度化。资产结构适应旅游经济和需求结构变动并合理化，旅游产业规模经济进一步显现、企业组织创新加快。四是旅游就业结构高度化。旅游产业带动就业人数规模增加，劳动力结构不断优化，增强了旅游业的就业综合效应。

三、旅游产业发展模式及发展战略

（一）旅游产业发展模式

由于政治、经济、文化和社会等方面的不同背景条件，在一个国家或地区的旅游产业发展过程中，其动力机制、重点领域、演化路径等会呈现出明显的差异性，从而形成不同的旅游产业发展模式。旅游产业发展模式是指特定时期内一个国家或地区旅游产业发展的总体方式，主要包括旅游产业发育方式和旅游产业演进方式两方面。前者是指在特定的社会经济环境下，一个国家或地区的旅游产业如何发育形成的问题；后者是指当一个国家或地区的旅游产业发展到一个特定阶段时，以什么样的方式向规模化、合理化和高度化方向发展的问题。

旅游产业发展模式具有四个特征：一是概括性。旅游产业发展模式作为旅游产业发展的总体方式，是对一定时期特定国家、地区或区域旅游产业发展基本特征的高度概括和提炼，充分反映其旅游产业发展的内在要求和客观规律。二是阶段性。旅游产业发展模式要反映一个国家、地区或区域旅游产业发展的主要阶段，描绘出旅游产业在各个阶段的发展思路与发展重点。三是稳定性。某一特定阶段的旅游产业发展模式一经确立，旅游产业运行的基本特征就得以明确并保持相对稳定。四是特定性。旅游产业发展模式受经济环境、自然条件、社会发展阶段等因素决定，因此，不同国家、地区或区域应有符合自身实际的特定的旅游产业发展模式。

根据不同的标准，可以将旅游产业发展模式划分为不同的类型。根据旅游产业成长与国民经济发展的总体关系，可以将旅游产业发展模式划分为超前型和滞后型两种。超前型旅游产业发展模式是指旅游产业的发展超越国民经济总体发展水平，通过发展旅游产业来带动相关产业发展和国民经济增长。采取这种模式需要具备三个条件：丰富的旅游资源、外部旅游需求、外部投资注入。滞后型旅游产业发展模式是指旅游产业的发展滞后于国民经济总体发展水平，即国民经济发展到一定阶段后，带动旅游产业成长的一种模式。这是较常规的旅游产业成长模式，即随着社会经济发展到一定阶段，本国居民旅游消费需求发生变化而推动旅游产业发展。

根据旅游产业成长的协调机制，我们可以将旅游产业发展模式划分为市场型和政府主导型两种，前者是以市场竞争为主要动力来推动旅游产业成长和演变，后者则是以政府规划或产业政策等强力干预为主要动力来推动旅游产业发展。根据国内和国际旅游市场成长的演进规律，我们可以划分为延伸型和超前型两种，前者需以国内旅游为产业成长基础，然后发展国际旅游，最终形成两个产业的融合发展。后者先发展国际旅游接待业，然后再推进国内旅游发展，最终形成完整的旅游产业体系。一般而言，发展中国家经济发展水平较低，它们通常希望通过旅游产业发展来带动整体国民经济快速发展，故常采用超前型旅游产业发展模式。但其国内旅游消费需求不足，所以通常会优先发展国际旅游，以吸引外部投资，带动旅游资源开发和旅游设施建设，形成完整的旅游产业体系，其在旅游产业发展过程中更偏向于采取政府主导型旅游产业发展模式。

（二）旅游产业发展战略

旅游产业发展战略是以分析旅游产业发展的各种环境因素和内部条件为基础，从关系到旅游产业发展全局的各个方面出发，制定在较长时期内旅游产业发展要达到的目标、要解决的重点问题以及为实现目标和解决问题所采取的措施的总称。从其基本特征来讲，旅游产业发展战略是对一个国家或区域旅游产业发展的根本性、全局性和长期性的谋划。制定科学的旅游产业发展战略，是一个国家或地区政府实现自身目标的表现形式，也是旅游经济活动有效发展的内在要求。

旅游产业发展战略作为旅游产业总体和长远发展的指导性纲要，其主要内容包括战略目标、战略布局和战略措施等方面。战略目标是旅游产业发展战略的核心和主线，是指在较长时期内旅游产业所要达到的指标状态，包括：①旅游产业增长速度目标，如旅游接待人次增长速度、旅游总收入和旅游外汇收入增长速度等。②旅游产业规模目标，如旅游总人次、旅游总收入、旅游外汇收入等。③旅游产业地位目标，如占国内生产总值的比重及贡献度、在世界旅游经济中的位次等。④旅游产业效益指标，包括经济效益、社会效益和环境效益等，具体指标如旅游产业平均利润率、旅游结汇率、就业率、环境容量等。

旅游产业发展战略布局是一个国家或地区为实现一定时期内的战略目标而进行的旅游产业空间配置、组织和部署，其核心是旅游生产要素空间布局和旅游经济区域分布。旅游生产要素的空间布局是旅游产业发展战略布局的核心，直接影响旅游产业总体发展规模、发展速度和发展效益。旅游经济区域分布是根据旅游流量和流向、旅游类型以及自然、经济和社会等因素形成的旅游区域分布体系。旅游产业战略措施是实现战略目标、战略重点和战略布局的具体手段，其核心内容是产业政策。

制定有效的旅游产业发展战略，需要遵循四项原则：一是成长阶段性原则。随着经济、社会发展的程度不同，国家或地区旅游产业发展也表现出阶段性特征，准确判断自身所处的阶段是制定旅游产业发展战略的前提。旅游产业成长往往要经过三个阶段，即非常规成长阶段、过渡性成长阶段和常规成长阶段，不同的发展阶段要制定与之相适应的发展战略。二是城市中心性原则。城市不仅是区域政治经济文化中心，而且具有庞大的客源市场和丰富的旅游资源，旅游发展战略的制定需以城市为主要空间载体，建立区域协同、城乡统筹的旅游产业发展战略。三是地方特色性原则。要结合本土实际情况，充分发掘区域旅游资源特色，形成具有地方特色的旅游产业发展战略。四是可持续发展原则。旅游发展战略要综合考虑资源可持续利用、环境保护和生态文明，协调经济、社会、环境和文化等多重效益。

（三）旅游产业发展政策

《现代日本经济事典》将产业政策定义为：国家或政府为了实现某种经济和社会目的，以全产业为直接对象，通过对全产业的保护、扶植、调整和完善，积极或消极参与某个产业或企业的生产经营、交易活动，以及直接或间接干预商品、服务、金融等的市场形成或市场机制的政策的总和[1]。旅游产业政策是政府为了实现特定时期内特定的发展战略目标，改变旅游产业与其他产业、旅游产业内部各行业之间的资源分配和各类旅游主体的相关行为而采取的针对旅游产业发展的各种政策的总和[2]。旅游产业政策的主要作用表现为：一是确定旅游活动中各类主体必然严格遵守的游戏规则，包括旅游经营者、旅游消费者以及旅游管理者。二是阐明旅游过程中各类主体可以接受的活动和行为。三是为产业相关利益主体提供协调机制，尽可能协调和满足各方面的利益要求。四是为旅游市场健康持续发展提供保障，避免不正当市场竞争。五是贯彻国家总体经济发展战略，明确旅游产业在国民经济中的地位。六是协调旅游产业与其他经济部门的关系。

旅游产业政策主要包括旅游产业结构政策、旅游产业布局政策、旅游产业组织政策、旅游产业市场政策、旅游产业技术政策、旅游产业保障政策等[3]。

第一，旅游产业结构政策。结构政策体系分为三个层次：一是产业定位，即旅游产业在国民经济体系中的位置。二是产业构架，即入境旅游、国内旅游与出境旅游的相互关系和政策协调。三是产业配套，即旅游产业内行业结构的合理化。

第二，旅游产业布局政策。旅游产业受客源市场、资源分布、区位、交通条件、旅游行程等因素的影响，其布局既包括宏观的区域结构问题，也包括点线结合、点面结构的问题。由于我国空间开发战略和旅游发展道路的特殊性，客观形成了"重东部、轻中西"的旅游区域格局。但随着旅游市场的成长和发展战略的调整，政府需要对各类地区

---

① 苏东水. 产业经济学［M］. 3 版. 北京：高等教育出版社，2010：255.

② 张辉. 旅游经济论［M］. 北京：旅游教育出版社，2002：270.

③ 宁泽群. 旅游经济、产业与政策［M］. 北京：中国旅游出版社，2005：289-290.

旅游产业地位进行相应调整，在继续发展好东部沿海地区旅游产业的同时，通过适当倾斜的政策加强中西部旅游产业发展。

第三，旅游产业组织政策。通过协调竞争与规模经济的关系，缓解垄断对市场经济运行造成的影响，维持一定的规模经济水平。具体包括旅游市场结构控制政策、旅游市场行为调整政策和直接改善旅游产业内不合理的资源配置政策。

第四，旅游产业市场政策。明确旅游产业发展过程中的支持领域和限制领域，对有市场前景、生命力持久和竞争力强的旅游产品或旅游设施的开发与建设给予全方位支持。对投资过度、重复建设严重以及可能破坏生态环境的项目或设施类型，应加以引导、规范和限制。

第五，旅游产业技术政策。现代经济的技术含量越来越高，高技术与高生产力、强竞争力之间存在着直接的相关关系。在旅游产业发展中，互联网络、人工智能、5G、物联网、云计算、区块链等现代技术的运用对提高产业素质具有重要影响。政府需制定引导和促进旅游产业技术进步的指导性政策。

第六，旅游产业保障政策。旅游产业政策的实施必须有与其相配套的制度性保障措施。相关部门应建立健全财政金融扶持政策，通过企业债、公司债、中小企业私募债、短期融资券等债务融资工具，加强债券市场对旅游企业的支持力度，发展旅游项目资产证券化产品。相关部门应加强旅游专业人才培养，加强旅游学科体系建设，优化专业设置，积极发展旅游职业教育。相关部门应建立和完善旅游人才评价制度，培育职业经理人市场，推动导游管理体制改革等。

案例

成都市温江区：如何推进全域旅游发展战略实施

当前，发展全域旅游已经成为旅游业贯彻落实党中央、国务院决策部署和"五位一体"总体布局、"四个全面"总体布局以及"五大理念"的重大战略决策。文化和旅游部围绕全域旅游发展，发布了《国家全域旅游示范区认定标准》《全域旅游示范区创建验收标准》和《全域旅游示范区创建工作导则》等多个文件，对全域旅游的发展提出了明确要求和行动指南，全面推进全域旅游示范区创建工作。全域旅游发展战略得到了全国上下的积极响应，各地纷纷把发展全域旅游作为迎接大众旅游时代旅游消费新要求和调整地区经济发展模式、创新经济发展新动能的重要举措，迸发出强大动力。近年来，成都市温江区紧紧围绕"健康产业高地，宜业宜居宜游国际化都市新区"发展定位，确立建设"'三医融合'产业之城、创新开放进取之城、便捷高效畅通之城、天蓝地绿亲水之城、文明和谐幸福之城"发展目标，旗帜鲜明地提出实施全域旅游发展战略，并入选"首批国家全域旅游示范区"，全区旅游产业呈现出强劲的发展态势。

一、温江推进全域旅游发展的战略目标

温江遵循成都市委构建具有国际竞争力和区域带动力的现代产业体系的总体要求，紧紧围绕"三医两养一高地"的区域总体发展战略定位，以《全域旅游示范区创建工作导则》为行动指南，以旅游治理规范化、旅游发展全域化、旅游供给品质化、旅游参与全民化和旅游效应最大化为创建目标，突出改革创新、党政统筹、融合共享、创建特色、绿色发展和示范导向六项原则，瞄准成都休闲旅游度假市场和318国道自驾游市场，打造特色化的旅游产品体系，构建网络化的旅游空间体系，完善融合化的泛旅游产业体系，强化目的地旅游品牌整合营销，力争建成以高端康养为主题的国家级旅游度假区和以西行起点为品牌的西部自驾游枢纽中心，成功创建"国家全域旅游示范区"，将旅游产业发展作为推进温江区域经济持续快速发展的动力产业和战略性支柱产业，并使之成为城市综合转型升级的重要手段和推动力量。

二、温江推进全域旅游发展的战略定位

（一）市场定位

温江旅游的市场定位是：以成都为核心的近程区域休闲旅游度假市场为主体，以318国道自驾游市场为新增长点。以成都为核心的近程区域旅游市场一直是温江旅游的主体市场。温江的旅游客源市场呈现出多层级现象，成都中心城区居民构成了参与近郊旅游的主要人群；其次是外地游客，如乐山、绵阳、雅安、重庆等地，包括省外及国外游客；三是温江本地居民，他们通常是本地旅游产品的首批尝试者。作为国家中心城市之一的成都，人口超过1 500万，地区生产总值12 170.2亿元，城镇居民年人均可支配收入35 902元，拥有巨大的市场潜力。温江邻近成都中心城区，具有明显的区位优势，未来仍需继续强化吸引成都中心城区的旅游客源，并进一步扩大周边区域游客市场和本地休闲娱乐市场的规模。以318国道自驾旅游者为主的自驾旅游市场是温江旅游业新的市场增长点。中国有超过4万亿元的庞大自驾游消费市场，特别是近年来四川地区自驾车旅游市场日益增长，游客需求激增。蓬勃旺盛的用户需求，为温江旅游业发展提供了宝贵的机会和新的增长点。因此，需要将温江融入西行沿线大旅游格局中，增强市场的开放性和外向性，利用318国道等品牌自驾线路，进一步扩展市场空间、促进市场增长。

（二）功能定位

温江旅游的功能定位是：以高端康养为核心的综合休闲旅游度假目的地，以西行起点为品牌的西部自驾枢纽中心。推进以高端康养为核心的综合休闲旅游度假目的地建设，力争建成国家级旅游度假区。随着居民可自由支配收入的增长，我国旅游业逐渐步入大众旅游时代，旅游需求呈现爆发性增长，周末游和近郊游等短途休闲旅游活动越发活跃。温江拥有美食休闲、康养度假、亲子游乐、探险刺激、文化娱乐等多种旅游项目，集聚了鱼凫遗址、温江文庙、陈家桅杆、大乘院以及城南古郭等历史文化景点，并且涵盖了国色天乡主题公园、泰迪熊博物馆、玫瑰园、向日葵基地等特色主题休闲观光景点，成为历史文化以及休闲文化双结合、旅游资源种类丰富的旅游目的地。随着城市工作压力的增大，人们对于休闲的需求日益增加，以休闲文化为主题的温江在未来很长时间内将会是成都范围内重要的休闲旅游地。特别是在成都"西控"战略布局下，温江的生态环境和田园城市形态优势将进一步显现，花木种植等生态绿色产业的发展、医学城等高科技产业的布局，为温江康养旅游产品向高端化、品质化和品牌化发展提供了发展机遇和有力支撑。

以"西行起点"为品牌，建设西部自驾车旅游综合服务枢纽，提升温江在四川省、成都市以及整个318沿线和大西部地区旅游当中的功能定位。作为"中国旅游双线原点城市"的成都必将成为中国乃至世界上最大的户外旅游集结中心，并催生相应的户外旅游集结市场，大成都平原经济圈必将出现我国最大规模的房车自驾车营地集群。温江位于成都平原腹心，处于西部自驾的"入口"位置，具有得天独厚的区位优势，加之温江生态环境优越，历史文化源远流长，是成都现代服务业功能聚集区，中国西部最具品质的宜居宜业城市，并享有"国际花园城市"和"金温江"等美誉，具备良好的自然条件与产业基础。温江区应抓住这一难得的机遇，秉承"服务四川，辐射西部"的理念，建设成为成都西向交通枢纽和中国最美景观大道——317/318川藏世界旅游目的地（四川段）的始发站与集散地、西部自驾车旅游综合服务枢纽，打造统领四川省自驾车旅游营地体系和辐射西部地区自驾车营地网络体系，满足四川省日益增长的自驾车旅游市场服务需求，同时发挥西行起点的品牌聚合效应，建立318自驾产业联盟，打造318自驾游产业经济带。通过整合自驾游产业链上下游资源，建立集完善的集旅游信息、应急救援、落地换乘、线路定制、保险支付等于一体的自驾游服务体系，并与省内及318沿线城市联动，铺设服务站点，形成以温江为核心的自驾游服务网络。以交通枢纽为基础，建设公平镇旅游换乘中心、金马镇自驾游集散中心等交通枢纽设施，形成强大的自驾游承载能力，与双流机场、成都市区、天府新区、317/318快速接驳、快速集散；以自驾游服务为核心建设"线下沿途服务体系"，建立车辆维护中心、汽车营地、房车展览中心，并结合温江现有的餐饮、住宿等旅游资源，提供全方位的自驾游服务；开发"云数据"平台，建立"线上智慧旅游体系"，打造西部旅游数据中心，利用自驾游场景实验、"西行智驾·成都旅游创新实验室"，着力自驾游行业创新创意，并积极创建国家级创新实验室，引领自驾游的研发与创新。发挥温江交通中心、客流中心、服务中心、数据中心和研创中心的多种核心功能。最终实现聚集西部自驾旅游的客流、信息流、资金流，力争实现聚集一点、全域支撑，立足四川、辐射西部的美好蓝图。

（三）产业定位

温江旅游的产业定位是：区域经济发展的动力产业和战略性支柱产业。温江顺应全国推进全域旅游发展之势，力图构建一个开放、多元、融合的泛旅游产业体系，扩大旅游产业规模，加快旅游产业创新，提升旅游产业素质，推动旅游产业转换升级，使之成为区域经济持续快速发展过程中的动力产业和战略性支柱产业。特别是在成都"西控"战略下，土地审批等诸多方面受到限制，温江需要充分发挥生态宜居型现代化田园城市形态和生态资源富集的良好优势，打造绿色、生态、高品质的温江旅游产业，积极提升区域经济绿色发展、品质发展、集约发展的水平。同时，充分发挥旅游产业引领带动性强的特征，努力发挥旅游产业作为发展引擎和发展平台的作用，推动旅游产业与一、二、三产业融合发展，提升旅游产业的强大辐射力和产业拓展力，提升旅游产业的边际效应，真正建成区域经济持续快速发展的动力产业和战略性支柱产业。

三、温江加快推进全域旅游发展的战略任务

温江加快推进全域旅游发展的战略任务主要包括：

（1）加快推进旅游综合行政体制改革。一是强化党政统筹全域旅游发展；二是建立健全创建工作机制；三是全面做好全域旅游规划工作；四是加强全域旅游的法治化建设；五是健全旅游发展保障机制。

（2）加快打造特色化的旅游产品体系。在全域旅游发展过程中，温江需要构建高端康养旅游优势，以多种运动休闲娱乐为特色、品质乡村体验旅游为基础的特色鲜明、层次丰富、竞争力强的全域旅游产品体系。

（3）加快构建网络化的旅游空间体系。一要打造标志性旅游产业集聚空间；二要构建快速便捷的区域外部交通体系；三要优化区域内部旅游交通网络体系。

（4）加快完善整合化的泛旅游产业体系。一要加快实现"旅游+"和"+旅游"，促进产业融合发展；二要大力发展高端康养度假酒店和非标准住宿业态；三要着力打造全空间和全时化的文化娱乐业态群落；四要鼓励有温江地方文化特点的文创旅游商品开发。

（5）加快强化目的地旅游品牌整合营销。一是针对近郊休闲旅游市场，加快塑造独特的目的地形象；二是针对西部自驾旅游市场，着力提升目的地品牌知名度；三是加强旅游整合营销工作，提升目的地品牌市场影响力。

资料来源：张毓峰，等. 温江区全域旅游发展研究［R］. 成都市温江区文化体育和旅游局，2018.

◆案例讨论

1. 全域旅游战略的背景条件和主要内涵是什么？
2. 温江推进全域旅游发展面临的主要问题和拥有的优势条件有哪些？
3. 你认为温江推进全域旅游发展的战略定位合理吗？
4. 你认为温江推进泛旅游产业体系构建的思路应如何进一步深化展开？

思考题

1. 请简述旅游产业的构成体系。
2. 请查阅相关资料，分析现代休闲与旅游产业的性质和特点。
3. 旅游中介业（如旅行社和旅游网站）资产规模都不大，但对旅游业所起的作用却很大，为什么？
4. 旅游产业发展具有哪些模式？
5. 随着科技的发展，互联网的广泛使用和一些新技术的出现如虚拟现实（VR）等对旅游相关的各个行业的影响及其发展趋势如何？
6. 一个地方要发展旅游业，你认为该地是否必须有充分的有吸引力的旅游资源？是否存在没有旅游资源却发展了旅游业的事实呢？请举例说明。
7. 有观点认为"旅游业不是一个产业"。请查阅相关资料，谈谈对此观点的看法。

第九章
休闲与旅游影响

➤学习目标

随着社会经济的快速发展，休闲与旅游活动日益成为人们的基本需要，其产生的影响也越来越广泛。本章将围绕休闲与旅游的影响效应展开论述，客观介绍旅游活动对经济、社会、环境等方面产生的综合影响。

本章学习目标：

★了解休闲与旅游影响效应的评价。

★理解休闲旅游活动的经济影响效应。

★理解休闲旅游活动的环境影响效应。

★理解休闲旅游活动的社会影响效应。

第一节　休闲与旅游影响概述

一、休闲与旅游影响效应

1. 影响效应及其评价的定义

影响是指事物或现象之间存在的因果关系或相关关系所产生的作用和引起的变化。一方面，休闲与旅游经济活动过程中投入了人、财、物等生产要素，必然会有所产出，其影响效应是对劳动占用、劳动消耗与产出成果的比较；另一方面，休闲与旅游产业具有无边界性、复杂性和综合性，使其与社会和经济的方方面面产生了密切的内在联系，休闲与旅游经济活动的运行必然会对社会经济系统产生影响和作用。休闲与旅游影响是指因休闲与旅游活动而产生的具有关联的事物之间发生相互作用并引发的各种变化的总和。休闲与旅游影响的主体包括休闲与旅游者、旅游投资商和经营者、旅游行业管理者及涉旅利益主体等；休闲与旅游影响产生的载体包括游客流、资金流、信息流、物质流、技术流等；休闲与旅游影响作用的对象包括目的地的经济环境、社会文化环境、生态环境、政治环境等。休闲与旅游影响效应评价是指采用既定的评价指标和方法对休闲旅游活动产生的作用和变化进行评估的过程，也就是对作用客体所产生的影响进行评价。

对于休闲与旅游影响的研究可以从经济学、社会学、管理学、环境科学、心理学等多个学科视角切入，所运用的理论也十分丰富[①]。譬如，经济学领域的理论包括产业关联理论、投入产出理论、旅游乘数、旅游漏损、旅游卫星账户、旅游经济评价模型、利益相关者理论等。社会学领域的理论包括社会交换理论、愤怒指数理论、态度行为理论、空间生产理论、社会资本理论、增权理论、角色理论、符号互动论等。环境学领域的理论包括生态足迹理论、景观生态学理论、可持续发展理论。文化学领域的理论包括文化资本理论、文化再生产理论、文化变迁理论、文化涵化理论等。

2. 影响效应特征及评价意义

休闲与旅游影响的主要特征包括：第一，综合性。这是由休闲与旅游活动的综合性决定的。休闲与旅游业涉及范围广泛，对相关行业及利益相关者都产生了深远的综合影响。第二，可变性。在一定的时空范围内，休闲与旅游活动产生的影响会随内外环境的动态调整而发生改变，主要矛盾和次要矛盾在适当的条件下会发生转化。第三，滞后性。休闲与旅游活动产生的影响不一定会立竿见影，而是随着事物的发展渐次显现。比如，对于目的地社会文化价值的影响往往是在旅游市场发展过程中潜移默化地变化的。第四，可控性。旅游目的地有自身的生命发展周期，在发生发展的不同阶段会产生不同的影响效应。只要掌握影响的规律，就能够有效控制和引导休闲与旅游发展的方向。

休闲与旅游活动的影响评价具有三个方面的重要意义：一是有助于全面掌握休闲与旅游业发展产生的实际效益。我们可以通过了解休闲与旅游产业发展的实际状况，采用旅游乘数效应法、旅游卫星账户法、投入产出分析法、RIAM 环境影响评价法等方法，从不同的角度分析休闲与旅游产生的影响效应。二是有助于监测和控制休闲与旅游活动产生的负面影响。事物都有两面性，休闲与旅游活动也不例外，我们可以通过评估分析，及时采取措施消除或控制不利影响。三是有助于指导休闲与旅游规划、项目建设及经营活动扬长避短实现可持续发展。对休闲与旅游影响效应的有效评估，能够为区域旅游发展提供指导和借鉴，最大限度地实现经济、社会、环境等综合效益。

二、旅游影响效应的类型

按照旅游活动影响的内容，可以将旅游影响效应分为经济效应、社会效应和环境效应。经济效应是指旅游经济活动对国家或地区经济要素产生的作用及结果，如促进国民经济增长、提高就业率、减少贫困发生率、完善和优化产业结构等。社会效应是指旅游

---

① 林越英. 旅游影响导论［M］. 北京：旅游教育出版社，2016：24.

活动对目的地社会的影响，包括价值观念、民风民俗、社会结构、社会行为、人口素质、传统文化、社会文明、生活方式等方面。环境效应是指旅游活动对自然生活环境及人工环境产生的作用及变化，包括对生物环境、地质地貌、水生系统、大气环境、土壤环境及人文环境的影响等。

按照旅游活动影响的性质，可以将旅游影响效应分为积极效应和消极效应。积极效应又称为正向效应，指旅游活动带来的良好作用，如带动目的地经济与社会发展，提高居民生活水平，满足人民精神文化生活需要等。消极效应又称为负向效应，指旅游活动带来的不良作用，如导致目的地环境污染、生态破坏，犯罪率上升等问题。

按照旅游活动影响的时间，可以将旅游影响效应分为长期效应和中短期效应。长期效应是指旅游活动发生的影响经历相当一段时间后才得以显现的现象，尤其是对社会及文化的影响大多表现为长期效应。中短期效应是指旅游活动在中短时间内产生的直观影响，常常体现在经济领域。长期效应易被忽视，而各地对旅游业发展的重视，很大程度上源于旅游展现出的强大的中短期效应。

按照旅游活动影响的方式，可以将旅游影响效应分为直接效应和间接效应。直接效应指由旅游活动直接产生的具有因果关系的作用，如旅游企业提供的就业岗位、目的地居民通过旅游带来的收入增长等。间接效应指由旅游活动间接产生的具有相关关系的作用，如对国民经济中其他相关行业和部门产生的关联带动性效应。

按照旅游活动影响的范围，我们可以将旅游影响效应分为宏观影响和微观影响。宏观影响是旅游活动在大尺度范围内产生的影响，包括对国际、国内和地区发展的作用，比如旅游业对国内生产总值的贡献度，旅游外交对国际政治关系、经贸合作和人文交流的影响等。微观影响是旅游活动对小范围内的目的地、旅游企业、旅游者及目的地居民等产生的影响，其表现的作用显得更加具体和多样。

第二节　主要影响效应分析

一、经济影响效应

（一）旅游的经济影响

旅游的经济影响主要体现在国民经济发展、旅游创汇、产业结构调整、劳动就业等方面。

第一，旅游对国民经济及相关行业发展的影响。旅游业为国家或地区的经济发展与繁荣提供了新的增长极，具有十分重要的作用。世界旅行和旅游理事会（WTTC）发布的《2019旅游对全球经济影响与趋势报告》显示，2018年旅游业为全球经济直接贡献8.8万亿美元，约占全球GDP的10.4%。2019年我国旅游业对GDP的综合贡献为10.94万亿元，占GDP总量的11.05%。与此同时，旅游作为具有较强综合性的产业，对关联性行业的发展也产生了积极作用，带动了住宿餐饮、交通运输、娱乐、商贸、文化、通信等行业的发展。

第二，旅游对增加外汇收入、平衡国际收支的影响。旅游创汇收入是指国家或地区从国际旅游者入境旅游消费支出中获得的外汇收入，有助于增加外汇储备，提高国际支付能力，从而平衡国际收支。对比对外贸易创汇形式，旅游创汇不受关税和非关税壁垒的制约，没有进出口配额制约，换汇率与东道国外币兑换率相同，成本低于外贸换汇成本，并且一般采用预付或现结的方式结算。旅游创汇成为埃塞俄比亚、厄瓜多尔、尼泊尔、斯里兰卡等发展中国家外汇收入的重要来源。多年以来，我国旅游外汇收入一直保持稳步增长态势。2019 年，入境旅游人数 1.45 亿人次，比 2018 年同期增长 2.9%，国际旅游收入 1 313 亿美元，比 2018 年同期增长 3.3%。

第三，旅游对优化产业结构的影响。随着社会发展和人均可支配收入的增加，休闲与旅游消费需求持续增长，市场潜力巨大，已成为带动服务型经济发展的重要力量。在旅游市场机制的作用下，旅游消费需求会传递给相关产业，人们对涉及吃、住、行、游、购、娱的相关旅游产品或服务的高品质、多样化、多层次消费需求会倒逼旅游供给侧的结构性产业改革，促进产业结构的转型升级和提质增效，使行业发展从粗放低效方式向精细高效方式转变，从封闭的自循环向开放集约的"旅游+"转变，更加注重资源能源节约和生态环境保护，不断延伸产业链、提升价值链，解决发展的不平衡不充分问题。此外，旅游业的快速发展也对行业治理体制机制提出了新要求，促使政府明晰与旅游市场经营主体的关系，创新行业监管和激励机制，充分激活市场、要素和主体，推动旅游业与新型工业化、信息化、城镇化和农业现代化的融合发展，实现经济的高质量发展。

第四，旅游对创造就业机会、吸纳就业人口的影响。旅游业基本属于劳动密集型产业，不仅能够直接为社会创造大量的劳动就业机会，而且能带动相关行业或部门的就业需求。WTTC 对旅游直接就业与间接就业、诱发就业的比例进行测算，发现旅游就业乘数在 2.8 左右。2018 年，旅游业解决了 3.19 亿人就业问题，占全世界就业人口的 10.0%，尤其是为女性、年轻人以及边缘化社会群体提供了平等的就业机会。在过去 5 年，旅游业占全球新增就业数量的 1/5，未来 10 年全球旅游行业将新增 1 亿个就业岗位，到 2029 年，旅游业工作岗位将达 4.21 亿个。中国旅游研究院（文化和旅游部数据中心）发布的《2019 年旅游市场基本情况》指出，2019 年，我国旅游直接就业 2 825 万人，旅游直接和间接就业 7 987 万人，占全国就业总人口的 10.31%。

除此之外，旅游发展可以使物质财富从发达地区向欠发达地区转移，增加目的地人口的人均收入，发挥财富的再分配和再平衡作用，缩小地区差距和贫富差距。旅游带动了交通通信基础设施包括公路、机场、港口、电力和通信等公共基础设施的投资，为本地居民的生活提供了便利。公园绿地、艺术场馆、体育设施、娱乐场所、餐厅酒吧等场所也为满足居民对美好生活的需求提供了条件。

需要指出的是，虽然旅游对国家或地区经济发展会产生积极的影响，但如果不进行科学有效的宏观调控，旅游也会产生不利的经济影响，比如大量外来游客的涌入可能引发目的地通货膨胀，尤其是食物、快消品等生活必需品的价格提升会对当地居民的日常消费产生不利冲击。旅游业的发展会引起目的地的地价上涨，使低收入人群的利益受损[①]。过度依赖旅游业会对地区经济的稳定性产生不良影响，比如旅游市场的季节性使淡旺季旅游消费差异明显，内外部环境的波动性也会直接影响旅游市场，导致目的地旅游业的周期性衰退等，从而给社会经济体系带来较大风险。

（二）经济影响相关理论

1. 旅游乘数效应

英国经济学家卡恩在《国内投资与失业的关系》中提出乘数理论，他指出乘数理论是指经济活动中由于某一变量增减而产生的连锁反应的倍数，包括旅游乘数、投资乘数、贸易乘数、就业乘数等。国民经济各行业之间的相互关联性，使得一种经济因素的变化会引起其他经济因素的改变，最终导致经济总量的变化是最初的经济变量的数倍，这就是乘数效应的本质。1982 年，马西森和沃尔提出旅游乘数概念，即最初的旅游消费和它相乘后能在一定时期内产生的总收入效应。阿切尔认为，旅游乘数是旅游花费在经济系统中导致的直接、间接和诱导性变化与最初的直接变化本身的比率。从广义的角度看，我们可以将旅游乘数定义为：用以衡量单位旅游消费对旅游目的地相关经济现象的影响程度的系数。从类型上看，旅游乘数可以被分为收入乘数、就业乘数、消费乘数、投资乘数等。

根据一般的乘数计算公式，旅游收入乘数的计算公式如下：

$$K = \frac{\Delta Y}{\Delta I}$$

上式中，K ——旅游收入乘数；ΔY ——国民收入增加量；ΔI ——旅游收入增加量。

当旅游收入进入目的地经济系统后，分配和再分配的循环作用会对经济运行的各部分产生连锁的增值效应。但是，如果有部分资金脱离了本地区的经济运行系统，被用于储蓄或购买进口货物，就会降低乘数效应。因此，乘数效应受边际储蓄倾向和边际进口倾向的影响。可用公式表述为

$$K = \frac{1}{1 - M_{PC}} \text{ , 或 } K = \frac{1}{M_{PS}} \text{ , 或 } K = \frac{1}{M_{PS} + M_{PM}}$$

上式中：M_{PC} ——边际消费倾向；M_{PS} ——边际储蓄倾向；M_{PM} ——边际进口倾向。

该公式还可表示为

$$K = \frac{1}{L}$$

上式中，L ——旅游漏损率（储蓄、购买进口货物等）。

边际消费倾向是消费支出增加额占收入增加额的比例，边际储蓄倾向是储蓄增加额占收入增加额的比例，边际进口倾向是经济运行中增加的投资中用于购买进口货物的比例。由上述公式可知，旅游收入乘数的大小取决于边际消费倾向、边际储蓄倾向和边际进口倾向的影响。边际消费倾向与旅游乘数呈正相关，即边际消费倾向越大，旅游漏损

① 查尔斯·R.格德纳，布伦特·里奇.旅游学［M］.12 版.李天元，等译.北京：中国人民大学出版社，2012：297.

的比例就越小，旅游收入乘数也越大。

例如，旅游目的地的旅游边际消费倾向为 0.8，意为该地旅游收入中，80%的资金运转在本地经济运行系统中，其余20%的资金用于储蓄或购买进口货物等而脱离了本地经济系统。代入公式：

$$K = \frac{1}{1 - M_{PC}} = \frac{1}{1 - 0.8} = 5 \text{，或 } K = \frac{1}{L} = \frac{1}{0.2} = 5$$

上式说明旅游收入的资金投入目的地经济系统后，经过初次分配和再分配，产生了5倍于原始收入量的经济效果。当边际消费倾向 $M_{PC} = 0$ 时，$K = 1$，收入增量为0；当边际储蓄倾向 $M_{PS} = 0$ 时，$K = \infty$，收入增量为无穷大。当然，这只是理论模型，在实际的旅游市场中，边际消费倾向介于0到1之间。

2. 旅游收入漏损

旅游收入漏损主要是旅游外汇漏损，指一国或地区的旅游企业、部门购买国外商品、劳务或支付国外贷款利息等导致外汇流失的现象。旅游收入漏损与乘数效应呈负相关，乘数效应越大，收入漏损就越少。

按照旅游外汇漏损的形式，旅游收入漏损可以被分为直接漏损和间接漏损。直接漏损是指旅游企业或部门产生的直接外汇支出，包括旅游项目建设与运营过程中必须购买的进口物资支出，如建筑材料、设施设备、消费用品等；支付旅游企业外方雇员的薪水或劳务费用；偿还因建设发展酒店、旅游景点等旅游项目而筹集的国外贷款利息或债务；合资或独资旅游企业中，国外投资者获得的利润回流；旅游企业、部门在国外开展旅游营销推广而产生的费用和成本等。间接漏损是指非旅游企业直接产生的外汇支出，包括向旅游企业供应产品或服务的相关企业从国外进口物资或劳务产生的漏损，因旅游业发展产生的基础设施建设进口耗费增加。按照漏损的时间，旅游收入漏损可以被分为先期漏损和后续漏损。前者指旅游经营者向游客销售一国旅游产品所获全部收入中未纳入目的地国收入的部分，如旅游项目预订、交通工具预订和使用等都可能产生先期漏损。后者指旅游从业者直接或间接将工资收入用于购买进口物资或服务而产生的外汇支出。此外，还有黑市漏损，即国外旅游者通过外汇地下市场换取目的地国货币用于消费旅游产品或服务而产生的漏损。

影响旅游收入漏损的因素包括六个方面：旅游目的地国家或地区的社会经济发展水平；旅游目的地国家或地区的各类资源自给水平；旅游目的地国家或地区的旅游业发展水平；旅游目的地国家或地区旅游机构对外开展促销活动的水平；当地的相关法规政策；当地居民的消费偏好和消费水平。

为减少旅游外汇漏损，可以相应采取五项措施：加强本国旅游供给侧结构性改革，加强行业融合发展，提高旅游产品和服务质量；创新发展生态旅游、民俗旅游等低漏损旅游项目和产品；建立健全旅游税收制度和制定旅游外汇管理政策；加强现代旅游经营管理人才队伍培养和建设，减少对外方人员的依赖；在对外旅游营销中加强互联网等现代技术手段的运用，减少销售中间环节。

3. 旅游卫星账户

在旅游业蓬勃发展的过程中，世界贸易组织（WTO）和经济合作与发展组织（OECD）

十分重视旅游业对社会经济的影响，尤其是对如何描述旅游经济及如何测度旅游对经济的影响问题做了大量研究，为卫星账户的产生奠定了基础。WTO 和联合国统计司等机构合作编制了"旅游卫星账户：推荐方法框架"，将旅游卫星账户（tourism satellite account，TSA）作为衡量旅游产业经济规模和经济效应的计量工具。旅游卫星账户也称为旅游附属账户，它以国民经济核算为基础，运用投入产出的分析方法，建立起一个综合旅游产业的多层面的信息账户系统，作为国民经济账户的一种附属账户。它利用投入产出框架，建立综合旅游产业的规模框架，以横行和纵行的相互对应关系，构建旅游产业的平衡关系系统，从而创立出一个旅游产业的综合规模矩阵，分析旅游产业的经济规模和综合效应①。旅游卫星账户确保了两个方面的一致性：一方面是从游客角度，对游客消费活动的计量与所有行业（主要是旅游行业）用以满足游客需求的货物和服务供给计量的一致性；另一方面是所有产品和所有经济主体的一般使用和供应与游客需求之间的一致性。

旅游卫星账户的主要作用体现在三个方面：一是在国民经济核算体系下统一概念理论、统计指标和数据收集。二是使旅游行业产生的经济影响可以与其他行业进行比较。三是可以全面衡量旅游的产出效应、收入效应和就业效应等综合效应。根据我国国民经济投入产出表，在部门分类的 124 个部门中，旅游产业直接涉及 32 个部门，按照旅游卫星账户的分类，这 32 个与旅游产业直接相关部门的产出，属于旅游产业的产出计算范围。旅游卫星账户涉及的内容广泛，主要包括：不同旅游形式下游客不同消费类别，可用来计算旅游国内生产总值的旅游行业及其他行业在旅游特色产品、旅游相关产品和其他产品的生产，旅游行业就业状况，旅游固定资本形成总值，与旅游支持或管理有关的政府行政支出，旅游非货币指标等。

二、环境影响效应

（一）旅游与环境的关系

环境是指影响人类生存和发展的各种天然的和经过人工改造的自然因素的总体，包括大气、水、海洋、土地、矿藏、森林、草原、湿地、野生生物、自然遗迹、人文遗迹、自然保护区、风景名胜区、城市和乡村等。旅游对环境的影响主要是指旅游活动对目的地的大气环境、水环境、生物环境、地质地貌环境、遗迹环境及其他人文环境产生的作用和变化。旅游与环境有四种关系：一是相互促进关系。旅游的发展刺激了对环境的投资和环保新技术的使用，从而降低了污染，保护和改善了环境质量。二是相互制约关系。旅游的发展忽视了环境保护，导致环境破坏，进而使旅游也失去了发展的资源依托。三是旅游获益而环境受损关系。旅游业在短期内获得丰厚的收益，而过度开发使得环境恶化。四是环境获益而旅游受损关系。为了保护环境，相关部门严格限制旅游业的发展，减少了旅游收入。

现代历史上第一次国际性的环境会议是 1972 年在瑞典首都斯德哥尔摩召开的联合国人类环境会议，史称斯德哥尔摩会议。会议讨论了人类对于环境的权利和义务，通过

---

① 林南枝，陶汉军. 旅游经济学 [M]. 天津：南开大学出版社，2000：199.

了《人类环境宣言》，成立了联合国环境规划署，并将每年的 6 月 5 日作为"世界环境日"。该宣言提出：在现代，人类如果明智地使用改造环境的能力，就可以给各国人民带来开发的利益和提高生活质量的机会。如果使用不当，或轻率地使用，这种能力就会给人类和人类环境造成无法估量的损害。在全球许多地区，我们可以看到越来越多的人为损害的迹象；在水、空气、土壤以及生物中，污染已达到危险的程度；生物界的生态平衡受到严重和不适当的扰乱；一些无法取代的资源受到破坏或正在枯竭。因此，保护和改善人类环境是关系到全世界各国人民的幸福和经济发展的重要问题，也是全世界各国人民的迫切希望和各国政府的责任。环境不仅是人类生存和发展的物质基础，也是旅游业发展的基本条件，自然生态环境为旅游发展提供了取之不尽、用之不竭的资源禀赋，森林湖泊、高山峡谷、花鸟虫兽、遗址遗迹都是旅游吸引物的重要来源。失去环境的支撑，旅游发展就无从谈起。

（二）旅游对环境的影响效应

1. 旅游对环境产生的积极影响

旅游对环境产生的积极影响表现在四个方面：

第一，促进了保护区生态环境的恢复和发展。各级各类自然保护区、生态保护区、野生动物保护区、历史文化保护区、风景名胜区等的设立以及相关的管理办法、条例等，不仅禁止在区内的一切破坏行为，而且将保护区的发展规划纳入国民经济和社会发展计划。

第二，增强了公众的环境保护意识。旅游业对良好环境资源的依赖，直接促使了旅游企业、社会公众及政府等利益相关者对环境保护的关注，自觉主动采取环保措施。通过健康发展的旅游业替代高消耗、重污染的传统产业以实现节能减排，实施退耕还林、退木还草、退田还湖、封山育林等措施，以重现绿水青山。

第三，为环境保护提供了必要的资金支持。通过科学适度的旅游开发获得的经济收益，可以为环境保护活动提供资金来源，从而能够开展更全面的环境科学研究，建立更好的环境监测系统，采取更新的环境保护技术，同时，也使得历史文化遗迹得到必要的修复和维护。

第四，推动了环境基础设施建设。随着旅游目的地整体接待能力和水平的提升，环境基础设施也随之得到不断完善，尽力解决垃圾、生活污水、工业废水的处理以及空气污染、噪声污染等问题。比如，我国开展的"厕所革命"，建造及翻新了 10 万余间公厕，有效地提高了公众健康和环境质量水平。

2. 旅游对环境产生的消极影响

旅游对环境产生的消极影响主要表现在两个方面：

一方面是对环境的污染问题。尽管科学合理的旅游发展有利于环境保护，但是部分地区无序的旅游开发也会产生较为严重的环境污染问题。如果旅游接待规模超出了环境容量①的限制，就会导致各种类型的污染。例如，作为国家历史文化名城的海滨城市青岛，也是首批中国优秀旅游城市，但在 2008 年北京奥运会开幕前夕，由于生活污水、工业废水的大量排放，青岛海滨富营养化而引起蓝藻暴发，不仅破坏了青岛美丽的碧海蓝天，还险些影响绿色奥运会的举办。

另一方面是对环境的破坏问题。环境破坏与污染相类似，但破坏问题突出旅游活动对资源的不可逆损害。比如，在自然保护区内开山伐林修建用于旅游接待的宾馆，即使以后拆除了，也无法完全恢复生态环境的原貌。为了满足游客的口腹之欲，稀有的野生动植物遭遇非法滥猎和采摘而濒临灭绝；珍贵的文物古迹被部分游客的不文明行为毁损等，尤其是具有稀缺性、脆弱性和难以再生性的资源，一旦遭到破坏，将产生无法挽回的后果。

三、社会影响效应

（一）社会影响的范畴

社会（society）起源于拉丁语 socius，意指自然人格的自由契约关系。马克思认为：社会不管其表现形式如何，本质上都是人们交互作用的产物。生产关系综合起来构成了社会关系，并且构成了一个处于一定历史阶段上具有独特特征的社会。旅游的社会影响包括了对社会关系和社会文化的影响，也包括了对旅游目的地社会与目的地以外社会的影响。巴特勒等人认为旅游的社会影响主要有两个方面：一是对于目的地主客关系的影响，比如文化交流、示范效应、社会分层等；二是旅游发展引起的目的地社会语言、社会环境、生活方式等的变化。具体而言，旅游的社会影响涵盖了社会结构、社会分层与社会化、家庭关系、社会道德及价值观念、生活方式、社会组织、人口素质、社会文明等诸多方面。

根据社会影响的效用，可以将其分为积极的社会影响和消极的社会影响。一方面，旅游为社会的发展和进步注入了新的活力。社会本质上是一个开放的耗散性系统，需要不断与外界交换物质与能量以远离平衡态。旅游活动产生的游客流、物质流、信息流等有效地促进了社会系统的新陈代谢，加快了社会发展进化的过程。另一方面，旅游产生的不利社会影响又称为旅游社会成本，是发展旅游业支付的间接成本。旅游业的发展必然会对社会变迁产生深刻的作用，尤其是随着旅游活动开展而产生的外来文化和价值观念的示范效应，拜金主义、物质主义、个人主义等不良社会思想对目的地传统道德观念的侵蚀，对发展中国家或欠发达地区产生了消极的影响。埃德加·杰克逊总结了休闲旅游活动的积极社会效应和消极社会效应，如表 9-1 所示。

---

① 环境容量（environment capacity）又称为环境负载容量，是指在人类生存和自然生态系统不受危害的前提下，某个环境所能容纳的污染物的最大负荷值；或者某个生态系统在维持生命机体的再生能力、适应能力和更新能力的前提下，承受有机体数量的最大限度。

表 9-1　休闲旅游活动的社会效应①

积极效应	消极效应
休闲为家庭的发展、关系的建立和社区的团结提供了机遇 分享亲密关系和亲密情感的机会；合作和协作的机会 为社区和文化提供了交流平台 为抵制模式化的观念以及其他形式的社会控制提供了空间	休闲中可能产生冲突，并有可能产生风险和消极影响 不是所有人都能感受到休闲的益处，比如乏味和压力 人和集体的需求、不同性别、利益团体、人种、种族和阶层间存在矛盾

旅游所产生的社会影响越来越大，引起了各界的广泛关注，一门新的学科——旅游社会学应运而生，成为社会学和旅游学研究的最年轻的分支学科之一。近年来，旅游社会学主要围绕旅游地社会结构、社会组织、生活方式、社会问题、社会心理等领域，采用多学科的理论和方法展开了深入研究，试图通过对旅游现象的分析，进一步探索因旅游发生的主要矛盾和伴随矛盾运动的社会变迁的实质及规律过程。

（二）旅游对社会的影响效应

旅游对社会的影响效应十分广泛，为便于理解，本书主要从五个方面进行分析：

第一，旅游对社会结构的影响。在旅游活动构筑的新的社会场域中，原有资源的价值被重新赋值，经济资本等现代社会的价值标准替代了血缘家庭、社会地位等传统的社会分层标准，旅游精英阶层的出现，挑战了乡土社会中的地方精英。旅游业创造的新增就业机会，从第一产业、第二产业吸引了大量的中低技术劳动力，尤其是农业人口脱离原有的农牧生产，转变为现代服务业的从业人员，改变了社会的职业结构。形形色色的旅游投资经营者和游客的进入，也使得目的地传统的社区结构产生分化。

第二，旅游对社会文化的影响。社会文化是一个活的流体，只有与其他文化交流互鉴、兼容并蓄，才能始终保持旺盛的生命力。旅游活动的本质就是异文化的传播与体验过程，投资者、旅游者、原住民等利益相关体所代表的不同文化，在以旅游活动为载体的时空范围内产生交流和碰撞，潜移默化地发生着文化整合、文化涵化、文化同化、文化变迁和文化增权现象。一方面，健康积极的旅游活动能够增长见识、陶冶情操、修身养性，比如红色旅游弘扬了社会主义核心价值观，绿色旅游有效普及了生态文明观念，国际旅游加强了各国人民的互信了解等；另一方面，部分旅游活动中渗透的金钱至上、享乐主义、崇洋媚外、唯利是图等负面价值撕裂了传统社会的道德体系，破坏了淳朴的社会风气，尤其对青少年产生了严重的不良影响。为此，我们必须加强社会主义先进文化建设，帮助青少年树立正确的人生观和价值观。

第三，旅游对社会关系的影响。旅游首先对家庭关系产生了积极影响。工业化社会的高强度作业，使个体的自由时间碎片化，家庭生活被各种事务割裂，家人团聚交流情感的机会十分有限。休闲旅游以一种特别的方式展现和象征家庭的凝聚与共同合作，家

---

① 埃德加·杰克逊. 休闲与生活质量：休闲对社会、经济和文化发展的影响［M］. 刘慧梅，译. 杭州：浙江大学出版社，2009：52.

人之间能够排除干扰进行长时间的亲密交流，对提升家庭关系的质量产生了积极影响①。比如，促进建立良好的家庭互动关系、满足情感及教育需求的亲子旅游成为城市家庭的标配。其次，以旅游市场关系为核心延伸出的新型社会关系网络，极大地拓展了目的地传统的社会关系，借助互联网等现代技术工具，无边界、超时空、异质化特点愈加明显，直接影响了人际关系和行为范式。尤其是对半封闭的乡土社会，由血缘、亲缘和地缘组成的熟人社会关系逐步向以经济交换为纽带的陌生人社会转变。

第四，旅游对社会群体的影响。旅游活动对妇女、青少年、儿童等群体产生了积极影响。首先，在传统的农业社会中，妇女的角色、地位与男性不平等，重男轻女的封建思想没有彻底消除。随着旅游业的发展，妇女积极参与旅游接待并获得显著的经济收益，不仅提高了自身的经济地位和社会地位，而且在旅游经营服务活动中，她们有机会开阔眼界、解放思想、提升能力，摆脱了家庭主妇的角色桎梏。其次，旅游对青少年、儿童的影响体现在两个方面，一方面是客源地的青少年、儿童在旅游活动中可以探索自然、了解人文，学习知识，锻炼自我，读万卷书行万里路，有助于自身人格健康成长；另一方面是目的地的青少年、儿童由于家庭经济条件的改善和父母教育观念的转变，有机会受到更好更完整的教育，从而改变人生的成长轨迹。

第五，旅游对民族认同的影响。旅游活动唤起了民族的文化自觉与文化自信。目的地居民在与作为"他者"的游客接触沟通的过程中，可以充分感受到旅游者对目的地自然环境和民族文化的喜爱和认同，并愿意消费与之相关的旅游产品和服务。游客直接的物质刺激和言行表现让原住民重新审视和评价身边熟知的事物，对"自我"民族的文化价值产生再认识，从而增强了民族自豪感和文化凝聚力。麦基恩对巴厘岛的研究表明，旅游业的发展在一定程度上促进了巴厘人文化的复兴，增强了当地居民的文化自信心和族群认同感。但需要注意的是，如果将民族文化过度舞台化和商品化，就会导致文化内涵的变异和消退，以经济价值替代文化价值，不利于民族文化的维系与传承。

●案例

民族村寨介入旅游的时空形态及对文化的影响：基于三个民族村寨的调查

近年来，我国中西部地区的众多少数民族村寨，以其秀美的自然风光和独特的民族文化，吸引了大量国内外游客来观光度假，民族旅游市场迅速发展。民族村寨大部分居民在不影响传统生产生活方式的前提下，向游客提供力所能及的简单服务，或者销售部分家庭农副产品，赚取少量报酬作为家庭生活补贴，旅游活动空间与居民生活空间并行不悖，这是民族村寨弱介入的典型表现。旅游活动彻底改变了村寨原有生产生活方式，大部分居民完全参与旅游经营服务，成为民族村寨旅游产业链上的组成部分，旅游收益成为家庭收入的重要来源，旅游活动空间与居民生活空间趋于同一，这是民族村寨强介入旅游的主要特征。

---

① 约翰·凯利. 走向自由：休闲社会学新论［M］. 赵冉，译. 昆明：云南人民出版社，2000：188.

　　旅游活动具有的季节性特征，在以自然风光见长的少数民族村寨尤为明显，不少村寨每年 5 月到 10 月属于旅游接待旺季，人多时一床难求，让参与旅游服务的民族居民应接不暇。每年 11 月至来年 4 月为淡季，人少时门可罗雀，民族居民又显得无所事事。不管是游客还是民族村寨居民都对淡旺季习以为常，然而看似简单平常的现象背后却蕴含着容易被忽视的丰富内涵。旅游活动在时间上表现出的淡旺季现象，将民族村寨原本连续的生活轨迹截然划分为两个不同时段，从时间维度上引出共时态（synchronic）和历时态（diachronic）命题。共时态和历时态由瑞士语言学家索绪尔提出，他认为有关语言学静态方面的一切都是共时的，有关演化的一切都是历时的。共时态研究同一个集体意识感觉到的各项同时存在并构成系统的要素间的逻辑关系和心理关系；历时态研究各项不是同一个集体意识所感觉到的相连续要素间的关系，这些要素一个代替一个，彼此间不构成系统。通俗地说，共时态是研究事物的横向即时剖面，历时态则是研究事物在一定时期内的纵向演化发展。引入时态维度后，对民族村寨介入旅游的研究呈现出更为广阔的视角。有的少数民族村寨在共时态上属于典型的强介入，但短短几个月的旺季之后游客日渐稀少，旅游活动空间消退萎缩，村寨居民无法继续依赖旅游经营服务维持生产活动，又部分恢复原有生产生活方式，在历时态上表现出弱介入特征。在此情况下，绝对判定民族村寨处于强介入或弱介入均与客观事实不完全相符。因此，只有结合时间和空间两个维度进行综合分析，才能得出尽可能符合客观实际的结论。

　　一、共时与历时：少数民族村寨介入旅游的时空形态

　　1. 共时态弱介入、历时态弱介入

　　处于共时态弱介入、历时态弱介入形态的少数民族村寨，在旅游现象上表现为旺季不旺而淡季很淡。横向共时态上，旅游发展一般处于初级阶段，民族村寨介入旅游接待服务的层次较低，参与形式单一，村寨居民从旅游开发中获取的经济及社会增权较小。纵向历时态上，由于民族村寨地理位置偏僻，或旅游吸引物市场影响力弱，村寨全年大部分时间游客稀少，居民只能少量参与简单的接待服务，主要仍从事传统生产劳动以维持生计。

　　阿坝藏族羌族自治州汶川县萝卜寨是我国西部最大最古老的羌寨之一，至今完整地保留着羌族释比文化、羌绣、羌乐等特色民俗。萝卜寨由萝卜寨村、小寨村、索桥村组成。萝卜寨村有 214 户 1 071 人，小寨村有 64 户 243 人，索桥村有 159 户 872 人，所有居民均为羌族。其中以萝卜寨村最具特色，是游客参观的主要目的地，这里有 214 户黄泥羌房，户户相连，错落有致，形成壮观的羌族建筑群落。"5·12"汶川大地震中，萝卜寨的黄泥建筑遭到重大毁损，后由广东省江门市援建，在恢复旧貌的同时还极大地改善了村寨旅游基础设施。

　　根据县域经济发展规划，汶川县旅游局将萝卜寨作为羌族文化旅游的重点民族村寨进行打造，定位为"云朵上的街市，古羌王的遗都"，不仅从 317 国道修筑了 5 千米专用公路直通萝卜寨，还从都江堰引进专业旅游投资公司来开发村寨。但由于其区位、产品等多种条件限制，该旅游市场始终没能打开，每年只有 5 月至 10 月有少量游客，其余时间几乎没有客人。大部分居民以种植樱桃、花椒、核桃、小麦等农业产品作为家庭经济收入主要来源，与游客没有过多交集。这类从共时态到历时态都处于弱参与状态的

民族村寨，虽然从旅游开发中仅获得了较少的经济社会收益，但民族村寨传统受外来文化的冲击也相对较弱。

2. 共时态强介入、历时态强介入

处于共时态强介入、历时态强介入的少数民族村寨，其旅游产业发展已进入成熟阶段，民族村寨完全融入旅游活动，民族居民原有生产生活方式因旅游而发生重大改变，第三产业取代第一产业成为主导，横向共时态上表现为强介入。由于旅游交通基础设施良好，具有较强的可进入性，并且旅游资源几乎不受季节性因素影响，市场吸引力强，游客长年不断，民族村寨能够全年不间断地从事旅游接待活动，纵向历时态上也表现为强介入。阿坝藏族羌族自治州理县甘堡藏寨是这类形态的代表。该寨毗邻国道317线，距四川省会成都市区192千米，距理县县城8千米，是阿坝藏族羌族自治州最大最集中的嘉绒藏族部落之一。"甘堡"意为"山坡上的村落"，全寨现有160户800余人。甘堡藏寨是典型的石筑藏寨，所有建筑都用石头垒成，其中建成100年以上的建筑38栋，建成200年以上的建筑15栋，是一座石头城堡历史博物馆，正好与萝卜寨的黄泥羌寨交相辉映。汶川大地震使甘堡藏寨受到了较大损失，后由湖南省帮助甘堡藏寨原址重建，完全恢复地震前的风貌。目前，甘堡藏寨以"农家乐"形式提供旅游吃、住、娱等接待服务的家庭有102家，近700间客房，旅游接待已成为村寨居民生产生活的重要组成部分。由于距离成都、绵阳、德阳等大中城市较近，车程在两三小时以内，路况良好，交通便捷，甘堡藏寨成为都市人群休闲度假的热门目的地，不管是平时还是周末，自驾游客都络绎不绝。兴旺的旅游业让村寨居民从年头忙到年尾，获得了丰厚的经济收益。但庞大的游客群体带来了持续不断的外来文化刺激，对村寨民族文化产生了较大冲击。

3. 共时态强介入、历时态弱介入

处于共时态强介入、历时态弱介入的少数民族村寨，在横向共时态上，旅游发展已处于成熟阶段，民族居民积极参与旅游接待，提供住宿、餐饮、民俗体验活动，生产销售农副土特产品，或受雇于旅游企业等，全面介入旅游活动，从中获得经济、社会、心理等多方面增权，属于典型的共时态强介入。但在纵向历时态上，由于地理位置偏僻，或旅游吸引物季节性因素，民族村寨淡旺季明显，游客主要集中在秋季景色最好的几个月份，一年中至少有6至7个月游客数量很少或几乎没有，旅游活动空间严重萎缩，大部分居民在这期间又恢复原有农业生产活动，民族村寨在历时态上呈现出弱介入特征。例如，甘孜藏族自治州丹巴县甲居（"甲居"意为"百户人家"）藏寨，距四川省会成都380余千米，地处川西高原横断山脉。甲居藏寨沿卡帕玛群峰顺势向山底河谷延伸，上下落差近千米，红白相间的藏式楼房散布于绿树丛中，景色极为秀美。社区现有3个村民小组，共160余户700多人。大部分居民积极参与旅游接待。

在旅游旺季，村寨几乎所有活动全部围绕游客展开，旅游收入占到多数居民家庭年收入的2/3以上。尝到旅游甜头的民族居民希望一年四季客人不断，可惜由于交通不便，春、冬两季天气寒冷，道路危险，游客极为稀少。没有客人时，居民只得拿起农具下地干活，延续他们熟悉的农耕生活。类似于甲居藏寨这类时空形态的少数民族村寨，从旅游开发中得到的旅游收益不及甘堡藏寨，但村寨民族文化受影响程度也异于甘堡藏寨。

二、嬗变与发展：时空形态视角下的民族文化生态

1. 弱—弱介入对民族文化的离散型影响

共时态和历时态处于弱—弱介入的民族村寨，其旅游活动空间与居民生活空间虽然在特定时空范围内会产生交集，但总体上仍然相互独立，游客与当地居民之间由于行为方式、思维习惯的差异和语言障碍，很少有深入的接触，旅游对民族村寨生产生活的改变较小，民族文化生态系统能够保持相对完整的延续，旅游对民族文化的影响表现为离散化、碎片化的文化碰撞和文化冲突。旅游开发使萝卜寨的道路等旅游基础设施得到完善，方便了居民的生产生活，产生了一定的社会增权。在对萝卜寨的实地调查中，访谈对象多次提及政府，一方面反映萝卜寨的旅游开发主要由政府推动，另一方面也表明弱介入阶段居民以旁观者视角看待旅游，在旅游活动中主动将自我边缘化，甚至认为游客与自身的关联仅是销售樱桃，"游客来了也会买一些带走"。

羌绣是羌族传统文化的典型代表。在传统民族工艺羌绣上，居民与游客产生了审美观念的碰撞。作为旅游开发主导者的政府认识到了羌绣文化价值与市场价值不对称，为迎合游客需求，积极调整设计，力求融入现代时尚文化元素。但由于居民对旅游提供的生存和生活资源依赖程度较低，传统习惯依然发挥着强大的观念和行为支配力，即便是最外层的物质层面改变也难以被居民接受。在弱—弱介入时空形态中，民族村寨居民的生产生活轨迹与尚处于开发初期的旅游活动轨迹相对独立，偶有交叉，旅游活动对村寨文化的影响带有偶发性和离散性，民族居民也没有形成自觉的文化保护意识。

2. 强—强介入对民族文化的聚集型影响

共时态和历时态处于强—强介入的少数民族村寨，其旅游活动空间与居民生活空间几乎完全重叠，旅游业高附加值的产品和服务收益，使村寨居民放弃了传统农耕生产，在政府、旅游企业引导下全面开展旅游接待。旅游活动对村寨居民的生产生活方式产生了颠覆性改变，使其从第一产业的农牧生产者彻底转变为第三产业的服务从业者。民族村寨在历时态上长期处于强介入状态，旅游活动带来的外来文化影响就像一盏聚光灯，始终高强度聚焦于民族村寨这个小小的旅游舞台上，对民族文化各个层次产生了持续性、聚集性影响。

在强—强介入的甘堡藏寨，旅游给民族居民带来了丰厚的经济收益，极大地改善了大家的物质生活，"住得好、穿得好、吃得好"，产生了广泛的经济和社区增权效应。但随之而来的还有市场经济意识，功利化、物质化等工业社会的现代价值理念对村寨传统文化产生聚集影响，商业化时代的大众消费特征，逐渐取代了农耕时代的自然经济特征，村寨居民"挖空心思想挣钱，有的为了拉客还相互吵架"，原本由血缘、亲缘和地缘组成的村寨共同体，受到旅游带来的业缘和事缘新关系冲击，在利益驱使下，村寨内部熟人社会关系网络被解构，逐步转向以东道主和游客"主—客"关系为主体的陌生人社会。

一方面村寨文化生态系统因外来文化的持续聚集影响而发生变迁，另一方面民族居民却在旅游开发中产生了自觉的文化保护意识。在民族村寨旅游开发中，民族传统文化是基础和根本。如果没有民族传统文化，旅游开发也就成了无本之木、无源之水。同时，旅游开发的目的是获得经济利益，这是进行旅游开发的根本原因。市场经济的基本

特征是以市场为基础进行资源分配，市场背后反映的是人们相互的利益关系，市场交换所涉及的经济利益变化必然会对各种经济主体的行为产生调节作用。通过观察旅游市场中游客消费行为导向，民族居民认识到独特的民族文化既是吸引游客的重要手段，也可以包装后作为文化商品出售获利，客观上促使他们产生文化自信和自觉，认清我群与他群的不同，强化了地方文化认同。

3. 强—弱介入对民族文化的螺旋型影响

共时态和历时态处于强—弱介入的少数民族村寨，其旅游活动空间在特定时间（旅游旺季）与居民生活空间高度重合，旅游接待服务是大部分村寨居民的中心工作，而后随着游客减少，旅游活动空间也逐渐缩小，旅游要素暂时消退，居民生活空间中的传统要素得以部分恢复，旅游活动对村寨文化生态产生周期性、螺旋型影响。甲居藏寨与甘堡藏寨在共时态上都处于强介入状态，旅游对民族文化的影响十分显著。民族居民教育理念的改变只是旅游开发产生的诸多变化之一。传统农业社会以体力劳动者为主体，相关生产技能在实际劳动中以经验形式代代相传，并不需要过多的学校教育，所以大部分中青年甲居村民只有小学或初中文化，老年村民则以文盲居多。旅游者将现代工业信息社会对智力劳动者高标准的职业教育要求传递给村民，使其怀着对现代化的美好憧憬而自觉或自发地接受并重视对下一代的教育培养，彻底改变了对教育的传统认识。

与甘堡藏寨不同的是，甲居藏寨在历时态上呈现出弱介入特征，旅游对传统文化是一种螺旋式冲击，时强时弱，具有周期性。转经和帮工，是藏族村寨的文化传统。对经济利益的追求，使得民族居民在旅游旺季为满足旅游接待服务要求而放弃转经和帮工。当旅游活动空间消退后，会有一段相当长时间的旅游空置期，这些传统习俗在甲居又得到一定程度的恢复。甘堡藏寨由于历时态亦处于强介入，转经和帮工对于已高度依赖现代旅游业的年轻一代而言，几乎已完全丧失存在的价值，从村寨新的生活环境中永久消失。值得一提的是，作为经济意义上的市场活动出现的旅游开发，在文化意义上扮演了推动文化涵化和文化启蒙的双重动力角色，一方面促成了民族村寨文化与外来文化的交流碰撞，导致民族文化变迁；另一方面又让民族居民认识到自身文化的价值，主动参与民族文化保护。

资料来源：李文勇，王苏，韩琳. 民族村寨介入旅游的时空形态及对文化的影响——基于三个民族村寨的调查［J］. 旅游研究，2016（2）：40-45.

◆案例讨论

1. 你认为淡旺季的季节差异会对旅游目的地或景区产生什么影响？请举例说明。

2. 旅游活动对萝卜寨、甘堡藏寨、甲居藏寨分别产生了哪些影响？有什么不同吗？

3. 共时态和历时态的强—强介入对民族文化产生了聚集型影响，你认为可以通过哪些措施对处于这种状态下的民族文化加以保护？

思考题

1. 休闲与旅游活动会带来哪些影响效应？

2. 旅游卫星账户是什么？具有什么作用？

3. 你认为可以采取哪些措施减少旅游收入漏损？

4. 旅游活动会产生什么样的社会影响？

5. 请举例说明旅游对环境产生的影响。

6. 你认为应如何处理旅游开发与传统文化保护之间的关系？

第十章
休闲与旅游新趋势

➤学习目标

随着社会的发展和进步，休闲旅游从早期少数群体的特权享受，到今天成为普通大众的日常行为，可谓"旧时王谢堂前燕，飞入寻常百姓家"。为了更好地满足人们对美好幸福生活的需要，休闲与旅游活动也被赋予了更多的时代特征。

本章学习目标：

★了解可持续旅游的内涵和意义。

★了解智慧旅游的主要内容。

★清楚全域旅游概念的提出背景和发展思路。

★清楚文化与旅游融合发展的内涵。

★了解自驾游、民族游等细分旅游市场状况。

第一节　可持续旅游与智慧旅游

一、可持续旅游

（一）可持续旅游的定义

可持续问题源于人们对全球环境保护的认识。早在 1980 年，《世界自然保护大纲》就明确提出了可持续发展的观点。世界环境与发展委员会（WCED）在 1987 年发表了《我们共同的未来》报告，系统阐释了可持续发展理念，即可持续发展是既满足当代人的需求，又不对后代人满足其需求的能力构成危害的发展。它们构成一个密不可分的系统，既要达到发展经济的目的，又要保护好人类赖以生存的大气、淡水、海洋、土地和森林等自然资源和环境，使子孙后代能够永续发展和安居乐业。我们可以从三个方面理解可持续发展的含义：一是强调发展的综合性。发展不只是经济的发展，而是建立在经济、社会、人口、资源、环境相互协调和共同发展基础上的一种综合发展。二是强调发展的长久性。当代人在满足自身需求的时候，不能超越资源和环境的承载能力，必须为子孙后代的长远发展留足空间。三是强调人与社会自然的和谐共生。在改造自然的同时，人类还必须学会尊重自然、保护自然，学会不同文明的交流互鉴、平等包容，构建人类命运共同体。

作为一种重要的社会经济现象，休闲与旅游如何实现可持续发展也引起了世界的广泛关注。1990 年，在加拿大温哥华召开的全球旅游可持续发展大会提出了《旅游持续发展行动战略》，初步确定了旅游可持续发展的五大目标：一是增强对旅游带来的环境效应和经济效应的理解，强化生态意识。二是提倡公平发展。三是提高当地居民的生活质量。四是向旅游者提供高质量旅游经历。五是保护未来旅游开发赖以生存的环境。五年后，联合国教科文组织（UNESCO）、联合国环境规划署（UNEP）和世界旅游组织（UNWTO）又在西班牙召开旅游可持续发展世界会议，通过了《可持续旅游发展宪章》和《可持续旅游发展行动计划》，将可持续旅游定义为：在满足当代旅游者和旅游地居民需求的同时，保护并增强未来发展机会的一种旅游方式。通过对资源的管理满足人们经济、社会和审美的需求，同时维护文化完整性、保持生态系统的完整性和生物多样性。可持续旅游的实质就是旅游与自然、文化和人类生存环境成为一个整体，即旅游、资源、人类生存环境三者统一，以形成一种旅游业与社会经济、资源、环境良性协调的发展模式。

当前，旅游业已成为全球经济体系中的重要组成部分，旅游和可持续性成为日益重要的问题，在考量经济效益的同时，我们必须关注旅游产生的社会、环境及文化等影响。可持续旅游的内涵包括两个方面：首先，强调旅游活动与社会、经济、资源、环境的长期协调发展。在满足经济发展要求的同时，降低旅游活动的负面影响，不损害旅游业发展所依赖的自然和文化资源，并通过旅游活动来促进资源的高效可持续利用。其次，注重协调平衡旅游发展过程中不同利益主体的关系，强调代际发展机会的公平性。平衡实现当代人之间以及当代人和后代人之间对有限旅游资源的公平分配。在满足旅游者旅游需求的同时不破坏当地自然与文化资源，在满足当代人高品质旅游需求的同时不损害后代对旅游资源的平等利用机会①。

（二）可持续旅游的实现路径

1. 生态旅游

生态旅游（ecotourism）的早期定义是兼顾环境保护和地区发展的旅游活动，在实践中发展完善为：在保护生态环境的前提下，探索体验自然和人文生态景观，并实现人与自然可持续性发展的旅游方式。

生态旅游具有五个要素：第一，依托生态资源。具有吸引力的独特资源是生态旅游

---

① 苏明明. 可持续旅游与旅游地社区发展［J］. 旅游学刊，2014，29（4）：8-9.

的前提，不仅包括山川河流、鸟兽飞禽等自然资源，还包括历史文化、民风民俗等人文资源，为旅游者提供了可供观赏和体验的丰富载体。第二，注重生态保护。生态旅游十分重视对环境的保护，尽可能减少人为干扰和破坏，以维护生态环境的多样性和完整性。第三，关注社区发展。通过生态旅游发展，提升社区的福利水平，减少贫困现象，让社区居民享有更好的生存与发展机会。第四，实施可持续管理。以可持续理念为指导，建立系统的生态旅游资源开发、建设、运营、监测的管理体系，平衡旅游与社会经济、资源、环境的健康发展。第五，重视环境教育。鼓励生态旅游中的利益相关者了解自然、热爱自然，寓教于乐，认识到生态环境保护的重要性，学习自然和人文生态知识，并积极参与生态环境保护实践活动。

2. 志愿者旅游

志愿者旅游（volunteer tourism），又称为义工旅游、公益旅游，是指以保护自然和社会生态环境为主要目标而前往目的地旅游的活动。志愿者旅游是一种特殊的旅游形式，其最显著的特征是利他性，旅游者愿意无偿地为目的地的环境保护和社会发展做出有价值的贡献，当然，在从事公益事业的过程中，自身也得到审美、求知的体验，从而满足了受人尊重及自我实现的需要。麦吉（Mcgehee）认为，志愿者旅游通过把休闲旅游者与当地社区的发展有机地联系在一起，既促进了社区的综合发展，又提高了志愿旅游者的知识和技能[1]。

志愿者旅游最早起源于英国和欧洲，其后扩大到全世界，越来越多的游客开始积极参与有组织的志愿者旅游。根据组织的形式，志愿者旅游主要可以分为四种类型，即非营利性组织型、政府组织型、自发组织型和混合组织型。非营利性组织型是由不以营利为目的的非政府组织开展的志愿者旅游活动，是目前最主要的组织形式。比如，斯里兰卡环境保护义工项目、摩洛哥拉希迪耶英文教学项目、秘鲁库斯科残疾儿童关怀项目、泰国清迈大象照料项目等。政府组织型是根据教育、科普、会展、赛事、扶贫等需要而由政府组织的志愿者旅游活动。比如，大学生志愿者暑期"三下乡"活动、社会实践调研活动等。自发组织型是由具有共同目标和兴趣爱好的志愿旅游者自行组织的非正式活动，具有临时性、松散性和小规模的特征。混合组织型是以上三种组织的结合，根据实际情况采取政府联合非营利性组织，或者非营利性组织联合自发组织等组合形式开展活动，组织的灵活性较强。

3. 低碳旅游

低碳旅游（low-carbon tourism）是指通过采用低碳技术并提倡低碳消费的方式，实现旅游活动的低能耗、低污染和低排放的旅游方式。2003 年，英国能源白皮书《我们能源的未来：创建低碳经济》正式提出低碳经济的概念，要求各国在经济发展中尽最大努力减少温室气体和污染物的排放。低碳旅游是在全球应对日益严峻的环境问题背景下，顺应低碳经济发展，推动可持续旅游的重要途径。2009 年，世界经济论坛发布《走向低碳的旅行及旅游业》报告，发起了低碳旅游倡议，强调在旅游活动中，降低碳

---

① MCGEHEE N G. Volunteer tourism: evolution, issues and futures [J]. Journal of Sustainable Tourism, 2014, 22 (6): 847-854.

排放量，减少碳足迹，减缓全球温室效应，促进旅游业与环境保护相互协调，实现可持续发展。

旅游业被称为"无烟产业"，常被视为环境友好型和资源节约型产业的典范，事实上，旅游交通、旅游住宿餐饮接待、旅游活动等都会产生碳排放。发达的航空运输业，使得航空客运成为外出旅行的很重要的交通方式，特别是在发达国家，飞机以其便捷快速性成为旅游者的首选交通工具，而航空旅行产生的碳排放占旅游业碳排放总量的比例最大。皮特尔斯（Peeters）等研究了欧盟区域的旅游交通对环境的影响，发现旅游活动对于气候变化、噪音、空气污染以及自然环境产生的影响中，旅游交通是最主要的因素①。低碳旅游的核心是通过发展绿色交通，建立绿色景区，鼓励绿色消费等低碳旅游经济，减少旅游活动的碳排放，实现旅游经济、社会和环境效益的统一。

4. 负责任的旅游

克里彭多夫（Krippendorf）在其著作《度假者：了解休闲与旅行的影响》中首次提出了负责任旅游（responsible tourism）概念，要求将环境伦理融入旅游活动的全过程，通常被理解为广泛的旅游互动参与并减少对当地社区负面的社会和环境影响的旅游活动②。负责任旅游遵循两个基本原则：一是保护原则，即旅游发展不能以牺牲生态环境为代价，无视环境的破坏只会导致旅游发展收益与成本相互抵消。二是责任原则，发展旅游不仅要对游客负责，还要对目的地人口赖以生存和发展的环境负责，对子孙后代负责；不仅要求游客采取符合生态和社会伦理准则的旅游行为，还要求政府及旅游经营者制定负责任旅游政策、规划，实施负责任的旅游资源开发和项目管理。

具体而言，对环境负责任的旅游者应该遵循的旅行道德规范包括：不能干扰野生动物及其栖息地，自然地域的旅游业必须限定在资源可以承受的程度，废物处理既不能危害环境也不能有碍观瞻，旅行者出游过程中的体验要能够丰富人们对自然、环保以及环境的欣赏和感恩之情，旅程安排要有助于强化环境保护工作、有助于加强所访问地区的自然环境的完整性，不能买卖那些威胁野生动植物种群数量的产品，必须尊重目的地的文化和习俗③。

二、智慧旅游

（一）智慧旅游的内涵

智慧旅游（smarter tourism）是以云计算、互联网、大数据等现代信息技术为支撑，全面实施旅游流程信息化、智能化再造的过程。智慧旅游源于智慧地球和智慧城市的兴起。IBM 公司提出的智慧地球概念，利用新一代信息技术改变政府、公司和个体间的交互方式，提供更加高效、明确、灵活的解决方案。智慧城市是在城市范围内，运用信息

---

① PEETERS P, SZIMBA E, DUIJNISVELD M. Major environmental impacts of european tourist transport [J]. Journal of Transport Geography, 2007 (15): 83-93.

② CARUANA R, GLOZER S, CRANE A, et al. Tourists' accounts of responsible tourism [J]. Annals of Tourism Research, 2014 (46): 115-129.

③ 克里斯多弗·R. 埃廷顿，德波若·乔顿，等. 休闲与生活满意度 [M]. 杜永明，译. 北京：中国经济出版社，2009：138.

技术加工处理各类信息，以便对城市管理的各项需求做出智能响应，创建更加美好的城市。智慧旅游与智慧城市都是现代信息社会发展产生的必然要求，其本质是一种新技术驱动的发展思维和管理方式的变革。

智慧旅游系统的构建包括智慧旅游能力、智慧旅游属性、智慧旅游应用三个方面①。首先，能力是指智慧旅游所具有的信息技术能力，包括移动通信技术、物联网技术、云计算技术、人工智能技术等。这是智慧旅游的核心技术能力，也是智慧旅游实现根本性变革的基础力量。其次，属性是指智慧旅游是否具有公益属性，可以分为两类：一是由政府或非政府组织（NGO）建立的以公共管理和服务为目的的非营利性主体，二是以营利为目的的市场化智慧服务供应商。最后，应用是智慧旅游所具有的服务功能体系，其服务对象包括旅游管理机构、游客、涉旅企业以及目的地居民等。

（二）智慧旅游的应用场景

智慧旅游具有十分广泛的应用场景，包括旅游信息服务、游客消费行为分析、旅游满意度调查、游客数据挖掘、旅游市场监管、旅游交通监测、旅游电子商贸、市场营销推广、景区管理、旅游应急管理等。其中最具有代表性的应用场景是智慧旅游管理、智慧旅游服务、智慧旅游营销、智慧景区建设。

1. 智慧旅游管理

智慧旅游管理以大数据信息技术为依托，促使传统旅游管理向现代管理转型升级，综合提升管理效能和治理能力。首先，建立完整的数据系统和共享机制。通过与移动通信运营商、在线旅行商（OTA）、旅游景区、酒店等数据节点合作，采集多样化的旅游数据，并与交通、公安、市场监管、生态环境、自然资源、气象水文等部门形成信息共享和联动机制。其次，加强对数据信息的价值挖掘和分析。一方面，通过对游客旅游活动数据的积累和分析，及时掌握游客需求的变化和诉求，提供令其更加满意的产品和服务；另一方面，深入分析旅游企业及旅游市场数据信息，实施科学有效的监管和决策规划，同时，准确判断市场发展趋势和危机预测，保障旅游活动安全，维护旅游市场正常秩序。

2. 智慧旅游服务

智慧旅游服务实现了真正的以游客为中心的服务变革，通过信息技术贯穿旅游消费的全过程，全面提升旅游品质，让游客在需求识别、信息获取、旅游计划、购买决策、购买支付、购后行为的所有环节都能感受到智慧旅游产生的服务体验变革。比如云南省和腾讯公司联合打造的"一键游云南"，整合了大数据平台、AI-Lab（人工智能技术实验室）、云计算、电子地图等多项技术，使游客通过手机就能实现地图导览、在线购票、厕所定位、停车无忧、无感高速、酒店预订、特产购物、景点介绍、景区直播、一键投诉等丰富的功能，有效地解决了吃、住、行、游、购、娱中的痛点，给游客带来全新的旅游体验。

3. 智慧旅游营销

智慧旅游营销主要通过游客数据分析，挖掘旅游市场需求热点和消费行为偏好，为

---

① 张凌云，黎巎，刘敏. 智慧旅游的基本概念与理论体系 [J]. 旅游学刊. 2012, 27 (5)：66-73.

旅游企业开发新产品，实施精准营销提供决策依据。游客数据主要包括三类数据，一是游客属性数据，如性别、年龄、客源结构等；二是游客消费行为数据，如出游动机、旅行目的地、交通方式、停留时间、消费种类、消费水平等；三是游客信息获取行为数据，如游客在旅游购买行为过程中发生的信息获取及传播数据等。对游客数据的深入分析，可以精确地为用户"画像"，识别不同群体的购买偏好、用户轨迹、消费习惯和社交网络，敏锐地洞察市场机会。比如同程旅游专门建立数据应用中心，基于移动端和大数据技术深入分析用户消费行为和需求趋势，为休闲旅游"私人订制"模式提供数据支持，满足每一个用户的个性化需求，打造最"聪明"的休闲旅游客户端。

4. 智慧景区建设

智慧景区是智慧管理、智慧服务和智慧营销的综合体现，通过智能信息技术网络优化再造景区业务流程和智能化运营管理。一方面，景区能够凭借高效及时的信息化手段感知景区资源、设施设备、游客行为、内部员工及关联上下游企业的实时状况；另一方面，景区能够通过大数据分析和挖掘，提高景区服务质量和核心竞争能力。智慧景区建设包括通信网络、景区综合管理、电子门票及门禁、门户网站及电子商务、游客服务及互动体验、智慧景区建设规划和旅游故事及游戏软件等，以及其他建设、管理和服务游客等方面运用各种创新技术、手段和方法的形式。随着新技术的普及，越来越多的景区进入智慧化发展阶段，网络购票、刷脸入园、流量监测、智能停车、语音导航等逐步成为景区的标配。虚拟现实（VR）和增强现实（AR）技术的运用，使景区能够为游客提供更加直观的数字化服务。世界文化遗产敦煌莫高窟推出"数字敦煌"，将先进的科学技术与文物保护理念相结合，构建起多元化、智能化的石窟文物数字化资源库，通过互联网向全球共享。全国重点文物保护单位、国家 5A 级景区广汉三星堆遗址博物馆在2020 年新冠病毒感染疫情期间，推出全景超清 VR 三星堆博物馆综合馆线上开幕式，短短几天就有 36 万人打卡参观，让游客足不出户就能领略灿烂的古蜀文明。

第二节　全域旅游与文化旅游

一、全域旅游

（一）全域旅游概述

1. 全域旅游的定义

全域旅游是在一定区域内，通过有机融合生态区、文化区、产业区、生活区、城区、乡村等不同的空间载体，实现多种功能叠加、多重价值提升的复合型新空间，是一个包括空间、功能、业态、服务、价值等的融合发展的生态共生共建共享系统[①]。全域

---

① 石培华. 新时代旅游理论创新的路径模式：兼论全域旅游的科学原理与理论体系 [J]. 南开管理评论，2018（2）：222-224.

旅游的提出标志着在经济新常态背景下，我国旅游业发展思想的深刻变革，是以"创新、协调、绿色、开放、共享"新发展理念为指导形成的新时代旅游改革创新的发展哲学、发展思想和发展模式。全域旅游本质上是一种系统思维，在空间上既考虑局部又强调全局，在时间上既考虑当前又强调长远。明确旅游业的战略地位，强调以旅游产业为主导或引导，优化配置资源要素和生产要素，统筹引领区域经济社会全面发展。

2. 全域旅游的意义

全域旅游打破了传统的旅游业发展思维。作为一种促进经济社会协调发展的新理念和新模式，全域旅游具有十分重要的意义。

第一，它是促进旅游业高质量发展的重要途径。当前，我国社会的主要矛盾已转化为人民日益增长的美好生活需要和不平衡不充分的发展之间的矛盾。尽管旅游业自改革开放以来取得了显著成就，但仍然存在发展不平衡不充分的问题。全域旅游有助于推动供给侧结构性改革，优化产业结构，提升服务品质，促进旅游业由高速增长向高质量高效益转变。

第二，它是推动统筹城乡区域发展的重要模式。全域旅游是以目的地区域整体作为对象的发展，摒弃了传统的景点旅游范畴，破除城乡二元结构，以旅游整合各类资源，有效引导土地、资本、人才、技术、信息等各要素在城乡之间自由流动，优化资源配置，促进新型城镇化建设和乡村全面振兴，使基本公共服务均等化，提高农村居民的收入水平和生活品质，缩小城乡差距，推动城乡区域协调发展。

第三，它是实现旅游可持续发展的新路径。全域旅游为实现可持续旅游提供了落地的可行方案，明确了旅游业在国民经济社会发展中的战略地位，更加重视旅游产生的经济、社会和环境效益的协调统一。青山就是美丽，蓝天也是幸福，绿水青山就是金山银山，保护环境就是保护旅游生产力，改善环境就是发展旅游生产力。它将生态优先、绿色发展战略切实融入全域旅游，实现旅游目的地健康可持续发展。

（二）全域旅游的发展路径

1. 顶层设计统筹规划全域旅游发展

全域旅游改变了人们对资源的惯常认识，与人们生产生活相关的所有资源都可以纳入全域旅游视野。它改变了人们对空间的认识，将景区、社区、目的地和客源地融为一体。它改变了人们对产业的认识，形成区域泛旅游产业集群。合理布局，规划先行，综合考虑生产力布局、要素布局，通过多规合一，将旅游发展规划与城乡规划、国民经济和社会发展规划、土地利用总体规划、生态保护规划等统筹融合，相互衔接，建立全域旅游空间点、线、面、网、链的发展格局。点是旅游景区、景点，线是主要旅游线路，面是旅游社区及目的地，网是智慧服务网、监督管理网、交通信息网和安全保障网等，链是产业价值链。通过点、线、面、网、链的顶层设计，推动全域旅游立体化发展。

2. 整合资源打造全域旅游目的地

全域旅游不再局限于传统的景区景点旅游和门票经济，而是以景区、景点为支撑，以城乡区域为空间，以交通路网为纽带，以经济社会协调发展为目标的新的旅游目的地发展治理模式。全域旅游示范区①是打造全域旅游目的地的典型代表。作为旅游业改革创新发展的先行区和"试验田",示范区以旅游业为优势主导产业,实现区域资源有机整合、产业深度融合发展和全社会共同参与,通过旅游业带动乃至于统领经济社会全面发展。2019年,文化和旅游部正式认定并公布了北京市延庆区、怀柔区、平谷区,四川省都江堰市、峨眉山市、青川县等71个首批国家全域旅游示范区的名单,为各地深化全域旅游发展、建设高质量旅游目的地提供了借鉴。

3. 创新思维促进"旅游+"产业融合发展

全域旅游充分发挥旅游产业的联动效应,引导多产业融合发展和产业结构的转型升级,通过三次产业门类之间的融合,创新多元化业态,秉承"产业围绕旅游转、产品围绕旅游造、结构围绕旅游调、功能围绕旅游配、民生围绕旅游兴"的全域旅游发展思路,推动旅游产业向深度和广度空间拓展。促进"旅游+"农业、林业和水利的融合发展,打造观光农业、定制农业、田园综合体、共享农庄、森林康养等业态。促进"旅游+"教育、文化、卫生、体育的融合发展,打造研学旅游、文化旅游、医疗健康旅游、养老旅游、运动旅游等业态。促进"旅游+"互联网、科技、金融等融合发展,形成互联网旅游新业态、旅游金融产品、智慧旅游服务等。

4. 完善基础服务设施实现主客共享

完善旅游公共服务是全域旅游的内在要求,要加强旅游交通网络、娱乐环境、卫生环境、安全保障和能源通信等基础配套设施的建设,健全公共服务体系,提升服务供给能力和水平,不仅满足现代游客多样化的旅游需求,还要满足本地居民日常休闲游憩的生活需要,实现基础设施和服务由"主客分异"向"主客共享"转变,为满足所有人的美好生活需要创造条件。全域旅游的治理主体由原来以政府旅游管理部门、旅游投资运营商为主,拓展为包括政府、企业、行业组织、社区、居民、旅游者等多元主体共建、共治、共享的新格局,使全体人都能享受旅游改革发展的成果,有利于完善旅游目的地社会治理体系和治理能力。

二、文化旅游

(一)文化旅游概述

1. 文化旅游的定义

文化旅游(cultural tourism)是通过对文旅资源的开发与利用,使旅游者能够消费并体验其文化内涵意义的旅游形式。文化与旅游具有天然的联系。于光远认为旅游不仅是经济活动,还是一种文化活动。旅游作为一种现代生活方式,内在地具有满足人们体验愉悦的精神文化需求的功能。美食文化、节庆文化、体育文化、建筑文化、服饰文化、信仰文化、生态文化等诸多文化要素为文化旅游提供了丰富的吸引物。

人类社会的消费史就是一部社会文明进步史,从早期凡勃仑所说的"炫耀性消

---

① 国家全域旅游示范区的创建主体是市、县地方人民政府,所考核的六个指标包括:旅游业增加值占本地产值比重的15%以上;旅游就业人数占本地就业总数比重的20%以上;年游客接待人次达到本地常住人口数量的10倍以上;当地农民年纯收入的20%以上来源于旅游收入;旅游税收占地方财政税收的10%左右;区域内有明确的主打产品,丰富度高、覆盖度广。

费"，到鲍德里亚所说的"符号消费"①，再到布迪厄所说的"文化消费"，现代消费活动不再是单一的经济行为和对物的消费，而是越来越表现为具有象征意义的文化消费，人们对物品的符号性追求甚至有可能超过对物品本身功能的需求。文化旅游独具的满足人们自我建构、价值表征等社会和心理消费需求的功能，使其具有广阔的发展潜力。积极发展文化旅游，不仅有利于丰富人们的文化生活，还能有效促进文化繁荣发展，增强文化自信，提高国家文化软实力。需要注意的是，"文化旅游"与"旅游文化"并不是同一个概念。旅游文化是指围绕旅游活动而产生的一切文化现象的总和。旅游文化是文化的亚类，是在旅游领域表现出的特殊文化现象。

2. 文化旅游的特点

文化旅游与其他旅游形式相比较，具有三个显著特点：

一是意义性。文化是一种通过符号在人类历史上代代相传的意义模式，它将传承的观念表现于象征形式之中②。符号意义性是文化旅游最为显著的特征，意义具有的可创造性也使文化旅游具有无限的开发空间。

二是创新性。文化创意产业与文化旅游密不可分，创新创意构成了文化旅游的核心竞争力，依托文旅资源禀赋，充分发挥想象力和创造力，整合各种元素开发文旅产品，尤其是现代科技的广泛运用，使文化元素、科技与创意有机融合，创造出更加丰富的产品形式。

三是体验性。文化旅游是体验经济时代的产物，不仅满足旅游者的感官刺激需要，还要满足增长知识、陶冶情操、塑造价值的精神需要。文化旅游以其蕴含的文化意义给游客带来求知、审美、内省的旅游体验。

（二）文化旅游发展的路径

1. 促进文化与旅游融合发展

文化与旅游融合发展是文化旅游的发展趋势，遵循以文塑旅、以旅彰文的原则，尊重文化和旅游的发展规律及客观差异，找准文化和旅游融合发展的切入点，因地制宜地推进文旅融合。通过机构改革，原国家旅游局与文化部于 2018 年 3 月合并，成立了新的文化和旅游部，从行政管理层面实现了机构和职能融合，还要进一步建立健全有利于激发文化旅游创新创造活力的管理体制和生产经营机制，包括文化和旅游融合的行政管理体制、文化和旅游公共服务融合转化机制、文化和旅游融合发展的规划建设机制、文化和旅游资源保护与可持续开发机制等，实现资源和产业融合发展。

2. 创新文化旅游新业态新产品

文化和旅游产业的融合带来了新的发展机遇，为新业态、新产品的开发提供了良好的基础。要积极促进文化、旅游与现代技术相互融合，发展新一代沉浸式体验型文化和旅游消费内容，着力推动非物质文化遗产主题游、工业遗产游、研学知识游、红色教育游、康养健体游等新业态发展。加强国家级文化产业园区建设，培育内容型、社区型、网络型文化旅游企业，激发市场活力，注重依托 5G、人工智能、AR/VR 等科技驱动新

---

① 鲍德里亚. 消费社会 [M]. 刘成富，全志钢，译. 南京：南京大学出版社，2000：1.

② 格尔茨. 文化的解释 [M]. 韩莉，译. 上海：上海人民出版社，1999：3.

业态、新产品研发，开发旅游演艺、网络动漫、数字艺术及数字文化等新型产品。积极发展夜间经济，促进夜间旅游消费、夜间休闲和文化活动。

3. 挖掘文化元素，提升文化品质

消费者诉求的发展变化促使商品经济向体验经济时代演进，旅游者更加注重个性化、高品质的价值体验形态。伯德·施密特认为旅游体验包括感官（sense）、情感（feel）、思维（think）、行动（act）、关联（relate）五个部分，难忘的旅游体验依赖于独具特色的旅游场域。因此，文化旅游的发展需要从文化内涵切入，发掘旅游资源的历史、文脉、故事、传说等文化元素，形成促使旅游者产生感官、情感、思维、行动及关联体验的文化意义符号体系。同时，注重对文化原真性和完整性的保护，避免对文化元素的快餐化、碎片化和庸俗化消费。

4. 创建文旅精品，塑造知名品牌

品牌不仅仅是一个名称或标识、标志，而是旅游目的地、景区或企业对旅游者的承诺和价值体现，通过品牌向旅游者传递功能性利益、情感符号、自我表达及社会意义。品牌具有强大的影响力，是核心竞争力的综合体现。文化旅游的发展迫切需要创建一批具有代表性的文旅精品和享有国际知名度的文旅品牌，比如域上和美集团及其在西藏出品运营的藏文化大型史诗剧《文成公主》、故宫博物院及其文创 IP 等品牌精品，不仅能够创造巨大的经济效益，还能产生广泛的社会和文化效益，有利于弘扬和传播优秀传统文化和当代社会文化，对充分彰显中华文化的影响力产生了积极作用。

第三节　自驾游与背包客

一、自驾旅游

（一）自驾旅游概述

1. 自驾旅游的定义

自驾旅游（self-driving tour），简称"自驾游"，是指旅游者驾乘机动车开展的休闲旅游活动形式。自驾游是经济社会发展到一定阶段，汽车大量普及、交通基础设施成熟、休假制度以及大众旅游兴起等多种因素的融合产物。自驾游使用的机动车包括轿车、SUV、MPV、皮卡、房车等多种类型。

自驾游发源于美国，最初只是周末开车出游（sunday-drive），其后演变为汽车旅行（drive travel）。福特汽车公司在 1909 年生产的 T 型汽车开创了汽车制造的革命性变革，彻底改变了人类的生活方式，也使美国成为"车轮上的国家"，汽车普及率位居全球第一。在此基础上诞生的汽车旅行，满足了人们追求自由、表现个性的需求，实现了迅速的扩张与发展。改革开放以来，我国经济社会面貌发生了翻天覆地的变化，人民生活水平显著提高。截至 2022 年年底，我国私人汽车保有量达到 25 662 万辆，大约每 6 个人就有 1 辆车。全国有 84 个城市汽车保有量超过 100 万辆，39 个城市超 200 万辆，21 个

城市超 300 万辆，其中北京、成都、重庆、上海超过 500 万辆，苏州、郑州、西安、武汉超过 400 万辆。仅仅一年后，2023 年全国已有 94 个城市汽车保有量超过 100 万辆，与 2022 年相比增加了 10 个城市，其中 43 个城市超 200 万辆，25 个城市超 300 万辆，苏州成为第 5 个汽车保有量超过 500 万辆的城市。根据文化和旅游部数据中心自驾游统计数据，2018 年国内自驾游 5.8 亿人次，同比增长 35.6%，我国自驾游的黄金时代已然开启。

2. 自驾旅游的特征

自驾旅游具有三个显著特征：一是选择的自主性。自驾游是典型的自助旅游形式，大多不依赖旅行社等中介服务机构，旅游者根据已有经验和信息，自主选择目的地，确定旅游时间，安排旅游行程。二是活动的灵活性。在出游过程中，旅游者可以根据内外部环境的变化，灵活调整行程安排，不受既定活动的约束。三是设施的依赖性。自驾游主要以机动车为出游交通工具，因此对道路、加油站、汽车维修保养等基础设施设备具有很强的依赖性，尤其是公路状况成为选择目的地的决定性因素之一。

3. 自驾旅游的类型

自驾旅游的分类指标包括出行时间、距离长短、出游动机、汽车属性、组织形式、驾车的完全程度、市场角度和地域范围等多种标准。常见的分类形式有四种：

第一种，按出行时间或距离长短分类。根据时间长短可以分为三类：1~3 天的短期自驾游，4~7 天的中期自驾游，8 天及以上的长期自驾游。根据距离可以分为三类：短程自驾游，即出行距离在 100 千米以内的旅程；中程自驾游，即出行距离在 100~500 千米范围内的旅程；长途自驾游，即出行距离超过 500 千米的旅程。

第二种，按行驶方式和程度分类。根据行驶方式可以分为三类：旅行式自驾，旅游者在旅途过程中根据自身兴趣可以随时随地停车活动；中途定点泊车式自驾，旅游者在旅途中会根据计划，在特定的地点短暂停留游憩；直达式自驾，旅游者从始发地直达目的地，中途几乎不停留。根据驾车的程度可以分为两类：全自驾游，即旅游者驾车完成全部的出游活动，从始发地到目的地往返均以汽车为唯一的交通工具。半自驾游，即旅游者采用以汽车为主的组合交通工具完成旅游活动。比如，乘坐飞机或高铁到达某地，再通过租赁汽车开展自驾游。

第三种，按组织形式分类。根据旅游组织形式可以分为两类：自驾散客游，即以家庭、朋友、同事等为关系纽带，自发组成的临时性自驾出游形式，旅行费用多采用 AA 制；自驾团队游，即由旅行社或汽车俱乐部等中介服务组织开展的有计划的、正式的自驾游活动，旅游者需要预付购买相应的产品或服务。

第四种，按地域范围分类。根据旅游地域范围可以分为三类：区内自驾游、区间自驾游、国际自驾游。旅游者在所属的省级行政区域范围内活动称为区内自驾游，在本国内的跨行政区活动称为区间自驾游，活动范围跨越国境则为国际自驾游。

（二）自驾旅游的发展趋势

旅游消费的个性化、多元化需求，使自驾旅游迎来高速发展的黄金期，我国也制定和颁布了相关政策来促进自驾游市场的发展。《国务院关于促进旅游业改革发展的若干意见》首次将房车营地产业提升至国家层面，明确强调建立旅居全挂车营地和露营地建设标准，完善旅居全挂车上路通行的政策措施。《国务院关于加快发展体育产业促进体育消费的若干意见》明确指出在有条件的地方制定专项规划，引导发展户外营地、徒步骑行服务站、汽车露营地等。首个行业标准《自驾游目的地基础设施与公共服务指南》明确了自驾游目的地的 12 项基本要求，《自驾游目的地等级划分》将目的地划分为国家级和省级自驾游目的地，《自驾车旅居车营地质量等级划分》将旅居车营地分为 5C、4C 和 3C 三个质量等级。川藏公路、大巴山、大别山、大兴安岭、大运河、海南环岛、青海三江源等 25 条国家旅游风景大道已具雏形。从未来发展而言，自驾旅游具有三个趋势：

1. 主题自驾游产品线路精品化

产品线路是自驾游的核心吸引物，产品设计、线路打造、行程规划都需要突出特色和主题，深化旅游者的个性化体验。应以人文历史、现代城市、民族风情、海滨度假、大漠探奇、草原之旅、赛事活动等为主题，按照短途、中长线和境外自驾游分别打造精品化、高质量的产品线路，深度发掘区内和区间自驾游市场，创新开拓境外和国际自驾游市场。比如，作为自驾游经典线路的美国 66 号公路，全长约 3 940 千米，东起芝加哥，西至洛杉矶，穿越了 8 个州，不仅有密西西比河、奥扎克山地、大平原、洛基山、莫哈韦沙漠等秀丽的风光，还有塔尔萨 11 街大桥、胡佛大坝等历史故事。我国境内的318 国道川藏线，由成都至拉萨，全长 2 142 千米，被誉为"中国景观大道"。科尔沁风景大道，以国道 304 线为主轴，南起科尔沁左翼后旗，北至霍林郭勒市，500 千米的线路充分展示了沙漠、森林、草原、湿地等多样化的自然景观和丰富的民族文化。

2. 自驾游衍生服务体系化

自驾旅游市场的发展需要衍生服务的有效支撑，应建立以自驾游为核心的汽车租赁、汽车俱乐部、线路推荐、酒店预订、汽车旅馆、交通服务、金融保险、道路救援等综合服务体系。加快完善公路网络构建，实现首都辐射省会、省际多路连通、地方高速通达、县县国道覆盖的交通路网，科学规划目的地和景区的交通线路，加强交通标识物和交通信息系统建设。完善景区停车场、加油站以及车辆检修维护站点，在自驾线路合理布局安装充电桩，满足新能源汽车的充电需求。改变传统的租车模式，依托互联网新经济提供更加便捷的租赁、保险等服务。利用 5G、物联网等新技术，建立更加友好的自驾旅行信息服务系统。同时，加快完善智能导航仪、对讲机、车载辅助用品、应急灯、医药包等车载用品和户外用品的生产、销售与服务体系。

3. 汽车营地建设项目综合化

汽车营地指在自驾旅游线路上建立的为自驾旅游者提供自助或半自助服务的场所。我国颁布的《自驾游目的地基础设施与公共服务指南》要求：自驾游线路上的旅游景区、旅游度假区等旅游资源聚集区宜因地制宜设置露营地，其接待能力与自驾游规模相匹配，设施和服务达到《休闲露营地建设与服务规范》的相应要求。宜有帐篷露营地、集装箱露营地、木屋露营地等多种类型的露营地，建成运营的房车营位数量总规模宜不少于 200 个，小客车营位总数量宜不少于 1 000 个。形成鲜明的露营文化，可供自驾车游客深度体验。汽车营地一般依托知名的旅游景区或特色旅游资源而设立，不仅可为游客提供基本的食宿服务，还应满足游客休闲度假体验等综合化需求。比如，位于黄山风景区西大门焦村镇的途居黄山露营地，在汽车营地的基础功能上叠加了温泉会所、湿地公园、拓展基地等多项产品，形成露营产业综合体。北京密云南山房车小镇、北京龙湾国际露营公园、宁夏沙坡头房车营地等都在向综合性汽车营地发展。

二、背包旅游

（一）背包客概述

1. 背包客的定义

背包客（backpacker）起源于 backpacking，指那些背着背包进行长途旅行的游客，这种旅行方式又称为背包旅游。如果说自驾游装备齐全、车马辐辏，可称为重旅行，那么背包客安步当车、说走就走，则可谓轻旅行。背包旅游者偏向于选择经济型食宿，在旅途中重视与人的交流，喜欢独自安排行程、旅行计划灵活、旅行时间较长，愿意参与非正式的且参与性较强的旅游活动①。网络上常见的"驴友"是对背包客的称呼，意思是"旅行之友"。背包客受到美国 20 世纪 60 年代嬉皮士文化的影响，追逐自由和真实，梦想诗和远方，依靠自己的力量去探索不一样的人生风景，在旅途中了解社会、发现自我，通过旅行经历促进个人的成长与发展，实现自我身份的认同。根据科恩对旅游者角色类型的划分，背包客可归属于非制度化旅游者中的探险者或漂泊者范畴。

2. 背包客的动机

对背包客动机的研究始于 20 世纪 90 年代。罗斯（Ross）从行为学角度将背包客旅游动机归结为自我实现、情感关系（建立社会联系）和权利欲望。Loker-Mushy 通过对 690 名澳大利亚背包客的研究，将旅游动机划分为社会交往/追求者、逃逸者/游憩者、多重目标实现者和自我发展者四大类。格罗格·理查兹（Greg Richards）等认为背包客的动机包括四个方面：体验未知事物、社会交往、自我发展及自我约束②。《孤独星球》（Lonely Planet）的调查显示，背包客最重要的动机包括：访问和了解异域文化、追求冒险、探索非旅游者地区、接触当地人和放松或逃避。根据科恩的旅游体验模式，可将背包旅游动机分为休闲型、逃离型、体验型及存在型四种类型。休闲型动机下，背包客以获取休闲愉悦体验为主要目的。逃离型动机下，背包客力图摆脱日常工作生活环境，暂时逃避沉重的压力，获取短暂的身心放松。体验型动机下，背包客寻求体验另一种文化和社会环境，追求目的地的真实性。存在型动机下，背包客力图远离自己原来的本土文化，完全沉浸在目的地的社会文化中，追寻全新的自我归属感。

（二）背包客的行为特征

1. 信息搜寻方式的自主性

早期背包客的信息来源主要依靠旅行手册或口碑传播。比如大名鼎鼎的 Lonely Planet，其创始人托尼·惠勒夫妇根据自己的欧亚大陆旅行经历撰写了自助旅游史上第一本旅行指南《便宜走亚洲》（Across Asia on the Cheap），其后，《尼泊尔和徒步喜马拉雅山》《澳大利亚》《新西兰》《印度》《巴布亚新几内亚》《非洲》等近百本指南陆续面世，

---

① LAURIE LOKER-MURPHY, PHILIP L PEARCE. Young budget travelers: Backpackers in Australia [J]. Annals of Tourism Research, 1995, 22 (4): 819-843.

② GREG RICHARDS, JULIE WILSON. Youth and adventure tourism [C] //GREG RICHARDS, JULIE WILSON. Tourism business frontiers. Elsevier Butterworth, 2004: 40-47.

为上千万背包客解答旅途中可能遇到的各类问题。互联网络的普及应用，让背包客们有了更加便捷的信息搜寻和共享平台，国内的马蜂窝、磨坊网等都是背包客云集的信息中心。

2. 住宿餐饮消费的经济性

"花最少的钱，走最远的路，享受不一样的人生"是背包客的旅行信条，追寻简单轻盈的旅行方式，在住宿餐饮方面以消费的经济性和主题的地方性为原则，青年旅舍成为背包客的首选。青年旅舍发源于德国，为背包客和年轻旅行者们提供安全、经济、自助的居住及社交场所。比如青年旅舍联盟（Youth Hostel Association，YHA）在全世界100多个国家和地区拥有4 000余家青年旅舍，位于中国的国际青年旅舍提倡文化交流、社会责任、简朴而高素质生活、自助及助人。

3. 交通及购物行为的灵活性

背包客的出游方式十分灵活，汽车、高铁、飞机、轮船甚至徒步都是可能的交通选项，取决于自身经济状况及旅游活动的行程安排。其购物支出在旅行总花费中的占比一般低于大众旅游者。背包客更多的是去体验目的地的自然风光和人文历史，除了旅行中的必需品外，会购买少量的具有地方特色的文创产品。在早期的背包客文化中，购买明信片盖上本地邮戳寄给亲朋好友，简单写上几句旅途感言和祝福，成为一种仪式化的符号消费行为。

4. 人际交往方式的主动性

背包客的人际交往模式与大众旅游者截然不同，如同科恩对于非制度化的探险者的描述，背包客尽量远离常规路线，避开大众旅游者的行迹，力图与当地人和当地文化接触，学习新的语言，品尝当地餐馆的食物，等等。背包客不仅热衷于用眼睛去饱览世界，还注重用耳朵去聆听陌生的声音，寻找机会与目的地原住民积极交流互动，老街上的店铺、茶馆，甚至路边偶遇的扎堆闲聊的街坊，都会成为背包客了解当地文化的途径。

第四节　民族游与乡村游

一、民族旅游

（一）民族旅游概述

1. 民族旅游的定义

民族旅游（ethnic tourism）是依托民族相关资源以满足旅游者原生态体验需求的旅游形式。加利福尼亚州立大学瓦伦·史密斯教授认为，民族旅游是将古老的土著习俗及土著居民包装成旅游商品以满足旅游者的消费需求。因此，民族旅游也被称为土著旅游（indigenous tourism）、原住民旅游（aboriginal tourism）。民族的相关资源范围十分广泛，不仅包括当地的自然风景，还包括当地民族居民对其传统文化的展示和表演，如日常生活方式、建筑特色、民族歌舞、民族风俗等①。此外，民族旅游还应被视为紧密联系的能够体现民族特征与身份的商品的组合，包括民族文化氛围或意境、酒店饭馆以及其他民族设施、手工艺品等②。

民族旅游的兴起，一个重要原因是现代生活的巨大压力，工业化、城市化的生活方式，使人们被长期禁锢在繁重枯燥的生活格局中，对无所不在的现代性的厌倦促使人们想要逃离现实，而民族地区原生态的自然风光、快乐无忧的民族歌舞节庆成为人们摆脱日常压力的有效途径。我国西南、西北的民族旅游目的地客源市场，除了地理相邻的周边地区客源，最大的客源市场一般在长三角、珠三角等较发达地区，如浙江、广东、福建等地。

2. 民族旅游的意义

我国民族自治区的面积占国土总面积的64%，其中草原面积占全国草原面积的75%，森林面积占全国森林面积的43.9%。各少数民族人口约1.254 6亿③，在全国范围内形成小聚居大杂居的分布格局，主要集中在西南、西北、东北等各省、自治区、市，包括新疆维吾尔自治区、内蒙古自治区、广西壮族自治区、宁夏回族自治区、西藏自治区5个自治区，以及诸如四川省凉山彝族自治州、云南省怒江傈僳族自治州等30个自治州、120个自治县（旗）。民族地区地域广阔，历史悠久，拥有丰富的自然和人文旅游资源，具有发展旅游业的优势条件。发展民族旅游主要有三个方面的意义：

第一，带动民族地区经济社会发展。旅游业在民族地区现代产业结构中占据重要地位，一般是支柱产业或先导产业，大力发展民族旅游能够有效吸引外来投资，扩大服务消费，带动产业结构升级转型，有助于促进民族地区居民就业创业，减少贫困人口，降低贫困发生率，提升城镇化发展水平，实现乡村振兴。

第二，加强民族团结，促进社会稳定。旅游发展促进了各民族之间的交往交流交融，增进了相互之间的认识和了解，消除了民族隔阂，有利于加强民族团结。旅游促进了民族地区的经济、社会、环境等全面发展，富民强区增加了民族居民的幸福感、获得感，有助于社会稳定和繁荣发展。

第三，促进民族文化保护与传承。丰富的民族文化资源是重要的旅游吸引物，借助旅游市场的作用，地方政府、民族居民、旅游投资经营者、游客等各主体认识到民族文化的综合价值，通过制定相关的制度规范，加强对特色民族文化的保护，鼓励民族居民自觉弘扬和传承民族文化习俗。

（二）民族旅游的发展模式

1. 民族博物馆

《简明不列颠百科全书》将现代博物馆定义为：征集、保存、陈列和研究代表自然和人类的实物，并为公众提供知识、教育和欣赏的文化教育机构。民族博物馆将代表民

① MOSCARDO G，PEARCE P L. Understanding ethnic tourists［J］. Annals of Tourism Research，1999，26（2）：416-434.

② BERGHE P LVAN DEN. Tourism and the ethnic division of labor［J］. Annals of Tourism Research，1992，19（2）：234-249.

③ 第七次人口普查数据。

族文化的技艺、服饰、建筑、节庆、习俗等以图片、文字、视频、实物等多样化手段集中展示,满足游客对少数民族文化认知的需求。在民族博物馆基础上,又发展出民族生态博物馆,不再局限于博物馆的建筑空间范围,而是将民族社区作为一个活化的博物馆,向游客开放,实施动态保护。民族博物馆的主要功能是保护和传播民族文化遗产,在一定程度上限制了旅游的深度开发,游客体验性、消费性不足,无法有效调动社区居民参与民族旅游的积极性。

2. 民族文化保护区

民族文化保护区,是指由政府主导的统一规划的民族文化保护区域,在政策及实践层面统筹协调民族旅游发展与传统文化保护问题。这种发展模式具有一定的强制性,如美国亚利桑那州纳那瓦霍族印第安人保护区,实行严格的功能分区,促进了保护区的整体发展,但也使得社区居民在一定程度上成为游客凝视的对象,对自我发展的话语权受到限制。为了扬长避短,我国将文化保护区改革为文化生态保护区,颁布了《国家级文化生态保护区管理办法》,以保护非物质文化遗产为核心,对历史文化积淀丰厚,存续状态良好,具有重要价值和鲜明特色的文化形态进行整体性保护。强调充分尊重人的主体地位,既保护非物质文化遗产,也保护孕育发展非物质文化遗产的人文环境和自然环境,以实现"遗产丰富、氛围浓厚、特色鲜明、民众受益"的目标。

3. 民族文化主题村

民族文化主题村是指以向游客充分展示并体验少数民族文化元素而建立的文化村、民俗风情园等。比如,位于云南省昆明市的云南民族村,占地面积1 200余亩,国家4A级景区,集中展示了云南傣族、彝族、壮族、白族等25个少数民族的特色村寨建筑、生产生活方式、宗教信仰以及节庆习俗等各类文化特质。民族文化主题村将具有代表性的民族文化创造性地转换为旅游产品和服务,有效地满足了游客的观赏和体验需求,但是在以商业化消费为目的的文化符号复制过程中,为了迎合游客需求而进行的文化元素舞台化装饰,容易导致对文化原真性的异化或破坏。

4. 民族文化生态旅游村

民族文化生态旅游村是民族地区文化旅游与生态旅游的融合发展模式,是可持续发展理念在民族旅游中的直接体现。它一方面为游客提供原生态的自然风光和民族风情,使游客在互动体验中产生难忘的印象;另一方面鼓励民族社区及居民参与旅游发展,合理开发与利用旅游资源,在实现民族地区经济社会发展的同时,有效控制旅游容量,降低旅游活动对生态环境的影响。以创新、协调、绿色、开放、共享五大发展理念为指导,实现民族居民、传统文化、生态环境、社会经济的健康可持续发展。

二、乡村旅游

(一)乡村旅游概述

1. 乡村旅游的定义

乡村旅游概念最早诞生于法国,至今已经有150多年的发展历史。意大利于1865年成立了农村旅游协会,标志着乡村旅游业正式成为一种旅游发展模式。乡村旅游是指以农村资源为依托,在乡村地域环境中开展的各类休闲旅游活动。乡村性(rurality)是发展乡村旅游的核心吸引力，传统村落"看得见山，望得见水，记得住乡愁，留得住乡情"的恬适，给予了生活在节奏快、工作繁忙的现代社会的城市人群放松喘息的机会，从美丽的乡村生活中去寻找内心的宁静与快乐。

自 2012 年以来，我国乡村旅游发展迅猛。相关数据显示，我国休闲农业与乡村旅游从 2012 年的 7.2 亿人次增至 2018 年的 30 亿人次，年均复合增长率超过 30%。2018 年，我国已创建 388 个全国休闲农业和乡村旅游示范县（市），710 个中国美丽休闲乡村。2019 年，全国乡村旅游达 32 亿人次，旅游收入超过 1 万亿元。乡村旅游的发展带动了休闲住宿餐饮、农副产品加工、乡土文化、花卉种植、交通运输等一大批关联产业，使乡村居民就业创业，搞活了乡村经济，增加了收入来源，成为促进居民消费升级，实施乡村振兴战略，推动乡村脱贫致富，实现高质量发展的有效途径。

2. 乡村旅游的发展类型

根据乡村的资源潜质、自然环境风貌和地理区位等因素，乡村旅游的发展类型可以分为四类：一是农业体验型，依托农业生产生活过程中的多样化活动与场景，尤其是具有地理标志农产品的乡村，发展观光农业、休闲农业，融合现代农业示范区建设，打造特色农庄或农业基地，让旅游者在观光游览和参与互动中获得丰富的农事体验，如江西婺源的油菜花、云南元阳的梯田。二是景区依托型，依托乡村内外已有的景区景点资源发展旅游接待业，具有良好的客源基础，如安徽西递宏村。三是生态度假型，依托乡村特有的青山绿水和宜人气候，配备完整的休闲、度假、康养等设施设备，吸引城市居民来体验独特的乡村生活，如四川米易是发展康养度假旅游的典范，金阳县的民族乡村休闲度假发展独具一格。四是民俗文化型，依托乡村民俗文化，推动文旅融合发展，将乡村非物质文化遗产等文化资源创造性地转化为旅游产品，让游客体验独具特色的地方性传统文化，如浙江磐安以赶茶场、磐安炼火、岭口亭阁花灯、叠牌坊等非遗文化为乡村旅游注入了文化内涵。

（二）促进乡村旅游发展的措施

在 20 世纪 80 年代，四川省郫都区友爱镇农科村就依托花卉苗木产业发展乡村旅游，被誉为中国"农家乐"旅游发源地，农科村"徐家大院"被命名为"中国农家乐第一家"。经过多年发展，乡村旅游已不再局限于早期的"农家乐"和田园观光等单一形态，而是向融合乡村观光、休闲、度假、学习、娱乐、康养、购物等多种功能的综合体方向转变，由传统的点对点开发转向乡村旅游目的地全域开发，由发展单体农家乐转变为整体打造特色村镇、田园综合体、共享农庄等新兴业态。具体而言，可采取以下措施促进乡村旅游发展：

1. 完善乡村基础设施及人居环境

优化农村公路及旅游公路的网络布局，提升改造低等级乡村公路，统筹规划建设乡镇及特色保护类村寨的停车场等旅游基础设施。统筹利用生产空间，合理布局生活空间，持续推进厕所革命，建立并保持村容整洁、乡风文明的人居环境。

2. 健全乡村旅游产品和服务标准

推进乡村旅游标准化试点，规范民宿接待、"农家乐"等乡村旅游服务标准，提高乡村旅游的管理和服务质量，加强乡村旅游市场监管，建立行业信用体系及市场主体信用档案，动态公布乡村旅游的综合信用评价，维护健康良好的乡村旅游市场秩序。

3. 加大乡村旅游发展配套政策支持

创新社会资本参与乡村旅游发展的形式，扩大融资途径，支持乡村旅游企业依法合规发行旅游专项债券、短期融资券等，加大金融机构中长期贷款的发放比例，鼓励开展林业经营主体的林权抵押贷款业务等，同时，加快乡村旅游人才队伍的建设与培养，尤其应注重对规划、设计、管理及技术专业人才的培养和引进。

4. 注重保护乡村生态及传统文化

在乡村旅游发展过程中，要牢固树立和践行"绿水青山就是金山银山"的理念，落实节约优先、保护优先、自然恢复为主的方针，统筹山水林田湖草系统治理，严守生态保护红线，科学规划，充分维护原生态村居风貌，保留乡村景观特色，保护自然和人文环境乡村生态空间，杜绝大拆大建，加强对传统文化原真性和完整性的保护与传承。

●案例

自驾远行的路上，我们都是追梦人

"更多的国民参与、更高的品质分享"已经成为旅游发展的广泛共识，自驾游也成为业界和社会的热门话题。根据中国旅游研究院（文化和旅游部数据中心）的自驾游统计数据，2018 年，国内自驾游 5.8 亿人次，同比增长 35.6%。在自驾游市场规模不断扩大的同时，自驾游客们也渐行渐远。网络大 V 纪先生驾着中国牌照的私家车穿越欧亚大陆，途经 25 个国家，从上海开车到伦敦走了个来回。

移动互联网、大数据、人工智能等新技术不仅改变了游客的出行方式，更为产业创新注入了活力，旅游业俨然已成为跨界创新的热点领域，租车、房车、营地等相关业态都得到了快速成长，目前已形成了"神州""一嗨""携程"这样的全国性租车平台，"PP 租车""凹凸租车"这样盘活家庭闲置车辆资源的 P2P 平台，还有像"租租车"这样服务于中国游客海外自驾的租车平台。我们能看到越来越多像"日光域"这样以露营为基础的户外休闲一站式综合服务商，也能看到"T 享会"这样的房车自驾游小程序进驻微信和支付宝。市场主体也在通过大数据深入理解游客的出行需求，并通过新技术嵌入和商业模式创新为游客提供更加安全、便捷、优质的服务。

在国家及各级地方政府的全力推动下，"风景道"作为一种新型旅游功能区，成为深受国内自驾游客喜爱的线型旅游目的地。除川藏公路、香格里拉等人们已耳熟能详的旅游公路外，海南滨海环岛等多形态公路也被纳入了"国家旅游风景道"建设。我们还欣喜地看到，顺应时代发展和人民日益增长的美好生活需要，中国积极倡导旅游领域的国际合作。在中国政府与各国各地区共同努力下，境外自驾游对中国游客而言已变得越来越安全又便捷。中法两国达成"中法驾照互认协议"，一些海外自驾游发烧友感叹，"卢瓦尔河谷的宁静乡间、南法的蔚蓝海岸线，美美的法国自驾游小梦想实现了"。政府的每一分努力，游客们都能感受到。"有得游、游得起、游得开心、玩得放心"，正在成为小康社会旅游业发展的核心理念和治理方略。

我们还需要对自驾游市场进行更加系统的分析研判,持续加强产品研发,稳定服务品质,自觉承担对沿线城乡居民、自然资源和人文环境的社会责任。在未来五年的国际化发展进程中,我们不仅要告诉世界,中国拥有全球第一的汽车保有量、公路总里程和驾照拥有量,还要在产品创新、服务品质、可持续发展理念和产业实践方面贡献中国智慧。安全而负责任的旅游,无论何时何地,都应当是我们高度认同并身体力行的旅游伦理。

中华民族自古以来就有读万卷书、行万里路的传统,自驾旅游尤其为人们所向往。在媒体宣传和商业运作下,"世界那么大,我想去看看"和"说走就走的旅行"的梦想正在越来越多地照进现实。希望大家在传递美好体验的同时,也要提醒游客在行前做好信息收集、设施设备、开支预算、人身与财产保险方面的充分准备。无论是专业选手、发烧友,还是普通的自驾旅游者,都要把安全放在第一位。《流浪地球》中的人物在太空中都不忘提醒"道路千万条,安全第一条。行车不规范,亲人两行泪"。韩寒在《飞驰人生》中展示巴音布鲁克的美景的同时,也借赛车手之口说出了训练的重要性:"我每天在脑海里开二十遍,五年,三万六千多遍,我能记住每一个弯道。"

相关数据表明,国内自驾游仍然以短程为主。出游距离在 200 千米以内的自驾游约占 70%,出游时间大都在 2~3 天。与此同时,跨省、跨境、跨国和跨洲的自驾旅游活动也日趋增加。不管是短途,还是长途自驾,都有可能穿越一些自然和人文环境比较脆弱的地区。随着大众旅游的迅速发展,国民旅游权利确实是越来越普及了,但是部分地区的环境压力也是越来越大。备受网友追捧的拍照胜地茶卡盐湖在旺季时经常垃圾满地,据说环卫工人一天要用四个小时来清理垃圾。相对于徒步、自行车、旅游大巴等传统的旅行方式,大规模使用的家用轿车、越野车、房车、拖车、救援车等特种和专用车辆,对环境的影响会更大。如何从一开始就把可持续落在实处,需要政府的规划和引导,也需要行业协会、企业和媒体的主动作为,特别是自驾车旅游者的认同和参与。我们要关注旅游权利和服务品质,也要与沿线社区居民共商、共建、共享旅游发展的成果。

景观之上是生活。人们之所以自驾远行,不仅是因为远方有美丽的风景,更是因为远方有美好的品质生活。人们会记住美国最美的 66 号公路,也会去寻找加州旅馆(Hotel California);《雨人》(Rain Man)打动我们的,除了公路旅程,更有亲情。沿台湾岛最美沿海公路台 11 线自驾旅行时,打动我们的,除了岛、海、路、景,还有原住民伐木和捕鱼的记忆,更有温情可触的人间烟火。我们的自驾旅游正处于市场导入期,在形象宣传、发展规划和项目建设上,对"人的连接是最好的旅游""人是最美的风景"等现代旅游发展理念应有发自内心的认同和深入的理解。自驾旅游不同于长途货运交通,在安全、通畅和服务区保障的共同需求之外,还对移动通信与互联网、房车宿营地、汽车旅馆、旅游咨询中心、集散中心、餐饮服务和安全救援有更高的要求。我很高兴地看到首家麦当劳迷你餐厅正式落户渝湘高速武隆服务区,这也是中西部第一家在高速公路服务区开设的麦当劳餐厅,游客因此待在服务区的时间由过去的平均 15 分钟,提升至平均 30 分钟,而且该店竟然也成了婚纱照拍摄地。

国家和地方旅游主管部门应加强对自驾游市场的专题研究和专项规划,通过线路规划、项目配套和标准化建设,稳步提升服务品质和游客满意度。中国旅游研究院对出境自驾游客做专项调查，发现了一个高频词——"Trail"。每个进入国家公园的自驾旅客都会免费得到一份地图，在这张地图上会有 Trail 的地理位置、难度等级和需要花费的时间，等等。这种从消费需求者角度展开的细致入微的创新，让自驾旅客预估在景点的停留时间变得简单很多。对国内自驾游市场的监测表明，"自驾旅游产品碎片化"问题一直没有得到有效解决。除了《孤独星球》对我国国内华北、西北、东北所有片区推出了较为完整的自驾攻略外，市场上很少看到有效适用的自驾产品攻略，自驾出游不得不依靠社交平台的碎片化信息。

产业政策从来都不是写在文件上面面俱到的大话，也不是领导视察指导的场面话，而是必须让包括"爱驾传媒"在内的市场主体有感。这里所说的有感包括帮助企业发现新的市场，放松牌照和许可等管制门槛，降低税收、融资和用工成本，用国家力量提升企业在海内外合法权益的保护力度，当然也包括在市场主体的寻找、发现、培育和成长阶段为企业家和创业者站台发声。希望政府行政主管部门和社会各界要像爱护眼睛一样爱护企业家的成长，希望教育和研究机构要像熟悉掌心纹路一样熟悉本土成长的企业和企业家，与企业和企业家同呼吸、共命运、心连心。这个初心守住了，国家支持自驾旅游、文化和旅游融合发展的法律法规、财政政策、金融政策和行政管制就有了方向。

资料来源：戴斌. 自驾远行的路上，我们都是追梦人[R].北京：中国旅游研究院，2019. http://www.ctaweb.org/html/2019-2-28-15-5-29250.html.

◆案例讨论

1. 现在越来越多的旅游者选择自驾游，你认为自驾旅游的动机可以分为哪些类型？

2. 一条成功的自驾游线路应该具备哪些要素？你认为应从哪些方面入手打造中国的"66号公路"？

3. 结合材料思考"自驾旅游产品碎片化"问题表现在哪些方面，以及应如何解决这些问题。

思考题

1. 可持续旅游的实现路径有哪些？
2. 请简述智慧旅游的应用场景。
3. 你认为技术会对旅游业发展产生何种影响？请举例说明。
4. 有人说"全域旅游是旅游发展的一种新思想和新模式"，该如何理解这句话？
5. 文化和旅游融合发展可以产生哪些新业态和新产品？
6. 自驾旅游未来的发展趋势是什么？
7. 你认为背包客的旅游动机是什么？背包客的旅游消费行为具有哪些特征？
8. 请你以自己熟悉的一个民族地区为例，设想应如何发展民族旅游。
9. 一直以来，"农家乐"都是乡村旅游的主要产品形态。你认为随着乡村旅游的发展，"农家乐"应如何实现提质增效？

参考文献

一、专著

[1] 保继刚，楚义芳. 旅游地理学 [M]. 3 版. 北京：高等教育出版社，2012.

[2] 程瑞芳. 旅游经济学 [M]. 重庆：重庆大学出版社，2018.

[3] 戴斌. 旅游 & 经济 [M]. 北京：旅游教育出版社，2020.

[4] 董倩，张荣娟. 旅游市场营销实务 [M]. 北京：北京理工大学出版社，2018.

[5] 傅云新，蔡晓梅. 旅游学 [M]. 广州：中山大学出版社，2007.

[6] 郭剑英，沈苏彦. 旅游学概论 [M]. 北京：中国林业出版社，2016.

[7] 江林，丁瑛. 消费者心理与行为 [M]. 6 版. 北京：中国人民大学出版社，2018.

[8] 姜若愚，刘奕文. 旅游投资与管理 [M]. 昆明：云南大学出版社，2007.

[9] 李天元，王连义. 旅游学概论 [M]. 天津：南开大学出版社，1991.

[10] 李志飞. 旅游消费者行为 [M]. 武汉：华中科技大学出版社，2017.

[11] 李仲广. 休闲学 [M]. 北京：中国旅游出版社，2011.

[12] 林南枝，李天元. 旅游市场学 [M]. 天津：南开大学出版社，1995.

[13] 林南枝，陶汉军. 旅游经济学 [M]. 天津：南开大学出版社，2000.

[14] 林巧，王元浩. 旅游市场营销：理论与中国新实践 [M]. 杭州：浙江大学出版社，2018.

[15] 林越英. 旅游影响导论 [M]. 北京：旅游教育出版社，2016.

[16] 刘敦荣. 旅游市场营销学 [M]. 桂林：漓江出版社，1992.

[17] 卢泰宏，周懿瑾. 消费者行为学：洞察中国消费者 [M]. 3 版. 北京：中国人民大学出版社，2018.

[18] 罗明义，杜靖川，杨萍，等. 旅游管理学 [M]. 天津：南开大学出版社，2007.

[19] 罗明义. 现代旅游经济学 [M]. 昆明：云南大学出版社，2008.

［20］马爱萍. 21 世纪旅游产品营销战略与策略［M］. 北京：中国水利水电出版社，2007.

［21］马勇，周青. 休闲学概论［M］. 重庆：重庆大学出版社，2008.

［22］宁泽群. 旅游经济、产业与政策［M］. 北京：中国旅游出版社，2005.

［23］师守祥，耿庆汇，尹改双. 旅游项目管理［M］. 天津：南开大学出版社，2013.

［24］舒伯阳. 实用旅游营销学教程［M］. 武汉：华中科技大学出版社，2008.

［25］苏东水. 产业经济学［M］. 3 版. 北京：高等教育出版社，2010.

［26］孙九霞，陈钢华. 旅游消费者行为学［M］. 大连：东北财经大学出版社，2015.

［27］孙九霞. 传承与变迁：旅游中的族群与文化［M］. 北京：商务印书馆，2012.

［28］田里. 旅游经济学［M］. 4 版. 北京：高等教育出版社，2018.

［29］田里. 现代旅游学导论［M］. 昆明：云南大学出版社，1994.

［30］王成慧，陶虎. 旅游营销学［M］. 北京：高等教育出版社，2006.

［31］王大悟，魏小安. 新编旅游经济学［M］. 上海：上海人民出版社，1998.

［32］王宁. 旅游学概论［M］. 武汉：武汉大学出版社，2018.

［33］王庆生. 旅游项目策划教程［M］. 北京：清华大学出版社，2013.

［34］魏敏. 旅游资源规划与开发［M］. 北京：清华大学出版社，2017.

［35］温秀. 旅游经济学［M］. 西安：西安交通大学出版社，2017.

［36］吴必虎. 区域旅游规划原理［M］. 北京：中国旅游出版社，2001.

［37］吴文新，张雅静. 休闲学导论［M］. 北京：北京大学出版社，2013.

［38］谢彦君，梁春媚. 旅游营销学［M］. 北京：中国旅游出版社，2008.

［39］谢彦君. 基础旅游学［M］. 4 版. 北京：商务印书馆，2015.

［40］徐虹，秦达郅. 旅游经济学［M］. 天津：南开大学出版社，2016.

［41］杨阿莉. 旅游资源学［M］. 北京：北京大学出版社，2016.

［42］张辉. 旅游经济论［M］. 北京：旅游教育出版社，2002.

［43］张维亚，汤澍. 休闲学概论［M］. 3 版. 大连：东北财经大学出版社，2019.

［44］张文. 旅游影响：理论与实践［M］. 北京：社会科学文献出版社，2007.

［45］赵书虹，杜靖川. 旅游市场营销学［M］. 北京：高等教育出版社，2018.

［46］赵西萍，黄越，张宏璐. 旅游市场营销学［M］. 北京：高等教育出版社，2011.

［47］奥萨利文. 休闲与游憩：一个多层级的共递系统［M］. 张梦，译. 北京：中国旅游出版社，2010.

［48］鲍德里亚. 消费社会［M］. 刘成富，全志钢，译. 南京：南京大学出版社，2000.

［49］查尔斯·R. 戈尔德耐，等. 旅游业教程：旅游业原理、方法和实践［M］. 8 版. 贾秀海，译. 大连：大连理工大学出版社，2003.

［50］查尔斯·R. 格德纳，J. R. 布伦特·里奇. 旅游学［M］. 12 版. 李天元，等译. 北京：中国人民大学出版社，2014.

［51］菲利浦·科特勒，加里·阿姆斯特朗. 市场营销学原理［M］. 赵平，等译. 北京：清华大学出版社，2005.

［52］菲利浦·科特勒. 旅游市场营销［M］. 谢彦君, 译. 北京: 旅游教育出版社, 2002.

［53］格尔茨. 文化的解释［M］. 韩莉, 译. 上海: 上海人民出版社, 1999.

［54］哈罗德·科兹纳. 项目管理: 计划、进度和控制的系统方法［M］. 12 版. 陈丽兰, 等译. 北京: 电子工业出版社, 2018.

［55］杰弗瑞·戈比. 21 世纪的休闲与休闲服务［M］. 张春波, 等译. 昆明: 云南人民出版社, 2000.

［56］科恩. 旅游社会学纵论［M］. 李天元, 等译. 天津: 南开大学出版社, 2007.

［57］克里斯·库珀, 等. 旅游学精要［M］. 石芳芳, 译. 大连: 东北财经大学出版社, 2014.

［58］克里斯多弗·R. 埃廷顿, 德波若·乔顿, 等. 休闲与生活满意度［M］. 杜永明, 译. 北京: 中国经济出版社, 2009.

［59］赖辛格, 托纳. 旅游跨文化行为研究［M］. 朱路平, 译. 天津: 南开大学出版社, 2004.

［60］麦克·斯特布勒, 等. 旅游经济学［M］. 2 版. 林虹, 译. 北京: 商务印书馆, 2017.

［61］迈克尔·所罗门. 消费者行为学［M］. 卢泰宏, 译. 北京: 中国人民大学出版社, 2018.

［62］迈拉·沙克利. 游客管理: 世界文化遗产管理案例分析［M］. 张晓萍, 等译. 昆明: 云南大学出版社, 2004.

［63］尼尔·沃恩. 饭店营销学［M］. 程尽能, 等译. 北京: 中国旅游出版社, 2001.

［64］瑞安. 游憩旅游学: 旅游需求与影响［M］. 马晓龙, 等译. 天津: 南开大学出版社, 2010.

［65］史蒂芬·佩奇. 现代旅游管理导论［M］. 刘劼莉, 译. 北京: 电子工业出版社, 2004.

［66］泰勒. 原始文化［M］. 连树声, 译. 桂林: 广西师范大学出版社, 2005.

［67］威廉·瑟厄波德. 全球旅游新论［M］. 张广瑞, 译. 北京: 中国旅游出版社, 2001.

［68］维克多·密德尔敦. 旅游营销学［M］. 向萍, 译. 北京: 中国旅游出版社, 2001.

［69］瓦伦·史密斯. 东道主与游客［M］. 张晓萍, 等译. 昆明: 云南大学出版社, 2007.

［70］亚伯拉罕·匹赞姆, 优尔·曼斯菲尔德. 旅游消费者行为研究［M］. 舒伯阳, 译. 大连: 东北财经大学出版社, 2005.

［71］约翰·尤瑞. 游客凝视［M］. 杨慧, 译. 桂林: 广西师范大学出版社, 2009.

［72］约翰·斯沃布鲁克. 景点开发与管理［M］. 张文, 等译. 北京: 中国旅游出版社, 2001.

［73］AULIANA POON. Tourism, Technology and Competitive Strategies［M］. UK:

CABI Publishing，1993.

［74］DEAN MACCANNELL. The Tourist：A New Theory of the Leisure Class ［M］. Berkeley：University of California Press，1999.

［75］GUNN A CLARE. Tourism Planning (4th ed.) ［M］. New York：Routledge，2002.

［76］INSKEEP E. Tourism Planning：An Intergrated and Sustainable Development Approach ［M］. New York：Van Nostrand Reinhold，1991.

［77］KOTLER P，BOWEN J，MAKENS J. Marketing for Hospitality and Tourism ［M］. NJ：Prentice Hall，1999.

［78］SAHLINS M. Culture and Practical Reason ［M］. Chicago ：University of Chicago Press，1976.

［79］SMITH S L J. Tourism Analysis (2nd ed.) ［M］. London：Longman，1996.

［80］TURNER，V. Dramas，Fields，and Metaphors：Symbolic Action in Human Society，NJ：Cornell University Press，1974.

二、期刊

［1］白凯，马耀峰，游旭群. 基于旅游者行为研究的旅游感知和旅游认知概念 ［J］. 旅游科学，2008，22（1）：22-28.

［2］白长虹，李中，王潇. 西方精益服务理论研究与发展综述 ［J］. 外国经济与管理，2010（10）：27-33.

［3］包军军，白凯，黄清燕. 主-客位视角对旅游者行为研究的启示 ［J］. 旅游学刊，2020（2）：108-120.

［4］蔡萌，汪宇明. 低碳旅游：一种新的旅游发展方式 ［J］. 旅游学刊，2010，25（1）：13-17.

［5］曾国军，蔡建东. 中国旅游产业对国民经济的贡献研究 ［J］. 旅游学刊，2012，27（5）：23-31.

［6］陈永昶，郭净，徐虹. 休闲旅游：国内外研究现状、差异与内涵解析 ［J］. 地理与地理信息科学，2014（6）：98-102.

［7］戴学锋. 改革开放40年：旅游业的市场化探索 ［J］. 旅游学刊，2019，34（2）：8-10.

［8］杜江，张凌云. 解构与重构：旅游学学科发展的新思维 ［J］. 旅游学刊，2004（3）：18-25.

［9］冯学钢，赖坤. 中国旅游业发展环境国际竞争力比较研究 ［J］. 世界经济研究，2003（7）：40-45.

［10］郭安禧，郭英之，李海军，等. 旅游地社区居民旅游影响感知与生活质量感知关系研究 ［J］. 世界地理研究，2017，26（5）：115-127.

［11］郭来喜，吴必虎，刘锋，等. 中国旅游资源分类系统与类型评价 ［J］. 地理学报，2000，55（3）：294-301.

［12］何建民. 我国旅游产业融合发展的形式、动因、路径、障碍及机制 ［J］. 旅游学刊，2011，26（4）：8-9.

［13］黄震方，李想. 旅游目的地形象的认知与推广模式［J］. 旅游学刊，2002，17（3）：65-70.

［14］黄震方. 中国旅游研究的本土化与乡村旅游的学术实践［J］. 旅游学刊，2019（10）：8-9.

［15］贾衍菊，林德荣. 旅游者环境责任行为：驱动因素与影响机理——基于地方理论的视角［J］. 中国人口资源与环境，2015（25）：161-169.

［16］蒋佳倩，李艳. 国内外旅游"民宿"研究综述［J］. 旅游研究，2014，6（4）：16-22.

［17］李文勇，张汉鹏. 本真视角的少数民族旅游文化符号舞台化研究［J］. 人文地理，2012（3）：40-44.

［18］厉新建，傅林峰，时姗姗，等. 旅游特色小镇的内生发展与路径［J］. 旅游学刊，2018，33（6）：7-9.

［19］梁保尔，马波. 非物质文化遗产旅游资源研究：概念、分类、保护、利用［J］. 旅游科学，2008，22（2）：7-14.

［20］林德荣，陈莹盈. 智慧旅游乡村建设的困境与突破：从智慧潮流走向可持续发展［J］. 旅游学刊，2019（8）：3-5.

［21］刘博. 身体休闲中的自我认同及其社会建构［J］. 社会科学论坛，2015（8）：211-217.

［22］刘慧梅，戈登·沃克. 文化、自我建构与中国人的休闲［J］. 浙江大学学报（人文社会科学版），2014，44（4）：146-158.

［23］卢云亭. 生态旅游与可持续旅游发展［J］. 经济地理，1996，16（1）：106-112.

［24］陆林，余凤龙. 中国旅游经济差异的空间特征分析［J］. 经济地理，2005，25（3）：406-410.

［25］罗明义. 论文化与旅游产业的互动发展［J］. 经济问题探索，2009（9）：1-5.

［26］吕兴洋，徐虹，邱玮. 中国旅游消费者权力量表构建与有效性检验［J］. 经济管理，2014（7）：122-130.

［27］马波，寇敏. 中国出境旅游发展及其影响的初步研究［J］. 旅游学刊，2006（7）：26-30.

［28］马凌，朱竑. 面向人的存在的旅游功能再认识研究：基于人文主义的视角［J］. 旅游学刊，2018，33（6）：14-23.

［29］彭菲. 从社会关系视角解读休闲核心要素：论休闲与认同之间的关系建构［J］. 浙江社会科学，2019，272（4）：88-95.

［30］彭兆荣. 论民族旅游纪念品中的诸种交换关系［J］. 西北民族研究，2016，89（2）：133-141.

［31］宋咏梅，孙根年. 论体验旅游的理论架构与塑造原则［J］. 社会科学家，2006（6）：117-121.

［32］宋子千. 以多学科研究的充分发展促进旅游学科成长［J］. 旅游学刊，2014，29（3）：22-30.

[33] 苏建军, 孙根年, 徐璋勇. 旅游发展对我国投资、消费和出口需求的拉动效应研究 [J]. 旅游学刊, 2014, 29 (2): 25-35.

[34] 孙九霞, 保继刚. 从缺失到凸显: 社区参与旅游发展研究脉络 [J]. 旅游学刊, 2006 (7): 65-70.

[35] 孙九霞, 苏静. 旅游影响下传统社区空间变迁的理论探讨: 基于空间生产理论的反思 [J]. 旅游学刊, 2014, 29 (5): 78-86.

[36] 汤晖, 钟洁. 文化产品的消费者感知价值研究 [J]. 西南民族大学学报 (人文社科版), 2011, 32 (11): 136-140.

[37] 王君怡, 吴晋峰, 王阿敏. 旅游目的地形象认知过程: 基于扎根理论的探索性研究 [J]. 人文地理, 2018, 33 (6): 158-166.

[38] 吴必虎. 旅游系统: 对旅游活动与旅游科学的一种解释 [J]. 旅游学刊, 1998 (1): 20-24.

[39] 吴晋峰, 包浩生. 旅游系统的空间结构模式研究 [J]. 地理科学, 2002, 22 (1): 96-101.

[40] 肖佑兴, 明庆忠, 李松志. 论乡村旅游的概念和类型 [J]. 旅游科学, 2001 (3): 8-10.

[41] 谢彦君, 那梦帆. 中国旅游 40 年研究中的理论发育及其角色演变 [J]. 旅游学刊, 2019, 34 (2): 13-15.

[42] 谢彦君. 旅游体验研究: 范式化取向及其变革与包容趋势 [J]. 旅游学刊, 2019 (9): 12-14.

[43] 徐红罡, 郑海燕, 保继刚. 城市旅游地生命周期的系统动态模型 [J]. 人文地理, 2005, 20 (5): 66-69, 19.

[44] 徐虹, 刘宇青, 梁佳. 顾客感知酒店服务创新的构成和影响研究: 基于来自经济型酒店的数据 [J]. 旅游学刊, 2017, 32 (3): 61-73.

[45] 徐菊凤. 旅游文化与文化旅游: 理论与实践的若干问题 [J]. 旅游学刊, 2005, 20 (4): 67-72.

[46] 杨德进, 白长虹, 牛会聪. 民族地区负责任旅游扶贫开发模式与实现路径 [J]. 人文地理, 2016 (4): 119-126.

[47] 杨振之. 论旅游的本质 [J]. 旅游学刊, 2014, 29 (3): 13-21.

[48] 叶红. 我国旅游产业区模式: 比较与实证分析 [J]. 旅游学刊, 2006 (8): 26-31.

[49] 张朝枝, 曹静茵, 罗意林. 旅游还是游憩: 我国国家公园的公众利用表述方式反思 [J]. 自然资源学报, 2019, 34 (9): 1797-1806.

[50] 张朝枝, 邓曾, 游旺. 基于旅游体验视角的旅游产业价值链分析 [J]. 旅游学刊, 2010, 25 (6): 19-25.

[51] 张辉, 成英文. 中国旅游政策供需矛盾及未来重点领域 [J]. 旅游学刊, 2015, 30 (7): 6-7.

[52] 张辉, 岳燕祥. 全域旅游的理性思考 [J]. 旅游学刊, 2016, 31 (9): 13-14.

[53] 张凌云, 黎巎, 刘敏. 智慧旅游的基本概念与理论体系 [J]. 旅游学刊, 2012, 27 (5): 66-73.

[54] 张凌云. 非惯常环境：旅游核心概念的再研究——建构旅游学研究框架的一种尝试 [J]. 旅游学刊, 2009 (7)：13-18.

[55] 张凌云. 国际上流行的旅游定义和概念综述：兼对旅游本质的再认识 [J]. 旅游学刊, 2008 (1)：88-93.

[56] 张梦, 郭养红, 付晓蓉. 旅游消费者行为研究的过去、现在和未来：基于引证研究法的研究 [J]. 旅游学刊, 2018, 33 (7)：119-132.

[57] 张梦. 旅游产业集群化发展的制约因素分析：以大九寨国际旅游区为例 [J]. 旅游学刊, 2006 (2)：38-42.

[58] 张广宇, 张梦. 定制化情境下旅游服务购买决策的目标框架效应 [J]. 旅游学刊, 2016 (1)：57-67.

[59] 张晓萍. 西方旅游人类学中的"舞台真实"理论 [J]. 思想战线, 2003 (4)：69-72.

[60] 张毓峰, 乐雅. 旅游目的地治理理论构建：一个整合分析框架 [J]. 财经科学, 2019 (8)：123-132.

[61] 钟洁, 沈兴菊. 民族村寨游客的旅游体验质量研究：以西双版纳傣族园为例 [J]. 资源开发与市场, 2010 (4)：76-78, 85.

[62] 周波, 周玲强. 国外智慧旅游商业模式研究及对国内的启示 [J]. 旅游学刊, 2016, 31 (6)：8-9.

[63] 朱竑, 杨梦琪. 从旅游差异走向旅游认同：中国旅游研究的本土化 [J]. 旅游学刊, 2019 (10)：4-6.

[64] 左冰. 中国旅游经济增长因素及其贡献度分析 [J]. 商业经济与管理, 2011 (10)：84-92.

[65] 邹统钎, 吴丽云. 旅游体验的本质、类型与塑造原则 [J]. 旅游科学, 2003, 17 (4)：7-10.

[66] ALGIERI, BERNARDINA. An econometric estimation of the demand for tourism：the case of Russia [J]. Tourism Economics, 2006, 12 (1)：5-20.

[67] ANDERECK K L, NYAUPANE G P. Exploring the Nature of Tourism and Quality of Life Perceptions among Residents [J]. Journal of Travel Research, 2011, 50 (3)：248-260.

[68] ANDERECK K L, VALENTINE K M, KNOPF R C, et al. Residents´ perceptions of community tourism impacts [J]. Annals of Tourism Research, 2005, 32 (4)：1056-1076.

[69] BAUGHMAN J, HASSALL L, XU X. Student perceptions of flipping a mechanical engineering design course [J]. International Journal of Engineering Education, 2017, 33 (5)：1575-1585.

[70] BEARD J G, RAGHEB M G. Measuring Leisure Satisfaction [J]. Journal of Leisure Research, 1980, 12 (1)：20-33.

[71] BEN-SHAU M, REICHEL A. Motives, Modes of Participation, and Loyalty Intentions of Facebook Tourism Brand Page Consumers [J]. Journal of Travel Research, 2018, 57 (4)：453-471.

［72］ BLAIN C. Destination Branding：Insights and Practices from Destination Management Organizations ［J］. Journal of Travel Research, 2005, 43 （4）：328-338.

［73］ CANTALLOPS A S, DAVID PEA, JOSé RAMóN CARDONA, et al. Progress in Research on CSR and the Hotel Industry （2006-2015） ［J］. Cornell Hospitality Quarterly, 2018, 59 （1）：15-38.

［74］ CEVAT TOSUN. Host perceptions of impacts：A Comparative Tourism Study ［J］. Annals of Tourism Research, 2002, 29 （1）：231-253.

［75］ CEVAT TOSUN. Host perceptions of impacts ［J］. Annals of Tourism Research, 2002, 29 （1）：231-253.

［76］ COHEN, ERIK. Globalization, Global Crises and Tourism ［J］. Tourism Recreation Research, 2012, 37 （2）：103-111.

［77］ DEWAR K . Tourism in National Parks and Protected Areas：Planning and Management ［J］. Tourism Management, 2004, 25 （2）：288-289.

［78］ DIVISEKERA S, NGUYEN V K . Determinants of innovation in tourism evidence from Australia ［J］. Tourism Management, 2018, 67 （8）：157-167.

［79］ DOGRU T, BULUT U . Is tourism an engine for economic recovery? Theory and empirical evidence ［J］. Tourism management, 2018, 67 （8）：425-434.

［80］ DOLORES M FRíAS-JAMILENA, SABIOTE-ORTIZ C M, JOSEFA D MARTíN-SANTANA, et al. The effect of Cultural Intelligence on consumer-based destination brand equity ［J］. Annals of Tourism Research, 2018, 72 （9）：22-36.

［81］ DURBARRY, RAMESH. Tourism and economic growth：the case of Mauritius ［J］. Tourism Economics, 2004, 10 （4）：389-401.

［82］ DWYER L, FORSYTH P, SPURR R. Inter-industry effects of tourism growth：implications for destination managers ［J］. Tourism Economics, 2003, 9 （2）：117-132.

［83］ ECHTNER C M, RITCHIE J R B . The Measurement of Destination Image：An Empirical Assessment ［J］. Journal of Travel Research, 1993, 31 （4）：3-13.

［84］ FICK G R, RITCHIE J R B. Measuring Service Quality in the Travel and Tourism Industry ［J］. Journal of Travel Research, 1991, 30 （2）：2-9.

［85］ GLOVER T D, PARRY D C . Friendships Developed Subsequent to a Stressful Life Event：The Interplay of Leisure, Social Capital, and Health ［J］. Journal of Leisure Research, 2008, 40 （2）：208-230.

［86］ GOOLAUP S, SOLER C, NUNKOO R . Developing a Theory of Surprise from Travelers´ Extraordinary Food Experiences ［J］. Journal of Travel Research, 2018, 57 （2）：218-231.

［87］ GUPTA S, MCLAUGHLIN E, GOMEZ M . Guest Satisfaction and Restaurant Performance ［J］. Cornell Hospitality Quarterly, 2007, 48 （3）：284-298.

［88］ HASSAN S S. Determinants of Market Competitiveness in an Environmentally Sustainable Tourism Industry ［J］. Journal of Travel Research, 2000, 38 （3）：239-245.

［89］ HJALAGER A M . A review of innovation research in tourism ［J］. Tourism Management, 2010, 31 (1): 1-12.

[90] JELINI, DANIELA ANGELINA. An introduction to tourism and anthropology [J]. Annals of Tourism Research, 1999, 28 (1): 253-254.

[91] KASHYAP R, BOJANIC D C . A Structural Analysis of Value, Quality, and Price Perceptions of Business and Leisure Travelers [J]. Journal of Travel Research, 2000, 39 (1): 45-51.

[92] KUSLUVAN S, KUSLUVAN Z, ILHAN I, et al. The Human Dimension: A Review of Human Resources Management Issues in the Tourism and Hospitality Industry [J]. Cornell Hospitality Quarterly, 2010, 51 (2): 171-214.

[93] LI J, XU L, TANG L, et al. Big data in tourism research: A literature review [J]. Tourism Management, 2018, 68 (10): 301-323.

[94] LIAO Z, ZHENG W . Using a heuristic algorithm to design a personalized day tour route in a time – dependent stochastic environment [J]. Tourism management, 2018, 68 (10): 284-300.

[95] MANGION M L, DURBARRY R, SINCLAIR M T . Tourism competitiveness: price and quality [J]. Tourism Economics, 2005, 11 (1): 45-68.

[96] MIHALI T. Environmental Management of a Tourist Destination: A Factor of Tourism Competitiveness [J]. Tourism Management, 2000, 21 (1): 65-78.

[97] NARAYAN P K, NARAYAN S, PRASAD A, et al. Tourism and economic growth: a panel data analysis for Pacific Island countries [J]. Tourism Economics, 2010, 16 (1): 169-183.

[98] NICHOLLS S, CROMPTON J L . The Impact of Greenways on Property Values: Evidence from Austin, Texas [J]. Journal of Leisure Research, 2005, 37 (3): 321-341.

[99] NOVELLI M, SCHMITZ B, SPENCER T. Networks, Clusters and Innovation in Tourism: A UK Experience [J]. Tourism Management, 2006, 27 (6): 1141-1152.

[100] OTTENBACHER M. How to Develop Successful Hospitality Innovation [J]. Cornell Hotel & Restaurant Administration Quarterly, 2005, 46 (2): 205-222.

[101] OTTO J E, RITCHIE J R B . The service experience in tourism [J]. Tourism Management, 1996, 17 (3): 165-174.

[102] QUAN S, WANG N. Towards a Structural Model of the Tourist Experience: An Illustration from Food Experiences in Tourism [J]. Tourism Management, 2004, 25 (3): 297-305.

[103] RYAN C. Structuring Destination Image: A Qualitative Approach [J]. Journal of Travel Research, 2005, 44 (2): 143-150.

[104] SCHEYVENS R. Ecotourism and the Empowerment of Local Communities [J]. Tourism Management, 1999, 20 (2): 245-249.

[105] SHI S, CAO Y, CHEN Y, et al. How social media brand pages contribute to functional conflict: The central role of commitment [J]. International Journal of Information Management, 2019 (45): 95-106.

［106］SHINEW K J, GLOVER T D, PARRY D C . Leisure Spaces as Potential Sites for Interracial Interaction: Community Gardens in Urban Areas ［J］. Journal of Leisure Research, 2004, 36 (3): 336-355.

［107］STAMBOULIS Y, SKAYANNIS P. Innovation Strategies and Technology for Experience-Based Tourism ［J］. Tourism Management, 2003, 24 (1): 35-43.

［108］SU R, BRAMWELL B, WHALLEY P A. Cultural political economy and urban heritage tourism ［J］. Annals of Tourism Research, 2018, 68 (1): 30-40.

［109］TUSSYADIAH I P, WANG D, JUNG T H, et al. Virtual reality, presence, and attitude change: Empirical evidence from tourism ［J］. Tourism Management, 2018, 66 (2): 140-154.

［110］WALKER G J, DENG J, DIESER R B . Culture, Self-Construal, and Leisure Theory and Practice ［J］. Journal of Leisure Research, 2005, 37 (1): 77-99.

［111］WATTANAKULJARUS A, COXHEAD I. Is tourism-based development good for the poor?: A general equilibrium analysis for Thailand ［J］. Journal of Policy Modeling, 2008, 30 (6): 929-955.

［112］WENDY WEAVER. Tourism Marketing and Management Handbook ［J］. Annals of Tourism Research, 1994, 22 (3): 723-725.

［113］YOUNG M, MARKHAM F. Tourism, capital, and the commodification of place ［J］. Progress in Human Geography, 2020, 44 (2): 276-296.